**丛书编审委员会主任** 廖建华
**丛书编审委员会副主任** 俞 彤 石 强 李 丽

**丛 书 主 编** 林红梅 贺湘辉
**丛 书 副 主 编** 梁 悦 黄 英
**丛书编写委员会**（排名不分先后）

| | | | | |
|---|---|---|---|---|
| 黄绍平 | 张春娥 | 刘志霞 | 卢志海 | 刘慧娟 |
| 陈 平 | 蒋松桂 | 梁滔滔 | 张 颖 | 朱 智 |
| 王 宁 | 李 雯 | 胡艺芹 | 魏 来 | 严辉华 |
| 周 柳 | 王建军 | 刘秋华 | 黄 菡 | 赵立民 |
| 刘雨涛 | 刘文彬 | 李 丽 | 饶雪梅 | 张树坤 |
| 吴 玲 | 李春洪 | 陈 健 | 胡卫红 | 江王清 |
| 徐文苑 | 廖钦仁 | 王德静 | 徐文苑 | 何丽芳 |
| 范智军 | 梁吉昌 | 高 飞 | 成 功 | 姜 妮 |
| 李梅乐 | 江中泰 | 李长福 | 黄玉琼 | 李艳香 |
| 铁 玲 | 马 瑞 | | | |

"十二五"职业教育国家规划教材
经全国职业教育教材审定委员会审定

高职高专旅游与酒店管理专业应用型精品规划教材

# 旅游服务礼仪
## Service Etiquette for Tourism

主　编　梁　悦　李　莹
副主编　肖　玲　蔡龙文　熊　畅　胡爱清
参　编　刘志霞　杨耀辉　刘朝阳　王　莉
　　　　张慧颖　陈献婉

行业企业指导专家　　黄跃珍　蔡高明

广东高等教育出版社
Guangdong Higher Education Press
·广州·

## 内 容 简 介

旅游服务礼仪是指旅游行业从业人员在工作岗位、社交等不同场合应该遵循的礼仪规范与程序，它是旅游专业教育的重要学科之一。现代旅游服务业要求从业人员了解和掌握旅游服务礼仪，并直接运用于待客服务过程中，让客人感到满意和备受尊重。本教材的编写，既注重基础知识，也注重旅行社、酒店和旅游交通等部门具体岗位的应用要求，着力从实际、实用、实践的角度出发，突出对学生从事旅游服务行业所必须具备的职业素养的培训与提升。在内容上，引入前沿的知识体系，突出项目式教学、案例式教学、双语教学等理念；在体例设计上，每个项目前有案例引入作启发，后有项目实训、习题与实践等加以巩固，在提升学生专业技能水平的同时，也提高了学生思考问题、解决问题的能力。本书既可作为高职高专酒店管理、旅游管理等专业的教材，也可作为旅游服务行业人员日常培训和提高业务水平的参考书。

**图书在版编目（CIP）数据**

旅游服务礼仪/梁悦，李莹主编. —2版. —广州：广东高等教育出版社，2016.8

（高职高专旅游与酒店管理专业应用型精品规划教材）

ISBN 978 - 7 - 5361 - 5687 - 6

Ⅰ．①旅… Ⅱ．①梁… ②李… Ⅲ．①旅游服务 - 礼仪 - 高等职业教育 - 教材 Ⅳ．①F590.63

中国版本图书馆 CIP 数据核字（2016）第 179700 号

LVYOU FUWU LIYI

| 出版发行 | 广东高等教育出版社 |
|---|---|
| | 社址：广州市天河区林和西横路 |
| | 邮编：510500　营销电话：(020) 87553335 |
| | http://www.gdgjs.com.cn |
| 印　刷 | 东莞市翔盈印务有限公司 |
| 开　本 | 787毫米×1 092毫米　1/16 |
| 印　张 | 11.5 |
| 字　数 | 266 千 |
| 版　次 | 2012年8月第1版　2016年8月第2版 |
| 印　次 | 2016年8月第2次印刷 |
| 定　价 | 28.00元 |

（版权所有，翻印必究）

# 总　　序

高等职业教育作为我国高等教育发展中的一个类型，肩负着培养面向生产、建设、服务和管理第一线需要的高素质技能型人才的使命，在我国现代化建设进程中具有不可替代的重要作用。步入21世纪，伴随着我国走新型城市化道路、建设创新型国家等发展战略的实施，高等职业教育迎来了新的发展机遇。在我国经济社会快速发展的过程中，各行业对高素质技能型人才的需求在数量和质量两方面均提出了更高的要求。对旅游业而言，据世界旅游组织预测，到2020年，中国将成为世界第一大旅游接待国和第四大客源输出国，这对旅游与酒店从业人员的素质同样提出了更高的要求。培养高素质、国际化的旅游、酒店服务与管理人才对于高职高专院校来说使命光荣、责任重大。

为了适应现代旅游产业发展对旅游、酒店管理专业人才的要求，进一步提升专业服务产业的水平，满足高职高专旅游与酒店管理专业人才培养和教学改革对教材建设的需要，进一步提高我国高职高专教育教学水平，加强广东省内各高职高专院校之间及广东省内与省外高职院校之间的交流与合作，根据《国家中长期教育改革和发展规划纲要（2010—2020年）》、《教育部关于加强高职高专教育人才培养工作的意见》等文件精神，广东高等教育出版社精心组织20多所高职院校教学和实践经验丰富的专家学者和旅游与酒店行业的业务骨干，成立了高职高专旅游与酒店管理专业应用型精品规划教材编审委员会，编写了这套高职高专旅游与酒店管理专业应用型精品规划教材。其目的是深入研究当前高职高专教育所面临的形势与任务，优化专业课程体系设置，强化特色教材建设。

基于高素质、技能型、国际化旅游与酒店人才培养的实际需要，我们努力打造一套体现基层服务与管理岗位职业技能要求的优质教材。本套教材凸显了以下几个特色：

一是突出能力本位。在教材内容的取舍上，根据旅游与酒店业相关职业岗位所需的服务与管理技能及职业素养来选择教学内容，以工作项目为导向，以工作任务为驱动，据此来组织编写思路，坚持岗位的针对性，提炼出旅游、酒店业各核心岗位的基本服务程序、服务标准与工作方法，将岗位服务与管

理中最基础的能力要求传递给学生。

二是强化技能应用。本套教材力求表达简洁，对工作程序和标准的表述尽量图表化，对于基本工作技能的讲解注重可操作性，做到教、学、做一体，让学生易于理解、掌握和实践。为此，我们在本套教材的模块中设有"任务目标""案例引入""提出问题""相关知识""特别提示（事前或事后提示）""项目实训""本模块小结""知识拓展"等栏目，形式生动活泼，内容丰富有趣，使本套教材在学生的学习和教师的教学上，达到实用、好用、管用的效果。

三是注重双语教学。旅游产业的国际化，迫切要求我们培养的专业人才必须具有扎实的语言功底、国际化的服务意识和服务水平。本套教材在编写过程中特别强化了职业岗位英语的训练，并希望通过这套特色教材的编写和使用来切实推动高职高专旅游与酒店管理专业双语教学的实施。

四是结合职业考证。切实贯彻国家关于学历证书与职业资格证书并重的"双证书"制度，兼顾旅游、酒店的课程内容与职业资格考试考核的内容。因此，本套教材既可作为高职高专旅游管理、酒店管理等专业的教学用书，也可作为职业资格培训的教学用书，还可用于旅游、酒店在岗人员业务培训的参考用书。

本套教材是各相关高职高专院校、旅游与酒店行业各企业通力合作的智慧结晶。在编写过程中，我们也参考和引用了许多国内外学者的优秀成果，在此深表谢意。由于编者水平、经验所限，本套教材内容如有缺点、错漏，敬请各位专家、高职高专院校的同仁和广大读者给予指正赐教，以便修订时完善。

高职高专旅游与酒店管理专业<br>
应用型精品规划教材编审委员会<br>
2016 年 5 月

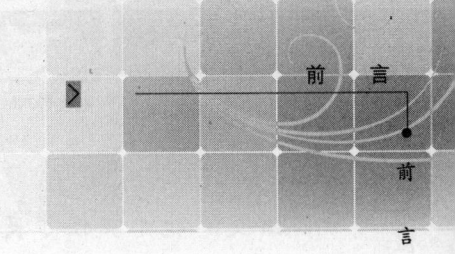

# 前　言

当前，我国经济快速发展，国民收入不断提升，尤其是北京奥运会和上海世博会的相继举办，使我国旅游业在国际上的重要性日渐突出。现代旅游服务业是现代服务业的重要组成部分，它是以现代服务业的发展理念，在产品品质、服务水准、人才素质和技术应用等方面对传统旅游业实施再造，并不断创新企业发展模式、管理理念和服务内涵，打造完善的旅游服务价值链而形成的。

旅游专业教育要跟上旅游行业发展趋势，旅游服务礼仪课程作为旅游专业的重要课程，需要有符合实践要求且便于教师教和学生学的教材。本书的编写正是基于这样的考虑。编写时，注意吸收旅游英语专业建设近五年的教改成果，并且与广东省旅游局、广东省旅游协会和广东各大旅行社合作，吸收行业指导意见。同时，遵循《"十二五"旅游英语人才培养方案及课程教学标准》，难易适度，起到了衔接中职和本科的承上启下作用，有系列教材《涉外导游英语》《酒店实务英语》《旅游英语》《跨文化沟通》等，以及教指委级和省级精品课程《模拟导游英语》及相关网络课程体系支撑。

在编写过程中，既注重旅游服务礼仪的基础知识，也注重旅行社、酒店和旅游交通部门具体岗位的服务礼仪知识，紧密结合行业人才需求实际与企业发展趋势，坚持适应高职高专教育改革和发展的需要，立足于提升学生的整体素质和综合能力，本教材的主要特点有：

1. 精心设置教材内容，重点突出。本教材共分为四个模块，其中模块1是旅游服务礼仪的基础知识，为后续三个模块的学习奠定基础，模块2为旅行社服务礼仪，模块3是酒店服务礼仪，模块4是旅游交通服务礼仪。

2. 内容编排采用"项目式教学法"的模式，即每个模块分成几个项目编写，每个项目都设有案例引入、提出问题、相关知识、项目实训、习题与实践等，每个模块设有本模块小结与知识拓展等内容，突出对学生解决实际问题能力的培养。

3. 尝试"中英双语教材"编写模式。结合当今旅游服务业对从业人员语言交际能力要求较高的特点，该教材在编写过程中突出对学生英语交际能力的培养。如每个项目的相关知识部分采用中英双语的形式编写，为学生提升

口语交际能力提供了良好的素材。

4. 采用了大量的图片，力求图文并茂，直观易懂。丰富的图片，使礼仪技能更加清晰和直观，使礼仪知识的演示更加形象，大大增强了可读性与实用性。

本教材编写团队包括广东农工商职业技术学院外语系专任骨干教师、广东省旅游局芦京津和郑文丽、职业技能鉴定专家蔡高明、国外专家 Mr. Rocky Graciano。本教材由梁悦、李莹任主编，肖玲、蔡龙文、熊畅、胡爱清任副主编，芦京津、郑文丽、黄跃珍、蔡高明担任行业企业指导专家，Rocky 负责英文部分的校对。本教材在编写的过程中参考了国内外同行的大量论著，并得到了许多业内人士的帮助，在此表示深切感谢！

由于本教材编写时间紧、任务重，书中难免有疏漏和不足之处，敬请广大读者批评指正！

编　者

2015 年 12 月

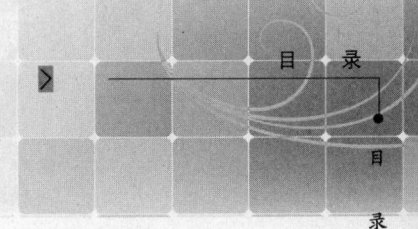

# 目 录

## 模块1 初识旅游服务礼仪
（Getting to Know Etiquette of Tourism Service）……………………（1）

### 项目1 印象管理
（Impression Management）………………………………………（1）

#### 任务1 仪容礼仪
（Grooming Etiquette）…………………………………………（2）

#### 任务2 仪表礼仪
（Appearance Etiquette）………………………………………（10）

#### 任务3 仪态礼仪
（Manners Etiquette）…………………………………………（17）

#### 任务4 用语礼仪
（Language Etiquette）…………………………………………（28）

### 项目2 旅游服务基本礼仪
（Basic Etiquette of Tourism Service）…………………………（33）

#### 任务1 少数民族礼仪
（Etiquette of Minority Nationality）…………………………（33）

#### 任务2 主要客源国礼仪
（Etiquette of Leading Guest Source Countries）………………（40）

#### 任务3 宗教礼仪
（The Ceremonials of Religion）………………………………（52）

#### 任务4 广东地区礼仪
（Etiquette in Guangdong Area）………………………………（58）

## 模块2 旅行社服务礼仪
（Etiquette of Travel Agency Service）…………………………………（68）

### 项目1 导游服务礼仪
（Etiquette of Tour Guide Service）……………………………（68）

　　任务1　导游迎送游客服务礼仪

　　　　（Etiquette of Greeting and Farewell）……………………………（69）

　　任务2　导游沟通协调服务礼仪

　　　　（Etiquette of Communication and Coordination）………………（71）

　　任务3　导游带团游览和购物服务礼仪

　　　　（Etiquette of Visiting and Shopping）……………………………（74）

项目2　计调人员服务礼仪

　　　（Etiquette of Tour Operator's Service）………………………………（79）

　　任务1　计调人员的业务预订和确认礼仪

　　　　（Etiquette of Booking and Confirming Service）…………………（80）

　　任务2　计调人员的计调服务礼仪

　　　　（Etiquette of Tour Operation）……………………………………（81）

项目3　外联人员服务礼仪

　　　（Etiquette of Liaison Agent）…………………………………………（87）

　　任务1　外联人员的拜访和推销礼仪

　　　　（Etiquette of Visiting and Selling）………………………………（88）

　　任务2　外联人员的商务谈判礼仪

　　　　（Etiquette of Business Negotiation）………………………………（90）

模块3　酒店服务礼仪

　　　（Etiquette of Hotel Service）……………………………………………（101）

项目1　住宿服务礼仪

　　　（Etiquette of Accommodation Service）………………………………（101）

　　任务1　前厅接待礼仪

　　　　（Etiquette of Lobby Reception）…………………………………（102）

　　任务2　客房服务礼仪

　　　　（Etiquette of Guest Room Service）………………………………（108）

　　任务3　电话总机服务礼仪

　　　　（Etiquette of Switchboard Service）………………………………（117）

项目2　餐饮服务礼仪

　　　（Etiquette of Food and Beverage Service）……………………………（121）

任务1　中餐服务礼仪
　　　　（Etiquette of Chinese Food Service） ……………………………（122）
　　任务2　西餐服务礼仪
　　　　（Etiquette of Western Food Service） …………………………（129）
　　任务3　茶艺与咖啡服务礼仪
　　　　（Etiquette of Tea and Coffee Service） …………………………（134）

## 模块4　旅游交通服务礼仪
　　　　（Etiquette of Tourism Transportation Service） ………………（147）

　项目1　民航客运服务礼仪
　　　　（Etiquette of Air Travel Service） ………………………………（147）
　　任务1　售票服务礼仪
　　　　（Etiquette of Selling Tickets） ……………………………………（148）
　　任务2　空乘服务礼仪
　　　　（Etiquette of Air Travel Service） ………………………………（148）
　项目2　铁路客运服务礼仪
　　　　（Etiquette of Rail Travel Service） ………………………………（153）
　　任务1　列车乘务员服务礼仪
　　　　（Etiquette of Trainman） …………………………………………（153）
　　任务2　候车大厅服务礼仪
　　　　（Etiquette of Waiting Hall Service） ……………………………（155）
　项目3　公路客运及航运服务礼仪
　　　　（Etiquette of Highway and Shipping Travel Service） …………（161）
　　任务1　汽车司机服务礼仪
　　　　（Etiquette of Drivers） ……………………………………………（162）
　　任务2　航运服务礼仪
　　　　（Etiquette of Shipping Travel Service） …………………………（163）

**参考文献** ……………………………………………………………………（172）

# 模块1　初识旅游服务礼仪
（Getting to Know Etiquette of Tourism Service）

> **任务目标**
>
> 了解印象管理的内容，掌握仪容、仪表、仪态和用语礼仪的内容，学习少数民族礼仪、主要客源国礼仪、宗教礼仪、广东地区礼仪。

## 项目1　印象管理（*Impression Management*）

### 案例引入

案例一：小李的口头表达能力强，对公司产品的介绍也得体，人既朴实又勤快，在业务人员中学历最高，老总对他抱有很大期望。可做销售代表半年多了，业绩总上不去。问题出在哪儿呢？原来，他是个不修边幅的人，拇指和食指喜欢留着长指甲，里面经常藏着污垢。身上的白衬衣领子经常是黑色的，有时候手上还写着电话号码。他喜欢吃大饼卷大葱，吃完后，却不知道去除异味的必要性。在很多情况下，根本没有机会见到想见的客户。

案例二：某航空公司要面向社会招一批空姐，前来报名的人络绎不绝。其中有几个女孩，心想空姐是非常时髦的职业，要招漂亮的女孩。于是，几个姑娘就到美容院将自己精心地打扮了一番，活像电视剧里的日韩明星。她们高高兴兴地来到报名地点，谁知工作人员连报名的机会都不给她们，就让她们走。看着其他姑娘一个个报上了名，她们很想知道这是为什么。

### 提出问题

你认为小李在哪些方面需要提高？应如何改进呢？那几个女孩为什么会失去空姐招聘的机会呢？

我们小组的回答是：＿＿＿＿＿＿＿＿＿＿＿＿＿＿＿＿＿＿＿＿＿＿＿＿＿＿＿＿
＿＿＿＿＿＿＿＿＿＿＿＿＿＿＿＿＿＿＿＿＿＿＿＿＿＿＿＿＿＿＿＿＿＿＿＿＿＿
＿＿＿＿＿＿＿＿＿＿＿＿＿＿＿＿＿＿＿＿＿＿＿＿＿＿＿＿＿＿＿＿＿＿＿＿＿＿

Service Etiquette for Tourism

## 相关知识

在旅游业同质化竞争愈来愈激烈的市场环境下，如何提升顾客忠诚度已成为困扰企业进一步发展的难题。要求员工实施印象管理，可以有效地帮助企业赢得顾客的青睐，使企业通过差异化、个性化的形象展示，获得市场竞争中的优势地位，在顾客的心目中留下第一位的深刻印象，达到提升顾客忠诚度的目的。

印象管理（Impression Management），也叫自我呈现（Self Presentation），是心理学家欧文·戈夫曼（Erving Goffman）通过系统的观察和分析于1959年提出的理论，是指人们试图管理和控制他人对自己所形成的印象的过程。通常，人们总是倾向于以一种与当前的社会情境或人际背景相吻合的形象来展示自己，以确保他人对自己做出愉快的评价。

印象管理是社会互动的一个根本方面。每种社会情境或人际背景都有一种合适的社会行为模式，这种行为模式表达了一种特别适合该情境的同一性。人们在交往中总是力求创造最适合自己的情境同一性。理解他人对自己的知觉与认知，并以此为依据创造出积极的有利于自己的形象，将有助于我们成功地与人交往。

> Impression management is a process that people try to control the perceptions or impressions about themselves, a bit like personal branding. Individuals may believe they are being judged or perceived based on their outward appearance, personality or other subjective opinions by other people. Impression management attempts to control these perceptions from other people through the development of self-presentation methods and techniques used to control outward perceptions or impressions.

## 任务1　仪容礼仪 Grooming Etiquette

良好的职业形象，离不开仪容之美。一个人的仪容修饰反映了他的工作态度、工作能力和综合素质。仪容礼仪是指人的容貌，仪容传达出最直接最生动的第一信息，反映着个人的精神面貌，但是从礼仪学的角度说，仪容应该包括头发、面部、手臂和手掌等人体不着装的部位。

> Your appearance gives the first impression, but your manners and general behaviour become important immediately afterward. The combination of these factors (appearance, manners and behavior) are the basis for the employee's professional impression. Learn the rules, wear the right clothes and always be polite and respectful.

### 一、面部修饰

（一）面部修饰原则

服务人员修饰面部，使其容光焕发、充满活力，会给对方留下良好的印象，在工作中会得到人们的喜欢。要使面部修饰达到最佳效果，必须遵循清洁、卫生、自然的原则。

> Facial image can be defined as satisfaction with various areas of the face, which includes eyes, eyebrows, lips, cheeks, skin complexion, and the overall face.

面部清洁的标准是使之无灰尘，无泥垢，无汗渍，无分泌物，无其他一切被人们视之为不洁之物的杂质。服务人员要做好这一点就必须养成平时勤洗脸的好习惯。按照常规，外出归来、午休完毕、流汗流泪、接触灰尘之后都应该自觉地及时洗脸。

服务人员在进行面部修饰时要注意面部卫生问题，即要认真注意自己面容的健康状况。从顾客的角度讲，如果服务人员的面部健康状况不好，就极易让消费者产生抵触情绪。服务人员一旦面部出现了明显的过敏症状，或是长出了痱子、痤疮、疱疹等，务必及时前去医院就医，不要任其自然发展或自行处理。

服务人员注意面部自然问题是指要特别注意自己的面容是否呆板。一定要牢记，面部的修饰不仅要讲究美观，而且还要合乎常情。一般来说，庄重、大方是维护个人形象的宗旨。任何标新立异、追求前卫的修饰风格都与服务人员的身份不符，不应尝试。但是要求服务人员的面部自然并不是要求服务人员不讲求美观，进行正常的美化是正确的，也是对别人的一种尊重。

**（二）局部面容修饰**

1. 眉部的修饰

美观的眉形不仅形态优美，而且浓淡适宜。对于那些不够美观的眉形，如残眉、断眉、竖眉、"八"字眉、倒"八"字眉，或是过浓、过淡、过稀的眉毛，必要时要采取措施进行修饰。眉形即便原本很完美，如果要其一直保持美观，平时也必须多加梳理。记住在每天上班前进行面部修饰时梳理一下自己的眉毛，使其井然有序。

在洗脸、化妆或其他情况下，服务人员一定要留意使自己的眉毛时刻保持清洁，特别要注意防止眉部沾上灰尘、死皮或是掉落的眉毛等异物。

2. 眼部的修饰

服务人员的眼部是最容易被他人注意的地方，所以必须注重眼部的保洁问题。最重要的是要除去自己眼角上不断出现的分泌物，须知，它并非只产生在睡眠之后，而是随时都有可能出现的。哪怕只是在眼角或是睫毛上留有一点点，都会给人一种又懒又脏的感觉。

3. 耳部的修饰

对很多人而言，在做面部清洁时，耳部特别是耳孔之内往往会被忽略。其实，每个人的耳孔里除了会有分泌物外，有时还会积存一些落入的灰尘。当别人站立在自己身体的一侧时，耳内污垢很可能会映入对方的眼中。因此一定要坚持每天对耳部进行清洁工作。

4. 鼻部的修饰

在有必要去除鼻涕时，注意一定要选在无人的场合，并用手帕或纸巾辅助进行，且要小声，切忌将此举搞得响声大作，令人反感。

鼻部周围的毛孔往往比较粗大，内分泌比较旺盛的人如果清洁面部时不加注意，便

会在此堆积油脂或污垢，即会形成"黑头"。在清理这些有损个人形象的"黑头"时，除了平时对此处要认真进行清洗，还可以用专门的"鼻贴"进行处理，切忌乱挤乱抠，以免造成局部感染。

5．口部的修饰

刷牙既要采取正确的刷牙方式，更要贵在坚持。正确有效的刷牙要做到"三个三"：每天刷三次牙，每次刷牙要在餐后三分钟进行，每次刷牙的时间不要少于三分钟。

维护牙齿，除了做到无异物、无异味之外，还要注意保持洁白，并且及时去除有碍于口腔卫生和美观的牙石。最好的办法就是定期到口腔医院进行洗牙。

服务人员应在平时多注意保护自己的双唇，要保持嘴唇滋润不干裂。另外还要避免嘴边或嘴角残留食物。

服务人员在工作岗位上时，为防止因为饮食而产生的口腔异味，应避免食用具有刺激性气味的食物，主要包括葱、姜、大蒜、腐乳和烈酒等。

6．其他

男性服务员每天早上都应剃须，遇到重要的场合最好加剃一次。个别女服务员的汗毛过多，也应及时去除。

咳嗽、打喷嚏时，应用手绢或纸巾捂住口鼻，面向一侧，避免发出大声响，并道"对不起"。

不随地吐痰，培养卫生好习惯。还要禁止吸烟。

## 二、发部修饰

服务人员的头发要清洁、整齐、柔软、光亮，要根据自己的脸形、体形、年龄、发质、气质选择与职业和个性相配合的发型，以增强人的整体美。

（一）发部的整洁

无论工作与否，都必须注意，头发每周至少要清洗两到三次。洗涤头发，目的是去除灰垢、清除头屑、防止异味、使头发条理分明。

应注意在下述情况下自觉梳理自己的头发：一是出门上班前；二是换装上岗前；三是摘下帽子时；四是下班回家时。

梳理头发时还应该注意：一是梳头不宜当众进行，应避开外人；二是梳头不宜直接用手，最好随身携带一把梳子；三是梳理的碎发、断发不可随手乱扔。

任何人的头发都必须定期进行修剪，如果不是定期地对自己的头发进行修剪而任其自生自灭，只会形成一堆不雅的"杂草"。

发型要简洁、大方，具有良好的个性。男性的发式应给人以得体、整齐的感觉，显示成熟、稳重、儒雅的形象。女士应梳理清秀典雅的发型，体现出稳重、干练、成熟的形象。服务人员通常不宜使自己的发型过分时髦，尤其不要为了标新立异而有意选择新潮前卫的发型。

对女服务员而言，头发一般不应长于肩部，如果长于肩部，最好要在上岗之前将头发盘起来、束起来或编起来，或是置于工作帽之内，绝不可以披头散发。

对男服务员而言，其头发不能过长，一般不允许为追求时尚而留长发或梳辫子。在修理头发时必须做到：前发不覆额，侧发不遮耳，后发不触领。

### （二）发部的美化

护发礼仪的基本要求是：必须经常地保持健康、秀美、干净、清爽、卫生、整齐的状态。要遵循"三不"原则，即不能有味、不能出绺、不能有头皮屑。而要真正达到以上要求，就必须在头发的洗涤、梳理、养护等几个方面做到：长期坚持；选择好护发用品；采取正确的护发方法。

染发现在已经普遍流行，若是为了配合自己的肤色而进行染发是允许的，但中国人历来以黑发为美，黑色的头发更能使脸部轮廓具有立体感，因此尽量要以黑发出现在正式场合。

经过修饰之后的头发，必须以庄重、简约、典雅、大方为其主导风格。切记不要将头发烫得过于繁乱、华丽、美艳，以免在顾客面前造成"喧宾夺主"的不良影响。

只有在头发出现掉发、秃发之时才适合佩戴假发以弥补自己的缺陷。服务人员若是为了装饰而佩戴假发通常是不被提倡的，不自然的装饰也与礼仪不符。除非与制服配套，否则在工作岗位上是不允许戴帽子的。

不管为自己选定了何种发型，在工作岗位上都绝对不允许在头发上滥加装饰之物。在一般情况下，不宜使用彩色发胶、发膏。男士不宜使用任何发饰。女士在有必要使用发卡、发绳、发带或发箍时，应使之朴实无华。其色彩宜为蓝、灰、棕、黑，并且不带任何花饰。绝不要在工作岗位上佩戴彩色、艳色或带有卡通、花卉图案的发饰。

### 三、肢部修饰

#### （一）上肢的修饰

手臂的清洁与否，往往会给人以深刻的印象。举例而言，在服务行业，服务人员如果以黑乎乎的手臂给顾客送食品，对方恐怕就不会再有什么食欲了。

清洗手臂要确保真正无泥垢、无污痕。除了手部的烟迹必须根除以外，其他一切碍眼的痕迹，如手上所沾的墨水、印油、酱汁、油渍以及其他色彩，服务人员均应将其清洗得一干二净。

服务人员要认真做到"六洗"，即在以下六种情况下必须洗手。一是上岗之前洗手，二是手脏之后洗手，三是接触精密物品或入口之物前要洗手，四是规定洗手之时要洗手，五是上过卫生间之后要洗手，六是下班之前要洗手。有时还要在规定洗手之时进行消毒或除菌。

服务人员在工作岗位上不可乱用双手，例如揉眼睛、掏耳朵、抠鼻孔、剔牙齿、搔头发、抓痒痒、脱鞋袜等。在一些特殊的场合，为了保持卫生，服务人员还必须戴上专用的手套。

服务人员在工作岗位上的装饰，应以端庄朴素为美，而不应艳丽、怪诞，否则就与自己的特定身份不相称。主要应该注意以下几点：

（1）不蓄长指甲。

服务人员的手指甲一般不应长过其手指尖，修剪手指甲一般要养成"三天一修剪，每天一检查"的良好习惯，并且要做到坚持不懈。此外，还要注意及时剪除指甲周围因

Service Etiquette for Tourism

手部接触肮脏之物后形成的死皮。

（2）不化妆。

若非专门经营化妆品的人员（特别是促销员），一般人员不允许涂指甲油或进行艺术美甲、手臂刺字或绘画等。

（3）剔除腋毛。

一般都不允许服务人员以肩部外露的服装为工作装。因特殊原因必须穿露肩的服装时，最好将腋毛剃掉。另外，个别人手臂上长有较浓密的汗毛，在这种情况下，必须采取有效方法将其去除。

（二）下肢的修饰

1. 下肢的保洁

人的双脚不但容易出汗，而且容易产生异味，如果做不到每天清洗一次，便不能保证清洁。另外，现在的女士一般都喜欢赤脚穿鞋，因此务必要在洗脚时认真清洗双脚的趾甲、趾缝以及脚后跟，以免有碍观瞻。

一般情况下，服务人员应该每天换一次袜子。只有这样才能防止脚臭。同时，要注意不要穿那些不透气、易于产生异味的袜子。

有些人比较勤于换袜子，但却不勤于换鞋，这种方法是有害的。如果不是注意勤换鞋子，不但有可能使其"超负荷运转"而缩短生命，而且也可能使其内部发霉，同时产生异味。另外，在注意勤换鞋子的同时，务必要在穿鞋前细心清洁好鞋面、鞋跟、鞋底等处。

2. 下肢的遮掩

从文明礼貌的角度考虑，服务人员必须对自己的下肢进行必要的遮掩，如果因为自己的服装和鞋袜过度暴露了自己的下肢，不但不会给人以美感，还会给人以缺少修养的感觉。

服务人员的下肢如果直接暴露在他人的视线之内最好不要光腿。女性如果光腿通常会被理解成是有意对"他"显示自己的性感和魅力。男性如果光腿则只会给人一种"飞毛腿"的感觉。如果因为天气热或工作性质比较特殊必须光腿的话，则必须选择长于膝盖的裙子或短裤。

赤脚穿鞋一般会给人以不够正式的感觉，服务人员最好不要赤脚穿鞋。服务人员在选择鞋子时，最好不要让脚趾露在外面（穿凉鞋时除外）。更要注意的是，无论男女，在正式场合都不要穿拖鞋，以示对别人的尊重。与不许露趾一样，露跟也会给人一种过于散漫的感觉，也是极为不礼貌的。

3. 下肢的美化

下肢虽然不算是服务人员修饰的重点，但从整体形象的角度来讲，对其进行合乎常规的美化还是必要的。

服务人员要认真检查，经常修剪脚趾甲。在修剪时，不仅要注意令其长度适中、外形美观，而且还要使其洁白无瑕，并且要将周围出现的死皮一并剪去。

一般男性的腿上、脚上脚毛比较多。但是少数女性腿部、脚部也会出现较长或较浓的脚毛。在这种情况下，如果要穿裙子，就要把脚毛刮掉，或是选择深色而不透明的袜子。

## 四、化妆修饰

> Looking professional at work will help others take you seriously. For many women, however, choosing to wear a bit of makeup adds the finishing touch to their look and gives them confidence. Like it or not, first impression and perceptions count. A little makeup can go a long way in covering up minor blemishes and flaws and giving a professional edge. Makeup for work doesn't have to be complicated or time consuming.

### （一）化妆的原则

淡妆应以自然为原则，即自然大方、素净雅致。但千万不要误会"自然"的化妆就是简单的化妆。

自然妆的重点在于如何打粉底，使粉底能显得匀称。因为粉底极具掩饰的功效，若是不分角度、光线、部位而涂以相同厚度的粉底在脸上，不但不能达到化妆的目的，反而会使脸部看起来扁平，造成不自然的结果。因此，为使你的脸部表情生动自然，在涂完化妆水之后，应在鼻子等较高位置涂上较为明亮的粉底。由于生活紧张忙碌，为方便起见，你可以只在脸上较高的位置打底，其余部分涂淡或者不涂皆可。目前流行的散粉是淡妆打底不错的选择。一般情况下，女士总希望自己的面容更白一点，但要注意化妆后不可明显改变自己的肤色，而应与自己原有肤色接近。

服务人员化妆修饰的重点是嘴唇和眼部，对于其他部分如果时间不允许可以不予考虑。

服务人员要根据自己工作的性质来决定如何化妆。如在某些对气味有特殊要求的餐饮工作岗位上，服务人员通常不宜采用芳香类的化妆品，如香水、香粉、香脂等。

服务人员在化妆时要进行正确的角色定位。社会各界人士愿意和期待看到的服务人员的妆容应以庄重为主要特征。如果服务人员在上班时采用一些社会上正在流行的化妆方式，如金粉妆、印花妆、舞台妆、宴会妆等，就只会让人觉得轻浮随便、不务正业。

服务人员在化妆时，不仅要扬长，即适当地展示自己的优点，而且还要学会避短，即巧妙地掩饰自己的缺点与不足。工作妆重在避短而不在扬长，因为如果过分扬长则有自我炫耀之意，容易引起顾客的反感。

> Applying Makeup Tips:
> 1. Always begin with the base, concealer, eyebrows, nose, lips, and then extra's (i. e. start from base, top-bottom).
> 2. Never use bold pencils for anything, always sharpen for two reasons: 1) fast build up of bacteria on tip; 2) won't give any natural definition to your finished look, only and only use bold pencils after running pencil in hot water for a deeper or smudgy look.
> 3. For accentuated lips, begin with pencil, lipstick, gloss if needed, then pencil again, blot lips, then lipstick again.

4. Comb brows upwards before plucking or colouring in for tweezing the bottom, then cob downwards to tweeze on top.

5. Finish your look with loose powder to soften your look and then spray hairspray into air and walk into it for a long lasting stay.

6. Never EVER sleep in makeup, mascara, concealer, lipstick, or eyeshadow! Just wash face even if it's with water only.

## （二）化妆的基本程序

### 1. 打粉底

不要试图用浅色粉底令肤色增白，那只会像套了假面具。其实粉底与肤色越接近越好，在瑕疵处稍稍增加用量，令肤色均匀，就能显得自然白皙。之后要用散粉控制油光。

遮瑕膏的使用要更加精细和不露痕迹。注意应把遮瑕膏细细涂在眼袋下方，而非眼袋上，轻轻拍匀。也可用无名指指腹轻拍鼻翼旁的法令纹位置，抵消这里的阴影。

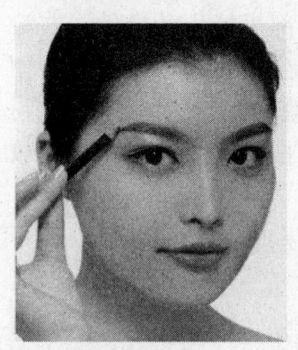

### 2. 描眉形

用眉笔清晰画出眉形走向。眉形不要修得太平，眉峰清晰，可增加自信感，但也别太过分。要是眉毛非常松散，可用眉笔一端的眉梳，把眉毛梳理清晰整齐。

### 3. 画眼线

眼部在化妆的过程中居于首要地位。在化妆时，画眼线这一步骤最好不要省掉。它的最大好处是能让化妆者的眼睛炯炯有神，并且富有光泽。

### 4. 施眼影

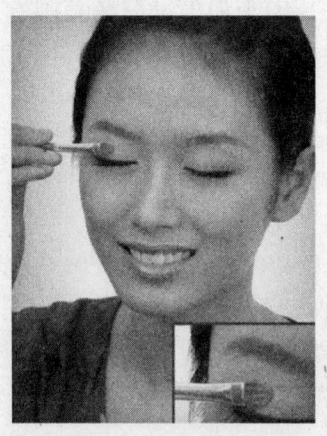

眼影只需从眼尾往眼头位置淡淡地晕染均匀，看起来有点轮廓就足够了。深灰色或深褐色的眼线要用棉签或者小刷子晕染均匀，与眼影自然过渡。

### 5. 涂睫毛膏

首先，在打开睫毛膏时，不要将睫毛刷直接拉出来，而是要慢慢拉出来，在开口处旋转一下，将多余的睫毛液去掉。涂睫毛膏不要从睫毛中间开始涂起，而是要从睫毛根部由内往外涂。注意：由于睫

毛是圆柱形的,所以不仅要从下往上刷,而且也要从上往下刷,这样才更加完美。

6. 上腮红

借助腮红可以适当调整妆容的均衡感,使自己拥有健康红润的脸色,以免显得眼部或口红过于突出,造成不自然的感觉。腮红的涂抹以薄、匀为宜,职业妆或淡妆中的腮红应涂在脸部自然发红的地方,涂抹的方向以肌肉移动的顺序为准则。应该注意,眼和唇是工作妆的重点,但不可同时把两点都突出强调,换句话说,就是你只可选一项作为重点,避免妆容过浓。

7. 涂唇彩

在化妆时,唇部的地位仅次于眼部。服务人员在涂唇彩时要注意用唇线笔描好唇线,涂好唇膏,并用纸巾吸去多余的唇膏,仔细检查牙齿上是否有唇膏。

8. 喷香水

正确选用香水,有时会让你取得意想不到的成功;相反,使用不当,其负面影响也不容小觑。例如你向衣服喷香水,其黄色和淡褐色的有机成分一定会留下污渍;如果是纯毛服装,香料持续时间将达数天之久,这就不合时宜了。

香精以"点"、香水以"线"、古龙水以"面"的方式使用,香水擦得越广,味道越淡,是使用香水的秘诀。使用香水的具体方法分五点法和喷雾法。

(1) 五点法。首先将香水分别喷于左右手腕静脉处,双手中指及无名指轻触对应手腕静脉处,随后轻触双耳后侧、后颈部;轻拢头发,并于发尾处停留稍久。

(2) 喷雾法。在穿衣服前,让喷雾器距身体10~20厘米,喷出雾状香水,喷洒范围越广越好,随后立于香雾中5秒钟;或者将香水向空中大范围喷洒,然后慢慢走过香雾。这样都可以让香水均匀落在身体上,留下淡淡的清香。

Perfume is used to make us smell more attractive to others and to ourselves. Here are some tips on properly applying perfume.

1. Moisturize your skin before you apply perfume to help the scent last longer.
2. Apply perfume to bare skin—do not apply to clothing.
3. Spray or dab a little perfume on each of your pulse points—your wrists, between breasts, behind the neck, behind the ears and in the bends of the elbows.
4. Spray a little perfume in freshly washed hair.
5. Be careful not to over-apply your perfume. Check with a family member or trusted friend if you can't tell whether you've overdone it.

## 任务2　仪表礼仪 Appearance Etiquette

仪表对人们的形象起到自我标志、修饰弥补等作用，是人际交往中的主要知觉对象之一。它不仅反映其主体的审美能力，而且也反映其道德水平。着装代表一个人的身份、素养、品位格调、家庭背景，也体现一个国家和地区的文化。心理学研究表明，人们比较重视与不相识的人第一次见面后所形成的直观感觉，并且这种感觉效果的优劣直接影响到交往的继续进行。仪表美对旅游服务工作的作用是不可轻视的，它在很大程度上影响着游客对服务人员工作的评价。

What you wear plays an important role in the impression you make and sends a strong message to others. It is important that you present a professional image. It shows:

- You are prepared and promotable.
- You respect the company you work for.
- Respect for your clients, colleagues and supervisors.

Keep in mind it's not always the specific items of clothing that give someone a positive impression so much as how you wear and tend to them.

1. Clothing needs to fit well and you need to feel comfortable in it.
2. Keep it clean and neat; iron if necessary!
3. Don't be tempted to wear something with a grease spot, thinking no one will notice.
4. Wearing clean clothes is as essential as combing your hair.

Good personal hygiene is just as important as selecting the right outfit: clean hands, clean hair, fresh breath, deodorant, and regular showers/baths matter.

Your style of dress is the way to express yourself: who you are, what type of personality you have. In summer, we all seem to relax as we enjoy the sunshine and outside activities. But there is still work to be done; are you there to express yourself or impress someone else?

The way you dress can play an important role in your professional career. Part of the culture of a company is the dress code of its employees. Some companies prefer a business casual approach, while other companies require a business professional dress code.

### 一、着装的 TPO 原则

TPO 原则是目前国际上公认的着装标准。只有遵循这一着装原则，才能更好地体现服饰交际礼仪。TPO 原则的概念是由日本男装协会于 1963 年提出的。"TPO"是"Time""Place"和"Object"三个单词的首字母的缩写。"T"指时间，"P"代表地方、场合和职位等，"O"代表目的、目标和对象等。该原则的基本含义是要求人们弄清着装的时间、地点和目的，使着装与环境气氛相协调，与不同国家、区域民族的不同习惯相吻合，与不同交往对象和不同交往目的相适合，体现服饰的整体美和协调美。

职业装（也称工作装）是正装的一种，是指人们在工作时间和工作场合穿着的服装，以方便、自然、端庄、简洁、美观、得体、大方为原则，与工作性质、工作环境相符合，以显示其职业和身份。职业装的款式大体上可以分为两类：一类是统一指定的正装，在绝大多数情况下又叫制服、工作服等。比如，企业管理人员的制服一般为深色西装或西装套裙，服务员则根据职业和岗位的要求有很大的区别：饭店的门童制服多为西服或制服，色彩醒目，装饰华丽，西餐服务员的制服多是黑色燕尾服、马甲、白色礼服等。另一类是由工作人员或服务员根据个人的特点、喜好与理解，在一定的范围内自行选择的职业装。

职业装的面料要讲究，不但要考虑工作环境、季节和气候等因素，而且要考虑不同岗位工作特点对职业装面料的特殊要求，既要经济实惠又要美观大方。职业装的色彩要突出标志性色彩，以单色、深色为佳，不宜选用浅色、花色、艳色。一套职业装的上衣、裤子或是裙子最好采用同一色彩，与衬衣、领带、帽子、鞋袜等色彩的搭配不要超过三种颜色。

## 二、女士着装礼仪规范

> Women should wear business suits or skirt-and-blouse combinations. Women adhering to the business professional dress code can wear slacks, shirts and other formal combinations. Women dressing for a business professional dress code should try to be conservative. Revealing clothing should be avoided, and body art should be covered. Jewelry should be conservative and tasteful.

### （一）女士西服套裙着装规范

线条流畅、柔美雅致的西服套裙既能展现女性婀娜多姿的身材，又能体现女性端庄文雅的性情，所以备受职业女性的青睐，成为女性的标准职业着装。女士西服套裙比男士西服套装的选择余地要大得多。不过，在面料、色彩、图案、款式等方面的选择也是十分讲究的，应注意以下几个方面：

（1）布料的选择。女士西服套裙应选用质料上乘的纯天然质地的面料，而且上衣与裙子所使用的面料应该一致。女士呢、薄花呢、人字呢等纯毛料的面料为最佳，高档丝绸、亚麻、麻纱、府绸、毛涤也可选择，但必须匀称、平整、光滑、柔软、挺括，并且弹性要好，不易起皱。

（2）色彩的选择。色彩是视觉中最具冲击力的形式，它传递信息，表达情感，蕴涵寓意，是服装的精华所在。色彩是择衣黄金规律的第一条，而且全身色彩不宜超过三种。色彩上浅下深或上深下浅，式样上简下繁或上繁下简，花色上轻下杂或上杂下轻，可以搭配出动感和活力，适合女士在不同场合穿出不同的风貌。

办公室中不宜穿色彩过艳的服装，应以冷色为主，要求典雅、端庄、稳重、清新、

凝重。西服套裙的色彩应呈中性，也可偏暗，上下一色显得端庄，有成熟感，以黑色、藏青色、灰褐色、灰色等冷色调为宜，不可选择过于鲜亮耀眼的色彩。为了使其富有动感与活力，除采用适当的领花、丝巾、胸针等饰物作点缀外，还可以采用上衣与裙子在色彩上的深浅颜色变化或对套裙的衣领、兜盖、前襟、下摆等处进行适当的修饰等方式。但要注意无论采取哪种修饰方法，点缀宜少不宜多，宜精不宜滥。

（3）图案的选择。西服套裙一般不能带有图案。若想使套裙静中有动，充满活力，可选用带有或宽或窄的格子、或大或小的圆点、或明或暗的条纹图案的面料。

（4）款式的选择。西服套裙是西装上衣与半截裙的固定搭配，不能随意乱穿，胡乱搭配。西服套裙的款式主要表现在上衣与下裙的长短比例，以及裙子自身的长短、宽窄两个方面。西服套裙强调上衣不宜过长，裙子不宜过短。一般认为裙短不雅、裙长无神，裙的下摆恰好到小腿中部为好。但这一点在现实生活中已经发生了很大的变化。一般认为在正式场合，套裙的下裙最短不得短于膝盖以上15厘米。裙子以贴身为美，故以窄为主。西服套裙的上衣分为紧身式和松身式两种。一般认为紧身式的上衣显得较为正统，而松身式的上衣则显得时髦。无论是紧身上衣还是宽松上衣，若配以宽窄适度的裙子，都可以表现出着装者的不同风采。不过，西服套裙既不宜过于肥大，也不宜过于瘦小，否则会显得散漫或轻浮。

西服套裙的上衣衣领也是多种多样的，以"V"字领、"U"字领、"一"字领为多见，可根据各自的身材选择最适合自己的衣领。西服套裙裙子的款式也很多，西装裙、一步裙、围裹裙、筒裙等线条优美，风格端庄；百褶裙、人字裙、喇叭裙、旗袍裙等飘逸洒脱，美丽高雅，与西服上衣搭配也可产生各种不同的效果。

女士西服套裙要成套着装，又要合理搭配。主要应注意以下几个方面：

（1）衬衫的搭配。衬衫与套裙的搭配是极其关键的。女士衬衫的款式、面料、色调是多种多样的，但必须选择能与西服套裙相匹配的衬衫。一般情况下，要选择轻薄柔软的面料。丝绸是最好的衬衫面料，纯棉次之。但衬衫不宜透明，免得显现内衣，更不能使内衣露出领口，否则有失身份。衬衫色彩宜简不宜繁，宜纯不宜杂，应选择与套裙搭配具有层次感的、高雅端庄的色调，不带任何图案的单色为最佳，不宜过于鲜艳，与套裙的色彩不互相排斥的色彩也可考虑。与套裙搭配的衬衫的款式（领型、袖子、门襟、轮廓、点缀等）不要过于新潮、华丽和夸张。

（2）内衣的搭配。女士内衣（主要包括胸罩、内裤、腹带、连体衣等）大小要合适，穿着要舒适。面料以纯棉、真丝为佳，颜色以白色、肉色为好，粉红、红色、紫色、棕色、蓝色次之。不过，一套内衣最好以单色、同色为好。内衣不可太性感，切忌外露、外透。忌穿透明性很强的衣服，防止内衣外透。不要明显地透出内裤文胸的轮廓，文胸的肩带不能露在衣服外面。公共场合不应该不加掩饰随意地整理内衣，如感到内衣穿着不舒适，应就近寻找洗手间，在洗手间内得体处理。此外，还应注意个人服饰卫生，保持良好的卫生习惯，每天要换洗内衣。

（3）衬裙的搭配。衬裙的面料以透气、吸湿、柔软、轻薄为佳。衬裙的色彩以单色无图案为宜，且应与外裙子的色彩相协调。衬裙线条要简单，穿着要合身，大小要适度。衬裙的裙腰不可高于套裙的裙腰。

（4）鞋袜的搭配。穿套裙一定要配穿纯色连裤袜或长筒丝袜。穿套裙时着丝袜，不仅是礼仪的需要，而且还能掩饰腿部的缺陷，增加腿部的美感，袜子的颜色要与裙、鞋的颜色相协调，以肉色为佳。腿较粗的人适合穿深色的袜子，腿较细的人适合穿浅色的。一般情况下多色、亮色、有图案花纹、过于繁杂的袜子均不宜穿着。穿丝袜时，袜边不能外露，穿一双明显跳纱破损的丝袜是不雅和失礼的。要根据穿着舒适、方便、协调而又不失优雅的原则选择不同款式的鞋子。鞋子应是船式或盖式款式的高跟、半高跟皮鞋，以黑色牛皮鞋为最佳。不能穿艳亮颜色或浅色的皮鞋，更不能穿布鞋、旅游鞋、凉鞋、轻便鞋等。一般个矮的人可以选择高跟鞋，个高的人选择鞋跟时可以偏低些，但不能是平跟鞋。年纪稍大和身体较胖的女性选择的鞋跟不可过高或过细。

（5）饰品的搭配。为了使套裙在稳重中透着生动，在保守中显出活泼，可以采用领花、丝巾、胸针、围巾等饰品加以点缀，但不可过多，有点睛之妙即可。

### （二）女士连衣裙着装规范

连衣裙是上衣和裙子的结合体，它不但能尽显女士特有的恬静和妩媚，而且穿着便捷、舒适。连衣裙也可与西装外套等组合搭配，提高服装的使用率。连衣裙的造型丰富多彩，有前开襟、后开襟、全开襟和半开襟的；有紧身的、宽松的、喇叭形的、三角形的、倒三角形的；有无领的、有领的；有方领的、尖领的、圆领的；有超短的、过膝的、拖地的。穿着连衣裙时应以个人爱好、流行时尚而定，但在交际场合穿着时连衣裙还应以大方典雅为宜。单色连衣裙在大多数场合效果都很好，点、条、格等面料的连衣裙图案也要力求简洁。穿连衣裙要注意避免：一是受时髦潮流的影响，太流行或趋于怪异，会变得俗不可耐或荒诞不经。二是不顾及环境，而穿着过低的领口、过紧的衣裙、过透的面料的连衣裙，使人感到极不雅观。

---

The cheongsam is a body-hugging (modified in Shanghai) one-piece Chinese dress for women; the male version is the changshan. It is known in Mandarin Chinese as the qípáo, and is also known in English as a mandarin gown. The stylish and often tight-fitting cheongsam or qipao (chipao) that is most often associated with today was created in the 1920s in Shanghai and was made fashionable by socialites and upperclass women.

Business professional attire for men:

Men should wear business suits if possible; however, blazers can be worn with dress slacks or nice khaki pants. Wearing a tie is a requirement for men in a business professional dress code. Sweaters worn with a shirt and tie are an option as well.

1. Colors and Footwear

When choosing color schemes for your business professional wardrobe, it's advisable to stay conservative. Wear "power" colors such as black, navy, dark gray and earth tones.

Avoid bright colors that attract attention. Men should wear dark-colored dress shoes. Women can wear heels or flats. Women should avoid open-toe shoes and strapless shoes that expose the heel of the foot.

2. Good Hygiene

Always practice good hygiene. For men adhering to a business professional dress code, this means good grooming habits. Facial hair should be either shaved off or well groomed. Clothing should be neat and always pressed. Women should avoid makeup that stands out in a distracting manner. Hair should be well-maintained.

3. What Not to Wear

Never wear jeans, athletic apparel or athletic footwear. Offensive T-shirts, distracting jewelry and rips in clothing are not appropriate in a business professional dress code. Women adhering to a business professional dress code should avoid shirts that expose cleavage and back areas. Shorts are never allowed in a business professional dress code. Women should wear pantyhose or stockings as not to expose their bare legs. Head wear is not permitted in a business professional dress code unless it is for religious significance.

### （三）女士旗袍着装规范

如何正确地挑选与搭配旗袍，是一件相当考验女士着装功力的事情。旗袍带着一股从未有过的震撼力，越来越受到国人的重视，旗袍也在影响着世界各地女性的穿着，它像一种特殊的世界语，迅速被各国的人们接受，打破了只有东方女性才适合穿着旗袍的传统论断，因而旗袍也可作为社交中的礼服。

选购旗袍时必须注意的是样式与面料的互相调和，根据自己穿着所需而定。如用作婚庆的旗袍，就应当选择面料质地均上乘，且色彩鲜艳夺目，但样式相对古典传统的。若用作赴宴礼服的旗袍，一般采用紧扣的高领、贴身、身长过膝，两旁开叉，斜式开襟袖口至手腕上方或肘关节上端的款式，面料以高级呢绒绸缎为主，配以高跟鞋或半高跟鞋。若用作日常便服的旗袍，则相对可随心所欲，只要穿着舒适大方、凸显个性便可。

### 三、男式西装的着装规范

西装是男士最常见的办公服，也是现代交际中男子最得体的着装。国外很多机构，包括一些大企业，规定工作人员不能穿短裤、运动服上班，要求男士必须穿西服打领带。一些剧院也规定了观看者必须西装革履。熟知西装着装规范的人，大都听说过一句行话："西装的韵味不是单靠西装本身穿出来的，而是用西装与其他衣饰一道精心组合搭配出来的。"由此可见，西装与其他

衣饰的搭配，对于成功地穿着西装，是何等重要！为了塑造良好的绅士形象，男士必须学会穿西装。

根据西装穿着礼仪的基本要求，男士在穿西装时，要注意以下几个方面的问题：

（1）拆除衣袖上的商标。

在西装上衣左边袖子上的袖口处，通常会缝有一块商标，有时，那里还同时缝有一块纯羊毛标志。在正式穿西装之前，一定要将它们先行拆除。通常，在购买西装时，销售人员会将其拆除。有的人故意将商标露在外面显示其西装的品牌和档次，这是不妥当的，不但不符合西装穿着规范，在高雅场合还会贻笑大方。

（2）西装必须合体。

合体的西装是保证西装挺拔的基本条件。合体的西装要求上衣盖过臀部，四周平整无皱褶，手臂伸直时袖子长度应到手虎口处，领子应紧贴后颈部，衬衣的领子应露出西装上衣领子约1.5厘米，衬衣的袖口应比外衣的袖口长出约1.5厘米，以显示衣着的层次。与上衣相配的通常是面料相同的西裤，其应有合适的腰围和长度。合适的腰围应是裤子穿在身上并拉上拉链、扣好扣子后，腰处还能伸进一只五指并拢的手掌。合适的裤长应该是裤子穿上后，裤脚下沿正好触及脚面，并保证裤线笔直。如果裤子太长，裤线就会弯曲，从而影响西裤的挺括。实际上，一件西装上衣最好配两条裤子，因为裤子比上衣容易起皱，更应该经常更换，而裤线保持笔挺，会使人显得精神抖擞。

（3）西装的口袋。

男士穿西装时千万不要放太多的东西在口袋里，否则既不美观，又失礼仪，还会使西装变形。西装上衣口袋只做装饰，不放东西，必要时，也仅仅装着好看的花式手帕，不应再放其他任何东西，尤其不应当放钢笔或挂眼镜。西装左胸内侧口袋，可以装记事本、信封式男士钱包、票夹、小计算器等。西装右胸内侧衣袋，可以装名片夹、香烟、打火机等。外侧下方的两个口袋，原则上不放任何东西。除此以外，西装马甲的口袋只起到装饰作用。除可以放怀表外，不宜再放别的东西。而西装裤子侧面的口袋只能放纸巾、钥匙包或者钱包。其后侧的口袋，一般不放任何东西。裤兜与上衣口袋一样，不能装物，以求裤形美观。

（4）西装的衬衫。

穿着西装时一定要穿带领的衬衣，做到挺括整洁、无皱折，尤其是领口，衬衣最好不要太旧。衬衫下摆要塞进西裤，袖口须扣上不得翻起。系领带时，衬衣的第一个纽扣要扣好。领子不要翻在西装外。

与西装搭配的衬衫，应当是正装衬衫。正装衬衫要具备以下几个特征：

①正装衬衫要选用精纺的纯棉、纯毛面料。以棉、毛为主要成分的混纺衬衫，亦可酌情选择。

②正装衬衫必须为纯色。在正式的商务活动中，白色衬衫是男士的最佳选择。除此之外，蓝色、灰色、棕色有时亦可考虑。

③正装衬衫一般没有复杂的花纹和图案，某些细条纹的衬衫可在一般的场合中穿着。

花衬衣配单色的西装效果比较好，单色的衬衣配条纹或带格西装比较合适；方格衬衣不应配条纹西装，条纹衬衣不要配方格西装，条纹衬衫也不能与条纹西装相搭配。

④正装衬衫的衣领多为方领、圆领和长领。在选择时，要考虑本人的脸形、脖长以及领带结的大小。

（5）西装与纽扣。

穿两粒扣西服扣第一粒表示郑重，不扣扣子则表示随意；三粒扣西装扣上中间一粒或上面两粒为郑重，不扣表示融洽；一粒扣西装以系扣和不系扣区别郑重和非郑重。此外，两个纽扣以上的西装形式，忌讳系上全部扣子。西装的衣袋和裤袋里，不宜放太多的东西，最好将东西放在西装左右两侧的内袋里。西装的左胸外面有个口袋，这是用来插手帕用的。

（6）领带的搭配。

男士穿西装时最重要的配件就是领带。在欧美各国，领带与手表、装饰性袖扣并称为"成年男子的三大饰品"。男士在挑选领带时，要注意以下几点：

①面料：好的领带多采用真丝面料，适合各种季节。以涤丝制成的领带售价较低，易于打理，有时也可以使用。除此之外，由棉、麻绒、皮、革、珍珠等制成的领带，在正式场合里均不宜佩戴。

②颜色：在正式场合里，蓝色、灰色、棕色、黑色等单色领带都是十分理想的选择。切勿使自己佩戴的领带多于三种颜色。同时，也应尽量少打浅色和颜色鲜艳的领带。一般来说，杂色西装应配单色领带，而单色西装则应配花纹领带；驼色西装应配金茶色领带，褐色西装则需配黑色领带等。

③图案：主要是以单色无图案的领带为主，有时也可选择以条纹、圆点、方格等几何形状为主的领带。

④款式：领带的款式往往受到时尚潮流的影响。因此，职业人士应注意以下四点：

一是领带有箭头与平头之分。下端为箭头的领带，显得比较传统、正规；下端为平头的领带，则显得时髦、随意一些。

二是领带有宽窄之别。除了流行的因素外，领带的宽窄最好与本人的胸围和西装上衣的表领形状相一致。

三是简易式的领带，如"一拉得"领带、"一挂得"领带等，均不适合在正式的场合中使用。

四是领结宜与礼服、翼领衬衫搭配，并且主要适用于出席宴会等重要社交场合。

⑤质量：一条好的领带，其质量必须符合以下要求：外形美观、平整、无跳丝、无疵点、无线头，衬里不变形，悬垂挺括，质地厚重。

⑥长度：领带的长度要适当，以达到皮带扣处为宜。如果穿毛衣或毛背心，就应将领带下部放在毛衣领口内。

（7）领带夹的用法。

应在穿西装时使用，也就是说仅仅单穿长袖衬衫时没必要使用领带夹，更不要在穿夹克时使用领带夹。

穿西装时使用领带夹，应将其别在特定的位置，即从上往下数，在衬衫的第四与第五粒纽扣之间，将领带夹别上，然后扣上西装上衣的扣子，从外面一般应当看不见领带夹。因为按照妆饰礼仪的规定，领带夹这种饰物的主要用途是固定领带，如果稍许外露还说得过去，如果把它别得太靠上，甚至直逼衬衫领扣，就显得过分张扬。

（8）鞋袜的搭配。

穿西装必须穿皮鞋，黑色的男士皮鞋素雅大方，容易搭配，因此比较流行。不能穿旅游鞋、轻便鞋或布鞋、露脚趾的凉鞋。皮鞋一般选择牛皮鞋和羊皮鞋，至于鹿皮鞋、磨砂皮鞋、翻毛皮鞋等大都属于休闲皮鞋，不适合在正式场合穿着。男士在穿皮鞋时应做到鞋内无味、鞋面无尘、鞋底无泥。

男士在穿西装、皮鞋时所搭配的袜子，以深色和单色为宜，与西装同色系比较讨巧。最佳的做法是比西装稍深一些，使袜子在皮鞋与西装之间显示出一种过渡。绝对不能穿白色袜子和色彩鲜艳的花袜子。一般说来，男士宜着深色线织中筒袜，切忌穿半透明的尼龙或涤纶丝袜。同时注意袜子要干净，做到一天一换，洗涤干净，以防止其有异味使自己难堪、令他人难受。袜子要完整、成双。穿袜之前，一定要检查它有无破洞、跳丝，是否不同色。如果发现有，应及时更换。袜子要合脚。在正式场合穿的袜子，其大小一定要合脚，不能穿太小、太短的袜子。袜子太小，不但易破，而且容易从脚跟上滑下去，袜子太短，则时常会使脚踝外露出来。一般而言，袜子的长度不宜低于自己的踝骨，袜口不要露在裤脚之外。

（9）公文包的搭配。

公文包、皮鞋、皮带被称为"男士三宝"。这三种物件的颜色最好统一，而且首选黑色。男士所选择的公文包，以黑色、棕色的牛皮、羊皮制品为最佳。在款式上，手提式的长方形公文包，是最适宜的选择。

## 任务3　仪态礼仪 Manners Etiquette

In any kind of job, supervisors and employees often experience back pain, tiredness and even sleepiness which lead them to stretch, shake their hands or lay their head down on their desk. Though these acts are not prohibited, employees should be conscious that they should not overdo these stress-relieving gestures.

You can shake your hands or stretch a little without disturbing others. It is best if you go to the comfortable room and do it there. When you yawn, make sure to cover your mouth and as much as possible don't make the yawning sound. When so sleepy, you can go wash your face or you can rest your head down for 3 minutes to rest your eyes, but don't do this in front of a client.

Breaktime is a perfect time to relax, but never place your feet on top of your desk because that is incredibly bad manners.

仪态，是人们在外观上可以明显察觉到的活动、动作以及在动作、活动之中身体各部分呈现出的姿态。在人际交往中，优雅的仪态可以透露出自己良好的礼仪修养，给别人留下不少好的印象，进而赢得更多合作和被接受的机会，创造财富。

## 一、站姿

### 1. 男女站姿

女性在站立时，要注意表现出女性轻盈、妩媚、娴静、典雅的韵味，给人一种宁静之美。具体来讲，在站立的时候，女性服务人员可将双手相握或叠放于腹前。双脚可在以一只脚为重心的前提下叉开稍许。脚跟要靠拢，脚尖呈"V"字形。

男性在站立时，要注意表现出男性刚健、潇洒、英武的风姿，要求给人一种阳刚之美。具体来讲，在站立时，男性服务人员可以将双手相握，叠放于胸前，或者相握于身后。两脚可以叉开，两脚之间相距的极限大致与肩部同宽。

### 2. 服务时的站姿

为别人服务的站姿可以为丁字步，采用这种站姿时，头部可以微微倾向自己的服务对象，但一定要保持自己面部的微笑。手臂可以持物，也可以自然下垂。在手臂垂放时，从肩部到中指应该呈现一条自然的垂线。小腹不宜突出，臂部同时应该缩紧。它最关键的地方是"丁字步"，即一只脚的后跟紧贴另一只脚的内侧，双膝靠拢的同时，两腿的膝部前后略微重叠。

### 3. 恭候顾客的站姿

恭候顾客的站姿，即"等人的站姿"或"轻松的站姿"。采取的方式是适度叉开双脚。其要点是：两脚可以相互交换放松，并且可以踮起一只脚的脚尖。双腿可以分开一些，也可以自然地十字交叉。需要注意的一点是：叉开的双脚不要不停地换来换去，否则会给人一种浮躁不安、极不耐烦的印象。

### 4. 在交通工具上的站姿

在交通工具上的站姿要求安稳、安全，兼顾礼貌与美感。在交通工具上的站姿要注意以下几点：双脚可以适当地张开一些，重心要放在自己的脚后跟与脚趾中间。不到万不得已，双脚的距离不应宽于肩部的宽度。双腿应尽量伸直，膝部不宜弯曲，而是应该有意识地稍微向后挺。身子要挺直，臀部略微用力，小腹内收，不要驼背弯腰。双手可以轻轻地握于胸前，或者以一只手扶着扶手或拉着吊环，但不要摆来摆去。头部挺直，最好目视前方。

5. 柜台待客的站姿

柜台待客的站姿可以为稍息，即"长时间的站姿"。这时的站姿手脚可以适当放松，不必始终保持高度紧张的状态。双腿可以以一条腿为重心的同时，把另一条腿向外稍微伸出去一些，使双脚呈叉开状态。双手可以以指尖向前的做法轻轻地扶在身前的柜台上。双膝要尽量伸直，不要出现弯曲。肩臂自然放松，在敞开胸怀的同时要挺直背脊。

6. 站姿的训练

优美的站姿是可以练出来的。练站姿要把握的要领是：平（头和肩要平直，两眼要平视）、直（腰直、腿直；后脑勺、背、臀、脚后跟要成一条直线）、高（重心上提，尽可能使人显高）。训练的方法有如下五种：

（1）靠墙训练。优美站姿的形成必须经过针对性、系统性的场景训练。站姿训练刚开始可以采取靠墙站立，训练直立、头正、梗颈、展肩、立腰、收腹、提臀、直腿、平视、微笑等基本要领。靠墙站立时，脚后跟、小腿肚、臀部、双肩、头部、背部都要贴墙。

（2）顶物训练。把书本放在头顶，头部、躯体自然保持平衡，对身体的各部位进行训练，重点纠正低头、仰脸、头歪、头晃、左顾右盼的毛病。

（3）背对背训练。要求两人一组，背对背站立，两人的小腿、臀部、双肩、后脑勺都贴紧。两人的小腿之间夹一张小纸片，不能让其掉下。每次训练20分钟左右。

（4）照镜训练。按照站姿的要领及标准发现问题，及时调整。站姿训练每天控制在20分钟左右，训练时最好配上轻快的音乐来调整心情，克服单调感，减轻疲劳感。

（5）要领训练。训练时应注意头颈、身躯和双腿与地面垂直，两肩相平；两臂在身体两侧自然下垂；下颌微收，两眼平视前方；挺胸收腹，整个体形显得庄重平稳。男士站立时，双脚可以微微张开，但不能超过肩宽。双手自然下垂放于体侧，中指压裤线或两手背于体后交叉。女士站立时，双脚应呈"V"形，膝和脚后跟应紧靠，身体重心应尽量提高，双手在腹前交叉。

## 二、坐姿

1. 女性坐姿

头部挺直，双目平视，下颌内收；抬头挺胸收腹，上身微前倾，两肩放松勿靠椅背；就座椅子的三分之二以内，双腿并拢，双手自然弯曲搭放在膝盖或大腿上（若穿裙装可避免走光）；长时间就座时，可变换腿部姿势，双脚可正放或侧放，并拢或交叠。

起立时，右腿向后回收半步，用小腿的力量将身体支起，并保持上身的直立状态。

无论采取哪种坐姿，均要自然、美观、大方，切不可表现出僵硬的状态。

2. 男性坐姿

头部挺直，双目平视，下颌内收；抬头挺胸收腹，上身微前倾，两肩放松勿靠椅背，双手搭放在膝头；就座椅子的三分之二以内；双腿可稍分开。

3. 坐姿的训练

坐姿训练的主要内容是入座、坐态和离座三个方面。其中腿位和脚位的变化是训练的重点。训练各种优雅坐姿时，可以采用对镜训练和同伴互练法进行纠正。根据就座礼仪开展训练，整体要做到：上身正直，腰部挺起，下颌回缩，挺胸收腹，双肩放松平放，两眼平视，面带微笑，坐态端正、舒适和高雅。

## 三、走姿

走是我们在生活中最常见的动作之一，属于一种动态的美。走姿是人们在行走过程中应遵循的正确姿势。走姿要求"行如风"，是指人行走时，如风行水上，有一种轻快自然的美。凡是协调稳健、轻松敏捷的走姿都会给人以美感，女士走姿要展现身体的曲线美，男士走姿要体现阳刚之气。

1. 走姿的标准——"行如风"

以站姿为基础，面带微笑，眼睛平视；双肩平稳，双臂前后摆动自然且有节奏，摆幅以 30°～50°为宜；双肩、双臂都不应过于僵硬；重心稍前倾；行走时左右脚重心反复地向前后交替，使身体向前移动；行走时，两只脚的内侧行走的线迹为一条直线，脚尖应是正对前方；步幅要适当，一般应是男士 40 厘米左右，女士略小些，但也因性别和身高有一定的差异。着装不同，步幅也不同，如女士穿裙装（特别是旗袍、西服裙或礼服）和穿高跟鞋时，步幅应小些；跨出的步子应是脚跟先着地，膝盖不能弯曲，脚腕和膝盖要灵活，富于弹性；走路时应有一定的节奏感，走出步韵来。

走姿如何，关键在于步位、步幅、步速和步韵四个方面：

（1）步位标准。方向明确会给人以稳重之感。在行走时，脚尖对着前方，形成一条虚拟的直线，每走一步，脚跟都应落在这条直线上。

（2）步幅适度。在行进时，最佳的步幅为一脚之长，男子每步约40厘米，女子每步约36厘米。与此同时，步子的大小还应当大体保持一致。

（3）步速均匀。步速虽然是可以变化的，但在某一特定的场合，步速一般要保持稳定，不宜忽快忽慢。一般认为，在正常的情况下，服务人员每分钟之内走上60～100步是比较正常的。

（4）步韵优美。起步之时，身体须向前微倾，身体的重量要落在脚掌上。在行进的整个过程之中，应注意使自己的重心随着脚步的移动不断地向前过渡，而切勿使身体的重心落在脚后跟上。走路时脚跟首先落地，膝盖在脚部落地时应当伸直，腰部要成为重心移动的轴线，双臂要在身体两侧一前一后地自然摆动。昂首挺胸，步伐轻松而矫健。其中最为重要的是，行走时应面对前方，两眼平视，挺胸收腹，直起腰背，伸直腿部，使自己的全身从正面看上去犹如一条直线，步伐具有节奏感和韵律感。

2. 男女行进姿态差异

（1）女士的行进姿态：两脚尖稍外，两脚交替地走在一条直线上，即"一字步"。背脊挺直，步履轻柔自然，避免做作。可右肩背皮包，手持文件夹置于臂膀间。

（2）男士的行进姿态：两脚跟交替行进在一条直线上，两脚尖稍微外展，脚步稍大，抬头挺胸，步履稳健、自信。避免"八字步"。

3. 变向行走

所谓变向行走，是指在行进之中需要变化自己的方向时，采用合理的方法，体现出规范和优美的步态。一般包括以下五个方面：

扭头就走一般被视为失礼。需要后退时，可以先向交往对象后退几步，再转体离去。通常后退三步较为适宜。对交往对象越尊重，后退的步子越多。后退时的步幅要小，脚宜轻擦地面，转体时，宜身先头后，先转头或头身同时转都是不妥的。

有两种情况需要前行转身。一是前行右转。应以左脚掌为轴心，在左脚落地时，向右转体90°，同时迈出右脚。二是前行左转，与上一种情况的做法正好相反。

引导步是用于走在前边给宾客带路的步态。引导时要尽可能走在宾客左侧前方，整个身体半转向宾客方向，保持两步的距离，遇到上下楼梯、拐弯、进门时，要伸出左手示意，并提示客人上楼、进门等。

在行进时，有两种情况需要侧行。一是与同行者交谈时。具体做法是，上身宜转向交谈对象。距对方较远的一侧肩部朝前，距离对方较近的一侧肩部稍后，身体与对方身体之间保持一定的距离。二是与他人狭路相逢时。此刻宜两肩一前一后，胸部转向对方。

后退转身分为三种情况。一是后退右转。先后退几步，以左脚掌为轴心，向右转体90°，同时向右迈出右脚。二是后退左转。先后退几步，以右脚掌为轴心，向左转体90°，同时向左迈出左脚。三是后退后转。先后退几步，以左脚为轴心，向右转体180°，然后迈出右脚；或是以右脚为轴心，向左转体180°，然后迈出左脚。

4. 走姿的训练

(1) 顶物训练。将一本书或其他轻的物品置于头顶训练行走。在行走训练中保持头正颈直，不摆头晃脑、东张西望、弯腰弓背。

(2) 叉腰训练。手部叉腰，上身正直，保持行走时不摆胯、送臀、扭腰。肩平、收腹、走直等难做的动作，应进行强化训练。

(3) 摆臂训练。站立，两脚不动，原地晃动双臂，前后自然摆动，手腕进行配合，掌心要朝内，以肩带臂，以臂带腕，以腕带手，克服双手横摆、同向摆动、单臂摆动或双手摆幅不等的现象。

(4) 要领训练。行走时上身正直不动，两肩相平，两臂摆动自然，做到目光专注，行走自然，步伐轻盈。女士行走时脚尖要正对前方，走在一条直线上，每分钟约走118～120步。男士行走时两脚尖可稍外展，交替行进在一条直线上，每分钟约走108～110步。

(5) 步位训练。在地面上画出一条直线，行走时按要求走出相应的步位与步度，纠正"内八字步"和"外八字步"。

(6) 综合训练。根据优美走姿的要求，综合训练步位、步幅、步速、步韵，克服不雅走姿。训练时要有专业人员指导，在形体训练房训练或进行场景训练。

### 四、手势

手势是指人们在社交活动中表达思想、传情达意时，两手所呈现出的各种动作和体位姿势。它是静态美与动态美的结合，是人体语言中最丰富、最富有表现力的体态语言。手势美能给人以一种优雅、含蓄、彬彬有礼的感觉。风度翩翩、气质高雅、文化修养好的人，在社交场合都会十分注意优美手势的运用。

> A gesture is a form of non-verbal communication in which visible bodily actions communicate particular messages, either in place of speech or together and in parallel with spoken words. Gestures include movement of the hands, face, or other parts of the body. Gestures differ from physical non-verbal communication that does not communicate specific messages, such as purely expressive displays, proxemics, or displays of joint attention. Gestures allow individuals to communicate a variety of feelings and thoughts, from contempt and hostility to approval and affection, often together with body language in addition to words when they speak.

1. 手势礼仪的基本原则

介绍某人或给对方指示方向时，应掌心向上，四指并拢，大拇指张开，以肘关节为轴，前臂自然上抬伸直。指示方向时上体稍向前倾，面带微笑，自己的眼睛看着目标方向并兼顾对方是否意会到。这种手势有诚恳、恭敬之意。打招呼、致意、告别、欢呼、鼓掌也属于手势的范围。手势是由手势的速度（快慢程度）、力度（轻重程度）、幅度（空间活动范围）和弧度（手指、手掌、手臂共同挥出的空间轨迹）四部分构成。

(1) 速度适中。

手势速度不宜过快，手势过快地指来划去，不但会给人杂乱无章、不稳重、不和谐的感觉，而且让人难以有一个心理过渡，无法引人注目，反而造成紧张感。

（2）力度适宜。

手势力度大可以表现出果断和坚定的信心，手势力度小可以显示优柔细腻。但力度过大地挥来舞去和伸张无度的手势，会给人造成惊异感，也缺乏美感和艺术感，会令人烦躁不安，心神不定。手势力度轻重适宜才能产生"柔中带刚"的美感。

（3）动幅适度。

与人交谈时手势不宜过多，动作不宜过大，更不可手舞足蹈。手势动幅应服从内容表达和对象、场合的需要，不要刻意模仿，更不能随意挥舞。手势动幅过大过多，不但会妨碍自己思想感情的表达，而且会显得张扬浮躁；过小则会显得暧昧不堪；手势生硬则会使人敬而远之。若要表达理想、希望等积极肯定的思想感情，动幅可高于肩部。若要叙事或说明，动幅应该控制在肩部至腰之间。若要表达否定的意思，动幅应在腰部以下。但无论两臂如何挥动，两腋都要微微夹住，手肘尽量靠近自身，两臂横动不可超过两尺半。

（4）弧度优美。

手势弧度越优美，越能体现出对他人的敬意。所以，手部动作要如水一般流畅，似风一样自然，手势运动轨迹要柔和协调。手势弧度动作要与语言表达、面部表情相协调。

2. 手势禁忌

在社交场合，手势的使用不宜过于简单重复，也不宜过多、过大、过快和过高。在交谈中不能用食指指向对方，更不能在别人面前指指点点。男士在与女士交流时应注意手势运用的分寸。女士更应注意手势优雅。在陌生的场合或不熟悉的人面前切不可出现捻指手势。手势点到就行，适可而止，多余的手势难免会给人留下装腔作势、缺乏涵养甚至歇斯底里的感觉。特别是注意避免一些与交往礼仪不和谐的手势，如与人交谈时当众搔头皮、掏耳朵、抠鼻子、咬指甲、剔牙齿、双手抱头、摆弄手指、手插口袋、用手指人等。

3. 手势的寓意

同样的一种手势在不同的国家、地区有不同的寓意，千万不可乱用以免造成误解。

（1）跷大拇指。

在英国、澳大利亚和新西兰等国，跷大拇指是搭车旅游者示意搭车的手势，这是一种善意的信号。意大利人从1数到5时，他们用大拇指表示1。西方人还用拇指向下表示"坏"或"差"。在希腊，跷大拇指是表示让对方"滚蛋"的意思。在中国，跷大拇指是一个积极的信

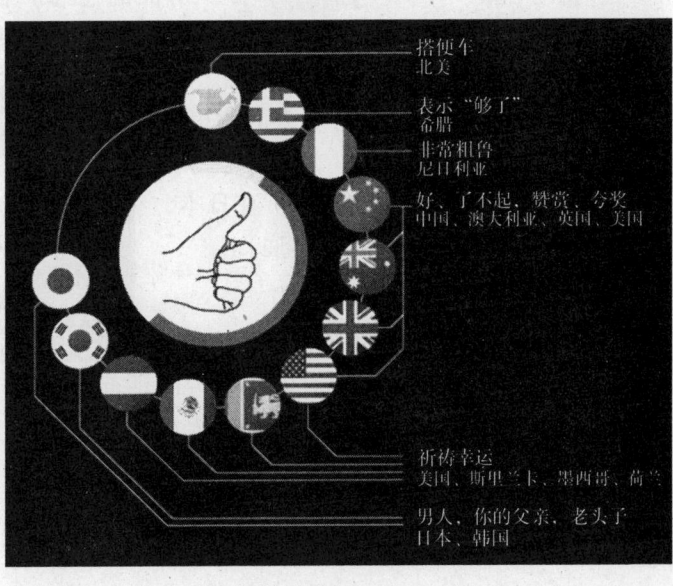

号，通常指高度的赞扬、夸奖、了不起、"老大"的意思。跷小指则是蔑视、贬低、差劲的意思。如果一个中国人按照本国习惯使用这一手势去夸奖一个希腊人的话，就会闹出大笑话或出现十分不愉快的局面了。在日本，跷大拇指是表示"老爷子"的意思，跷小指是表示"情人"。

（2）"V"形手势。

欧美国家的人伸出食指和中指表示"胜利和成功"。在英国和希腊，这种手势则是表示"伤风败俗"的意思。

（3）招呼别人。

在中国和日本，招呼别人过来时，是伸出手，掌心向下挥动。在美国，掌心向下挥动是唤狗的意思。欧美国家召唤人的手势是掌心向上，手指来回勾动。而在亚洲，掌心向上，手指来回勾动则是唤狗的意思。

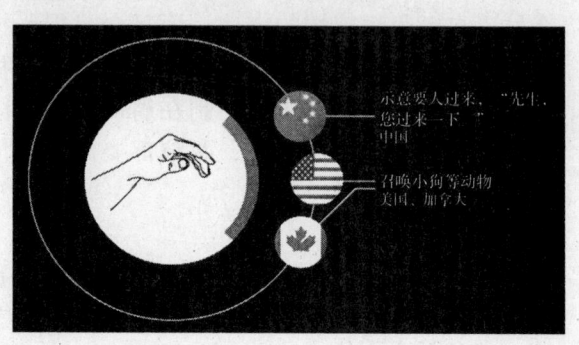

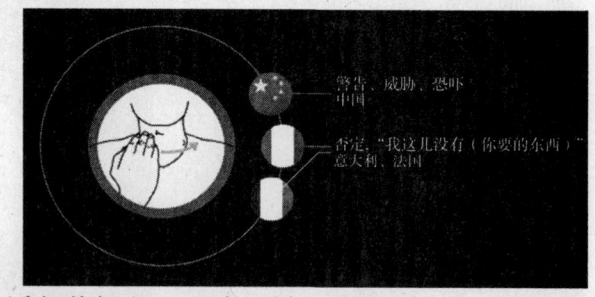

（4）OK 手势。

此手势起源于美国的"OK"手势，在欧洲也广泛使用。此手势在法国南部、希腊、撒丁岛等地则正好相反。例如法国南部的葡萄园工在向客人斟葡萄酒时，如果客人向他使用这一手势的话，他就会露出不悦的神色，因为这是说他的酒是劣等品的意思。在马耳他、希腊等地，这一手势所表示的意思就更糟了，它是一句无声而恶毒的骂人的话。在日本，这是有钱的意思。在巴西，这是引诱女人或侮辱男人的意思。

（5）手指放在喉咙上。

在俄国，这表示"吃饱了"。在日本，这表示被人家"炒了鱿鱼"（解雇）。

### 五、表情

面部表情表达人们内心的思想感情，表现人的喜、怒、哀、乐，对人们所说的话起着解释、澄清、纠正或强调的作用。面部表情如何绝不仅仅是天生的因素，后天的气质、风度也必然会反映在脸上，关键是内心的真诚。它与行为主体的道德修养、学识水平有着密切的关系。表情规范指人们的表情在表达过程中所遵守的彼此能够接纳的规定。

Making eye contact with a person makes them feel recognized while projecting confidence. Glancing away to look around the room for an extended time or looking past someone all communicate a message that you are not interested in the person you are speaking with and can be seen as insulting. Look at someone in the eye when you are speaking to them, it tells the other person that you are concentrating on them and their words.

1. 眼神

眼神是面部表情的核心,是心灵的窗口。心理学家认为:最能准确表达人的内心活动的是眼睛和眼神。眼神可以反映一个人的性格和内心动向。

人的眼睛时刻在"说话",时刻道出内心的秘密。若交谈时注视对方,则意味着对其重视。走路时若双目直视、旁若无人,则表示高傲;频频左顾右盼,则表示心中有事。对来访者只招呼而不看对方则表明工作忙而不愿接待等。交际时,目光接触是常见的沟通方式,但眼神却会表达不同的含义。如相互正视片刻表示坦诚;瞪眼相视表示敌意;斜着扫一眼表示鄙视;正视、逼视则表示命令;不住地上下打量表示挑衅;白眼表示反感;眼睛眨个不停表示疑问;双目大睁表示吃惊;眯着眼看既可表示高兴,也可表示轻视;左顾右盼、低眉偷觑表示困窘;行注目礼表示尊敬,等等。

Eye contact should begin as soon as possible, whether just prior to the handshake or at the start of a conversation. Maintain it throughout the majority of the conversation—at least 50 percent of the time. If you do not want to seem to be staring at the other person, or seem too dominating or intimidating, make sure to hold eye contact when saying good-bye to the other person.

(1) 眼神的礼仪规范。

在交际中,要注意注视对方的时间、位置和讲究眼神的礼仪规范。

①注视的时间。与他人交谈时,不可长时间地凝视对方。一般情况下,有50%的时间注视对方,另外50%的时间注视对方脸部以外的5~10厘米处。对东方人也可只用1/3时间注视对方,自始至终地注视对方是不礼貌的。在社交场合,无意中与别人的目光相遇时不要马上移开,应自然对视1~2秒,然后慢慢移开。与异性目光对视时,不可超过2秒,否则将引起对方无端的猜测。必须根据注视对象和场合把握好注视的时间。

②注视的位置。注视对方时,目光应自然、稳重、柔和,而不能死盯住对方某部位,或不停地在对方身上上下打量,这是极失礼的表现。注视对方什么位置,要依据传达什么信息、造成什么气氛而异;要依据不同场合、不同对象而选择具体目光所及之处和注视的区间。

人们在普通的社交场合采用的注视区间是社交注视区间。这一区间的范围是以两眼为上线,以下颌为顶点所连接成的倒三角区域。注视这一区域最容易形成平等感,容易

营造良好的社交氛围。人们常在茶话会、舞会、酒会、联欢会以及其他一般社交场合运用。注视谈话者这一区域,能让谈话者轻松、自然,能比较自由地把他们的观点、见解发表出来。

③不同民族、不同文化的差异。不同国家、不同民族、不同文化习俗对眼神的运用也有差异。如在美国,一般情况下,男士是不能盯着女士看的,两个男士之间对视的时间也不能过长,除非是得到对方的默许;日本人对话时,目光要落在对方的颈部,四目相视是失礼的;阿拉伯民族认为,不论与谁说话,都应看着对方。大部分国家的人们忌讳直视对方的眼睛,甚至认为这种目光带有挑衅和侮辱的性质。

④敢于正视对方。在交谈中敢于礼貌地正视对方,是一种坦荡、自信的表现,也是对他人尊重的体现。谈话中眼睛往上、往下、眯眼、斜视、俯视、瞟视、闭眼,眼睛游离不定、目光涣散、漫不经心等,都是交际中忌讳的眼神。当别人难堪时,不要去看他;交谈休息时或停止谈话时,不要正视对方。在服务岗位上,服务人员应学会准确、恰当地用目光来表达自己热情真诚的服务态度,努力营造轻松、愉快的服务气氛。如果同时与多位客人交谈时,应该注意兼顾各方原则与先来后到的顺序原则,对每个客人多加注视,同时以略带歉意、安慰的眼神环视等候的客人,巧妙地运用这种兼顾各方的眼神兼顾每一位客人,从而体现出善解人意的优秀服务水准。

> While consistent eye contact denotes good etiquette in most areas of the world, there are exceptions. In Asia, particularly in China and Japan, direct eye contact is seen as rude. This is especially true for women conducting business in Asia. Extended eye contact is challenging behavior and considered overly aggressive.

(2) 眼神的训练。

要使眼睛"炯炯有神",可以从以下几个方面加强训练:

①盯视训练法。眼睛盯住2~3米距离外的某一物体。先选择大范围的,如物体的外形,盯住几分钟不眨眼睛。然后逐渐缩小范围,将目光集中在物体的一部分。最后再缩小到某一点。这种训练方法可以达到使目光集中、眼睛明亮的目的。

②香火训练法。点上一炷香,视线集中于香头一点,并随其燃烧变化来转移视线。这种方法也可达到使目光集中、眼睛明亮的目的。

目光训练若感到疲劳时,将目光收回,也可将视线转移或闭目休息一下,然后再反复练习几次,每天坚持训练,就会达到由"目中无神"至"目中有神"的变化。

2. 微笑

微笑是交往活动中最富有吸引力、最有价值的面部表情,微笑是人们对某种事物给予肯定以后的内在心理反应,是人们对美好事物表达愉悦情感的心灵外露和积极情绪的展现。微笑可以表现出对他人的理解、关心和爱,是礼貌与修养的外在表现和谦恭、友善、含蓄、自信的反映。微笑是一种"情绪语言",它来自心理健康者,是其心理健康的标志。保持微笑有利于调节情绪,有利于消除隔阂,有益于身心健康,能有效地打破交际障碍和缩短交往双方心理的距离,可以消除彼此间的陌生感,增强人际吸引力,为更好地沟通与交往创造有利的氛围。

Smile is an expression on the face in which the ends of the mouth curve up slightly, often with the lips moving apart so that the teeth can be seen.

Enjoy the following benefits of a smile.

1. Smiles improve your appearance. Charles Gordy once quipped: "A smile is an inexpensive way to change your looks." All you need to do is think about how you feel about a person who is frowning and a person who is smiling—who tends to be the better looking.

2. Smiles make things right again and say much more than words can. If you've goofed, said something less than complimentary, feel lost or alone, or feel down, a smile can set things right again. A smile lets other people know that you're prepared to be open to them, and that you're willingly agreeing to set things right where needed.

3. Smiles create trust and rapport. A smile is a great way of establishing mutual feelings of being on the same level as others, whether that is one-to-one or in front of a group giving a presentation. A smile says, "I'm OK, you're OK, and we're all going to enjoy one another's company."

4. Smiles make you feel good. Even if you're feeling a little blue, insert happy thoughts into your mind and just add that smile. The smile will trick your mind into feeling better, as endorphins are released to reduce physical or emotional stress.

5. Smiles make other people feel good. An open-mouthed smile is visible from further away than a frown, offering people reassurance that you're friendly. And it makes people feel better to see a smile, from afar or close up.

（1）微笑的基本礼仪。

在人际交往中，真诚微笑会产生思想上和情感上的强烈共鸣。合乎礼仪的笑容大致可分为含笑（不出声，不露齿，只是面带笑意）、微笑（唇部向上移动，略显弧形，笑不露齿）、轻笑（嘴巴微微张开，上齿显露，但不发出声响）、浅笑（笑时抿嘴，下唇大多被含于牙齿之中，抿嘴笑）、大笑（一般交际场合不宜使用）。为了更好地表达自己的情感，微笑应该符合以下几个要求。

发自内心、自然适度的微笑，才是内心情感的自然流露，才能笑得自然亲切、温柔友善、恰到好处；充满爱心和理解的微笑才使人如坐春风，切不可故作笑颜、假意奉承。微笑要做到表里如一，使微笑与自己的仪表举止、谈吐相呼应。微笑不但要讲究精神饱满、气质典雅，而且要注意适时尽兴，指向明确，不可以笑得莫名其妙，更不可在

不明对方意图、听不懂对方语言的情况下贸然微笑。

笑要由眼睛、眉毛、嘴唇、表情等方面协调完成，防止生硬、虚伪的假笑和笑不由衷。通常，一个人在微笑时，应当目光柔和发亮，双眼略为睁大，眉头自然舒展，眉毛微微向上扬起，力求表里如一。微笑要具有感染力。真正的微笑应该是发自内心的，是内心活动的一种自然流露。

微笑时不宜发出笑声，特别是女士更要注意克制，切不可"咯咯"地笑个不停，更不能不分场合表现出显然不合时宜的微笑和大笑。

根据服务对象的实际情况和场合决定是否采取微笑或采取怎样的微笑。在交际、服务场合，必须将微笑贯穿于交际、服务的全过程，要做到对所有的宾客一视同仁，微笑服务。

（2）微笑训练。

微笑是一种风度，可以通过训练而形成。微笑训练法首先要从培养敬业、乐业的思想和加强心理素质锻炼入手，提高人们内在情绪的自我调节，配以高尚的职业情操和良好的心理素质，使微笑真正发自内心。其次要适当地借助某种技术上的指导，进行必要的动作技术性练习。

嘴形的微笑有"嘴角笑"和"唇形笑"两种，主要表现为在嘴角挂着一丝微笑和唇部充满笑意。训练的基本做法是：首先是让面部肌肉放松，额头肌肉收缩，使眉位提高，眉毛略弯曲成弯月形。其次是双颊肌肉用力向上抬高，使两边的嘴角向上略微提起，并牵动颧骨肌和环绕眼睛的括纹肌的运动，但要注意下唇不要用力太大；唇部稍稍上提，双唇关闭，不露齿，使面部肌肤看上去充满笑意。最后是控制发声系统，微笑时一般不应发出笑声。

眼睛的微笑有"眼形笑"和"眼神笑"两种。训练的方法是：取一张厚纸，遮住眼睛以下的脸部，对着镜子，运用情绪记忆法，想象美好的情境，回忆快乐的时光，眼睛之中便会露出自然的笑意，这时笑肌抬升收缩，嘴角上翘，显现微笑的口形。这时，把厚纸挪开，再放松面部肌肉，嘴唇恢复原样，目光中仍保留脉脉的笑意。这就是眼神在笑，它会使人感到温暖与亲切。经常这样反复练习，达到自我感觉最佳的状态为止。

## ○ 任务4　用语礼仪 Language Etiquette

语言的礼仪使交谈成为一门艺术。交谈是人与人之间最迅速、最直接的一种沟通方式，在旅游服务工作中对增进对顾客需求的了解、加深与顾客联系方面起着十分重要的作用。

Make a habit of using courtesy titles such as Mr., Mrs. or Ms. more often than not. This conveys politeness and respect. Use a first name only if a genuine rapport has been established or if you've been asked to. Speak well of others' accomplishments, if possible. If you don't have anything good to say about a coworker, keep it to yourself. Remember to think before you speak, and listen to others. A close listener can better assess situations and come forward with intelligent input rather than something they may regret. Also, be mindful of your tone of voice. A flat, monotone voice indicates you are bored and uninterested. An abrupt tone says you are angry and uncooperative. Most importantly, avoid slang. Don't use vulgar or offensive language at all, even if it is seemingly benign.

## 一、服务用语的基本注意事项

服务用语的基本原则是尊敬对方和自我谦让，具体要注意以下几个方面：

1. 态度诚恳亲切

说话时的态度是决定谈话成功与否的重要因素，因为谈话双方在谈话时始终都相互观察对方的表情、神态，反应极为敏感。在交谈中，要眼神交会，带着真诚的微笑，微笑将增加感染力，谈话中一定会给对方认真、和蔼、诚恳的感觉。

2. 口齿清晰标准

说话时要语言标准，发音正确，语调柔和，音量适中，快慢有度，语气谦恭不急躁，不生硬，不轻慢。

3. 措辞谦逊文雅

措辞的谦逊文雅体现在两方面：对他人应多用敬语、敬辞，对自己则应多用谦语、谦辞。谦语和谦辞是一个问题的两个方面，前者对内，后者对外，内谦外敬，礼仪自行。

4. 语音语调平稳柔和

一般而言，语音语调以柔言谈吐为宜。我们知道，语言是心灵的语言表现，有善心才有善言。因此要掌握语言谈吐，首先应加强个人的思想修养和性格锻炼，同时还要注意在遣词用句、语气语调上的一些特殊要求。比如应注意使用谦辞和敬语，忌用粗鲁污秽的词语；在句式上，应少用否定句，多用肯定句；在用词上，要注意感情色彩，多用褒义词、中性词，少用贬义词；在语气语调上，要亲切柔和，诚恳友善，不要以教训人的口吻谈话或摆出盛气凌人的架势。

5. 谈话要掌握分寸

在服务交往中，知道哪些话该说、哪些话不该说才符合服务交往的目的，这是交谈礼仪中应注意的问题。一般来说，善意的、诚恳的、赞许的、礼貌的、谦让的话应该说，且应该多说。恶意的、虚伪的、贬斥的、无礼的、强迫的话不应该说，因为这样的话语只会造成冲突，破坏关系，伤及感情。有些话虽然出自好意，但措辞用语不当，方式方法不妥，好话也可能引起坏的效果。所以语言交际必须对说话进行有效的控制，只有掌握说话的分寸，才能获得好的效果。

#### 6. 交谈要注意忌讳

在一般交谈时要坚持"八不问"原则。年龄、婚姻、住址、收入、经历、健康、信仰、所忙何事，属于个人隐私的问题，在与人交谈中，不要好奇询问，也不要问及对方的残疾和需要保密的问题。在谈话内容上，一般不要涉及疾病、死亡灾祸等不愉快的事情；不谈论荒诞离奇、耸人听闻、黄色淫秽的事情。与人交谈，还要注意亲疏有度，"交浅"不可"言深"，这也是一种沟通艺术。

#### 7. 交谈要注意姿态

交谈时除注意语言美、声音美之外，姿态美也很重要。首先要做到的是双方应互相正视、互相倾听，不要东张西望，左顾右盼。交谈过程中眼睛不应长时间地盯住对方的某一位置，让人感到不自在。交谈姿态不要懒散或面带倦容，哈欠连天，也不要做一些不必要的小动作，如玩指甲、弄衣角、搔脑勺、抠鼻孔等。这些小动作显得猥琐、不礼貌，也会使人感到你心不在焉，傲慢无礼。

### 二、服务用语的表达

#### 1. 敬语

敬语是表示恭敬、尊敬的习惯用语。这一表达方式的最大特点是，当与宾客交流时，常常用"您好"开头，"请"字中间，"谢谢"或"再见"收尾，"对不起"常常挂在嘴边。日常工作中，"您好""请""谢谢""对不起""再见"等字眼用得最多。其中，"请"字包含了对宾客的敬重与尊敬，体现了对他人的诚意。如"请您走好""请您出示护照""请您稍等"等。在日常工作中的惯常用法还有"久仰""久违""包涵""打扰""借光""拜托""高见"等。

> An honorific is a word or expression with connotations conveying esteem or respect when used in addressing or referring to a person.

#### 2. 谦语

谦语是向人们表示自谦和自恭的词语。以敬人为先导，以退让为前提，体现着一种自律的精神。在交谈中常用"愚""愚见""请问我能为您做点什么"等；服务工作中惯常用法有"太客气了""过奖了""为您效劳""多指教""没关系""不必""请原谅""惭愧""不好意思"等。

#### 3. 雅语

雅语又称委婉语，是指一些不便直言的事用一种比较委婉、含蓄的方式表达双方都知道、理解但不愿点破的事。如当宾客提出的要求一时难以满足时，可以说："您提出的要求是可以理解的，让我们想想办法，一定尽力而为。""可以理解"是一种委婉语，这样回答可以为自己留有余地。

### 项目实训

#### 一、技能训练

（1）演示面部整体、眉部、眼部、耳部、鼻部、口部保洁方法。

（2）演示如何选择适合自己的发型。
（3）演示如何选择适合自己的职业装。
（4）演示站姿、坐姿、走姿，不同含义的手势、表情。
（5）演示服务用语中的敬语、雅语、谦语。

## 二、实战应用

### In the barbershop

Linda: I'm ready for a new hairdo. Do you have any suggestions?

Hairdresser: Have you taken a look at any of the new styles lately?

Linda: Yes, I brought a magazine to show you. I like this one.

Hairdresser: Oh, that is pretty. Do you want to keep your hair this long? Or do you want to take it shorter? I think you would look cute with short hair. Perhaps you should go even shorter than in the picture.

Linda: I'll leave it up to you. Like I said, I'm ready for a change.

Hairdresser: OK. You should really think about getting highlights put in, too.

Linda: Do you think that would look good? I'm worried it will make my hair look unnatural.

Hairdresser: No, it won't. The highlights are very subtle. We can do a little bit this time. If you like it, we can do more next time. Otherwise, the highlights should grow out in about four weeks.

Linda: OK, just do what you want. I count on you. By the way, how much do you charge for a shampoo and set?

Hairdresser: Forty dollars in total.

## 习题与实践

1. 课堂讨论题

面部修饰的原则是什么？

2. 自测题

（1）对女性服务员而言，头发一般不应长于（    ），如果长于肩部，最好要在上岗之前将头发盘起来、束起来或编起来，或是置于工作帽之内，绝不可以披头散发。

对男性服务员而言，其头发不能过长，一般不允许为追求时尚而留长发或梳辫子。在修理头发时必须做到：（                            ）。

（2）服务人员化妆的原则为（    ）、（    ）、（    ）、（    ）、（    ）。

（3）化妆的基本程序是（    ）、（    ）、（    ）、（    ）、（    ）。

（4）着装的TPO原则指（                            ）。

（5）在英国、澳大利亚和新西兰等国，跷大拇指是（    ）的手势，这是一种善意的信号。意大利人从1数到5时，他们用大拇指表示1。西方人还用拇指向下表示"坏"或"差"。在希腊，跷大拇指是表示（    ）的意思。在中国，跷大拇指是一个积极的信号，通常指高度的赞扬、夸奖、了不起、"老大"的意思。跷小指则是蔑视、贬低、差劲的意思。如果一个中国人按照本国习惯使用这一手势去夸奖一个希腊人的话，就会闹出大笑话或出现十分不愉快的局面了。在日本，跷大拇指是表示"老爷子"的意思，跷小指是表示"情人"。

3. 复习思考题

服务礼仪中的微笑应如何训练？

4. 综合实训题

到市内几家商场去仔细观察其服务员的服务礼仪，并写出书面报告。

# 项目2　旅游服务基本礼仪
(*Basic Etiquette of Tourism Service*)

## 案例引入

某年5月，新疆某著名企业要和东北某集团进行合作。一切准备就绪后，新疆某著名企业派了全权代表到东北去。既是远道的客人，又是将来的合作者，礼遇可想而知。在欢迎晚宴上，东北某集团特别安排了东北名菜"猪肉炖粉条"和朝鲜族的特色菜狗肉来招待几位远道而来的客人。

本来气氛和谐而热烈的晚宴，在压轴菜"猪肉炖粉条"和狗肉上来后，客人们的脸色一下子变了，用本民族语言叽叽咕咕地说了几句后，便气愤地甩袖而去。

两天后，他们发来一份声明，郑重地说，他们是回族人，居然用猪肉和狗肉来招待他们，这是对他们民族的不敬、对伊斯兰教的轻蔑、对神灵的亵渎！

就这样，这桩合作彻底泡了汤。

## 提出问题

你认为习俗礼仪对于交际有何作用？
我们小组的回答是：_____

## 相关知识

### 任务1　少数民族礼仪 Etiquette of Minority Nationality

China is a large country noted for its dense population and vast territory. There are altogether 56 ethnic groups in China. As the majority of the population is of the Han ethnic group, the other 55 ethnic groups are customarily referred to as the national minorities.

The largest 3 minority groups are: Zhuang, Manchu, Hui.

## 一、壮族

### 1. 壮族概况

壮族人口达 1 617.88 万,是我国人口最多的少数民族,其 90% 以上的人口聚集于广西壮族自治区南宁、百色、河池、柳州 4 个地区。壮族历史悠久,文化灿烂,宗教方面信仰多神教,以自然物为崇拜对象,祖先崇拜占有重要地位,每家正屋都供奉着"天地亲师"神位。壮语属汉藏语侗语族壮傣语支,分南北两个方言。左江沿岸的花山崖壁画是壮族古代文化艺术精华;壮族人民铸造使用的铜鼓已有 2 000 年历史,素有"铜鼓之乡"的美誉;壮锦享有盛誉,以织工精巧、图案别致、色彩绚丽和结实耐用著称;而壮歌更是久负盛名,电影《刘三姐》既让观众饱览了壮乡的山水,又使观众欣赏了壮家美妙的民歌,还使观众看到壮族朴实的民俗风情。

The Zhuang Minority is the most populous of China's Nationalities, and one of the best integrated with the Han. Zhuang origins go back well before the time of Christ. They share with the Dai (ethnic kin of the people of Thailand) common linguistic roots and love of festival singing and dancing. The Zhuang have had a close affiliation with the Han for centuries. The Zhuang are found in the Provinces of Yunnan, Guangdong, Guizhou, and the Guangxi Autonomous Region. They speak a language related to Thai, but many speak Chinese. The Chinese written language was formerly used, but in 1955 a Zhuang written language based on Latin letters was devised. Religions include Buddhism, Daoism, ancestor worship and Christianity. They are part of the Sino-Tibetan Thai ethno linguistic group.

### 2. 习俗

（1）房屋建筑。

壮族住房大部分与汉族住房相同,在部分地区居住的是极具民族特色的"干栏",又名麻栏。"干栏"是用木料为柱做成离地面相当高的底架结构,再从底架上建成住宅的一种住房形式,它适用于潮湿多雨、地势不平的南方山区。"干栏"分上、下层和阁楼 3 部分。上层用于住人,分 3 开间、5 开间、7 开间;底层用作养牲畜、厕所和堆放农具、杂物等;阁楼在最上层,多用于存放粮食。在居住层的四周常常还顺势延伸,另建成望楼、排楼等,以增加房屋的使用功能。

（2）服饰。

壮族服饰民族特点浓厚,男女多穿青布对襟上衣,有的以布帕缠头。妇女多穿无领、斜襟、绣花滚边的上衣，下身穿绣花滚边宽脚的裤子或青布蜡染的褶裙，腰间束绣花围腰，脚穿绣花鞋，有的头上缠着各式方巾，喜欢戴银首饰。龙州、凭祥一带的壮族妇女喜欢穿无领、斜襟的黑色上衣和黑色宽脚裤子，头上包方块形状的黑帕。

（3）饮食。

壮族饮食以大米、玉米、薯类为主食，多喜欢吃糯米饭。节日期间还喜欢饮酒，吃五色花饭。龙州等地区的妇女还有嚼槟榔的习惯，有些地方把槟榔作为待客的必需品。

（4）婚俗。

现今大多数地区的壮族人与汉族及其他民族通婚，比较普遍地实行恋爱自由，婚姻自主。壮族青年以抛绣球、打木槽、起歌坪、对歌等方式恋爱择偶。但仍有些地方保留着传统的壮族婚俗，如"不落夫家"的习俗，婚后新娘返回娘家居住，遇重大节日和农忙时才到丈夫家短暂居住，直到怀孕后才开始长住婆家。在一些地区，壮族青年结婚还有"背字"习俗，即结婚当天，女方母亲用自织自染的深黑色布做一条长布带，由男方指派"背字"人将这条布带背回新郎家，以备外孙出生时作褓褓之用。"背字"仪式在女方家中进行，由村里德高望重当上爷爷的年长者主持。双方互敬两杯当地名酒后，由长者将布带在"背字"人双肩扎紧，复敬酒道吉利，再鸣放鞭炮欢送。"背字"人出门打开雨伞，寓意庇护"外孙"离开姥姥家，男方要烧香鸣炮迎接"背字"人。"卸字"仪式也由长辈主持，敬过酒后，长辈轻轻解下带子，交由男方母亲保存。还有一些地方流行经炮火阵入洞房习俗，新娘到男家，要冲过门口、厅堂、洞房3处"炮火阵"。炮手由七八个男青年担任，手拿成串鞭炮等待新娘到来。当新娘到来时，鞭炮鸣响，构成道道"火墙"，以阻挡新娘通过。洞房前的"炮火阵"是新娘要通过的最后一关，也是最难的一关。当伴娘和迎娘经过细心"侦察"，乘"炮火"稀疏夹着新娘跳进洞房时，来客顿时欢呼雀跃，气氛十分热烈。掌灯时分，新娘还要在迎娘的指引下摸黑出门挑水，把水缸装满，以示新娘能吃苦耐劳。

（5）丧葬。

壮族在丧葬方面与汉族相似，行木棺土葬。在个别地方有"拣骨重埋"的习俗，即人死埋葬3年后，将其遗骨拣出放入瓦瓮（称"金坛"）内密封再葬，有的复葬于崖洞中。一般儿女为父守孝32天，为母守孝40天。

（6）节庆。

①春节。春节是最隆重的民间节日之一。农历腊月二十三日起，家家户户开始筹办过节物品。除夕这天全家欢聚，杀鸡杀鸭，煮出初一全天的米饭，叫"压年饭"。年三十晚上有守岁习俗。初一清早，妇女们穿新衣新鞋，去河边、山泉、水井挑水，这是汲

取新水的习俗，用新水加红糖、竹叶、葱花、生姜煮沸后给全家喝，认为可以使人变得聪明伶俐。春节期间习惯举行唱采茶歌、闹锣、舞龙、舞狮、跳扁担舞、打陀螺、赛球等丰富多彩、民族特色浓郁的文体活动。

②中元节。俗称"鬼节"，是广西各民族都过的一个较大的节日。农历七月十四这天，家家户户杀鸡杀鸭，蒸五彩糯米饭祭祀祖先故人和天公地母，这天不出远门，不动土，以求全年平平安安。

③三月三歌节。又叫歌圩，是广西壮族人民十分喜爱的传统节日。歌节一般持续3天，地点在离村不远的空地上，以未婚者为主体，很多人前来参加和旁观助兴，有的歌圩参加者可达数万，规模巨大。节日清晨，三五成群的青年人身穿节日盛装，带上红蛋、绿蛋和五色糯米饭，女青年还带着绣球从四面八方汇集而来，成双结队进行对歌。抛绣球、碰红蛋具有娱乐和定情的双重意义。歌圩期间，不少地方还有舞龙、舞狮、表演拳术和舞蹈等节目，充分体现了壮族人民的乐观豪放和勤劳向上的性格。

此外，壮族地区还有以祭祀牛神为主要内容的牛魂节，以庆贺鱼汛到来为主要内容的鱼花节，别开生面的以娱乐为主的陀螺节等。

(7) 禁忌。

①壮族人民特别重视尊老传统，德高望重的老人自然成为村寨的领袖；对于虐待老人的事情嗤之以鼻，特别反感；家中有老人做客，要给老人让上座，并将最好的菜留给老人。

②客人来访，主人一定要热情招待，双手送上香烟和香茶，茶不能太满，否则视为不礼貌；有客人在家，主人不高声讲话，进出要从客人身后绕行；与客人共餐，要双脚落地与肩同宽，切不可跷二郎腿；客人告辞时，主人将另留的鸡肉和盘中的余肉用荷叶包好，让客人带回给亲人品尝，客人不能拒绝。

③壮族人民农历正月初一不杀生，这是我们与壮族同胞交往时应当注意的。

④妇女生小孩头七天内，外人不得入产妇房内，妇女生孩子不出满月，不能到别人家。

## 二、满族

Manchu history can be traced back to the Sushen people who lived 2,000 years ago. They were the earliest ancestors of the Manchu. In the Liao, Song, Yuan and Ming dynasties, they were called "Nuchen". At the end of the 16th century, with the appearance of Nurhachi, the tribes of Nuchen were unified and a new nationality—Manchu came into being, consisting of Nuchens, Hans, Mongolians and Koreans. With the founding of the Qing Dynasty in 1644, the Manchu reached its golden age. The Manchu, once herders and hunters, conquered China in the 17th century.

They were gradually assimilated and are found in all trades across the northeast, with little remaining of their ancient customs or language. The Manchu are found in Liaoning, Heilongjiang, Jilin, Hebei Provinces, Beijing Municipality, and the Nei Mongol Autonomous Region. Very few now speak the Manchu language. The Manchu formerly practiced shamanism and ancestor worship. Territorially they are the least concentrated of all the minorities in China. They are part of the Altaic Tungus-Manchu ethno linguistic group.

1. 满族概况

满族历史悠久，满族统治者曾统治全国近 300 年，现有人口 1 068.23 万，主要分布在东北三省，居住在辽宁省的最多。

满族有自己的语言和文字，满语属阿勒泰语系——通古斯语族满语支。随着历史的推移，满语现在已处于岌岌可危的灭亡状态，会说满语的人越来越少，大概也就东北的十几个老人，因此抢救满语已成了当务之急。

满族人历史上长期从事农业、狩猎和采集活动，近几十年来，农业得到了极大的发展。满族信奉萨满教，崇拜祖先，后来还信奉佛教。

2. 习俗

（1）房屋建筑。

由于满族兴起于寒冷的东北，因此，其房屋建筑特别注意冬季的保暖。东南开门，形似布袋，三面设炕，其中西炕供奉祖先神位。这种结构的房屋，民间俗称"口袋房""曼子炕"。

（2）服饰。

满族传统的民族服饰是男长袍马褂，女旗袍。辛亥革命后长袍马褂走向衰落，而旗袍经过改良如今已成了中国女性的"礼服""国服"。

（3）饮食。

满族传统上以小米、高粱为主食，但由于大豆、玉米、小麦、水稻的广泛种植，满族人的主食结构已发生了根本的变化，大米逐渐成了他们的日常主食。在副食上，满族人喜食猪肉、血肉肠、粉条、大白菜，并且善于腌制酸菜，猪肉酸菜炖粉条是以满族为代表的整个东北人人爱吃的一道菜。逢年过节爱吃饺子，农历除夕必须吃手扒肉，满族的点心以"萨其玛"为代表，深受人们的欢迎。当然，最能代表满族饮食文化的是"满汉全席"，它既保留了满族的特点，又吸收了许多汉族烹饪的特点。

（4）婚俗。

满族的婚姻过去都是父母之命，媒妁之言。如果双方满意，女方父母要向男方索取彩礼，彩礼全部作为姑娘的财产。结婚时，有送亲车和迎亲车中途相遇换车的仪式，到了男方家，新人过门先不进房，而是在预先搭好的帐篷里坐一会儿，称为"坐帐"或"坐福"，坐的时间为 3 刻钟，意为不忘祖先游牧的艰苦生活。

（5）丧葬。

满族的丧葬仪式也很特殊，人死后要顺着炕铺停放，头冲屋门，脚不过房梁，入棺时，死者不能过门而出，只能从窗户抬出去。以前还有一种风俗，人死后，要在院子西边立一根 5 米高的竿子，上面挂 3 米长的红布或黑布幡，出殡时，参加葬仪的亲友要抢那块幡布，回去给孩子做衣服，认为这样吉利。

（6）节庆。

在清代民族融合的过程中，满族的节日早已与汉族融为一体了。

（7）禁忌。

①满族同胞有其特殊的禁忌，即不打狗、不杀狗、不吃狗肉、不戴狗皮帽子、不当主人的面赶狗，更不能说狗的坏话。

②客人到了满族人家做客，不准随便坐西炕，因为西炕最为尊贵，是供奉祖先、祭祀神灵的地方。

（8）礼节。

满族人特讲究礼貌，非常注重礼节。平时相见要行请安礼，遇见长辈，要请安后才能讲话，以示尊敬。过去，小辈对长辈要三天一小礼，五天一大礼。小礼即请安问候；大礼是"打千"，即单腿脆。最隆重的礼节是抱见礼，就是抱腰接面礼，一般亲友相见，不分男女均行此礼，以表示亲昵。

### 三、回族

> About a third of Ningxia Autonomous Region is Hui people, living mostly in the south of the region. The Hui minority are descended from the Arab and Iranian traders who traveled to China during the Tang Dynasty. Immigrants from Central Asia increased their numbers during the Yuan Dynasty. They are involved in many occupations, with the Hui working as shop and restaurant keepers, artisans and peasants.
>
> The Hui are essentially the same as the Han, except that they are Muslim, the Islamic religion having been introduced by Arab soldiers and merchants 1,200 years ago. The Hui are very scattered. The Hui are found in Gansu, Qinghai, Shandong, Yunnan, Anhui, Liaoning, Hubei, Henan, Jiangsu, Shanxi, Sha'anxi, Sichuan, Yunnan, and Hunan Provinces. They are part of the Sino-Tibetan Sinoitic ethno linguistic group.

1. 回族概况

回族也是我国主要的少数民族之一，人口约981.68万，是少数波斯人和阿拉伯人久居中国，在与汉族、维吾尔族、蒙古族等族长期相处的过程中形成的，也是我国少数民族中分布地域最广泛的民族，素有"大分散、小集中"的特点。现在，宁夏回族自治区集中居住着约1/3的回族人口，其余散居于全国各地，以西北地区及河南、河北、山东、安徽、云南、辽宁、北京分布较多。回族以汉语作为本民族的语言。回族文化深受阿拉伯、波斯等传统文化的影响，但回族人民在共同心态、宗教信仰、风俗习惯等方面仍表现出了自己的特色。

2. 习俗

（1）服饰。

回族衣着与汉族很相近，但仍保留着自己的特色。妇女喜欢头戴圆撮口帽，搭盖头，一般把头发、耳朵、脖子都掩盖起来，少女戴绿色盖头，已婚妇女戴黑色盖头，老年妇女戴白色盖头，服装为右衽大襟短上衣，穿长裤，年轻人喜欢在前襟胸前绣花，在衣服上镶色、滚边。男人头戴白色或黑色无檐小帽，又称"礼拜帽"，上身穿对襟短上衣，穿白长裤、白袜子，喜欢在白衬衣外套坎肩。回族男子还很注意对胡须的修饰。

(2) 饮食。

回族人民对肉食的选择比较严格，只吃反刍类的牛、羊、骆驼和食谷类的鸡、鸭、鹅及带鳞的鱼类，不食自死的禽畜和畜血。回民喜爱各种富有民族风味的传统小吃，如味美汁浓的清汤羊肉、羊羔肉、牛羊肉夹馍、羊杂碎汤、酿皮、白水鸡、切糕等。回民还爱吃各种油煎食品，其中最喜爱的就是馓子，馓子条细心空，焦脆香酥，入口即化。回民家里的盖碗茶也很有特色，种类有红糖砖茶、白糖清茶、冰糖窝窝茶及八宝茶。八宝茶里面放有花生、柿饼、红枣、核桃仁、芝麻等，揭开碗盖，香气四溢。

(3) 婚俗。

回族人举行婚礼的前两三天，男方要给女方家送去蒸馍、牛肉，叫"催妆礼"。结婚当天，男方要去接新娘，新娘全家人送亲。新娘被送到男方家门时，新郎要围着喜车转一圈，然后将新娘及其全家人迎进大门。从大门到新房门，新娘要由自己的哥哥或舅舅抱着走。两家客人互道过"色拉日"后，举行念"尼卡哈"仪式。仪式结束后，新娘、新郎进入洞房，新郎揭去新娘的红盖头，互相交换礼物，并要用喜糖、核桃、喜枣撒向前来贺喜的客人，称"撒喜"。晚饭后客人开始闹洞房，由一人当司仪出点子，让新郎新娘表演节目。3天后，新郎陪着新娘回娘家。

(4) 丧葬。

回族实行土葬，出葬前，要洗净全身，叫"着水"，然后用写有经文的大小两块白布（叫"开凡"，女性多用一块）裹身，口、耳、鼻、眼、额头、手脚处要放冰块、麝香。然后移入清真寺内专送亡人的"塔布匣子"，再由阿訇率领送葬者举行"站礼"仪式，仪式毕即抬往墓地。坟坑一般深2米，直坑两壁再挖一个偏洞，上圆下方，高约1米。将亡人头北脚南，面向西放入洞中，用砖封住洞口。然后填平深坑，地面堆成鱼脊形坟堆。入葬时，阿訇诵经。葬后3天、7天、1个月、40天、百日、周年一般在家请阿訇诵经。开斋节、古尔邦节等重大节日，亲人要到坟上悼念亡人。

(5) 节庆。

我国的回族、维吾尔族、哈萨克族、东乡族、撒拉族、柯尔克孜族、乌孜别克族、塔塔尔族、塔吉克族、保安族等10个民族几乎全民信仰伊斯兰教，其节日都与伊斯兰教有关。伊斯兰教的开斋节、古尔邦节、圣纪日都是回族人民的重要节日，这里不再重复。

(6) 禁忌。

①回族的禁忌来源也大都与伊斯兰教的宗教礼仪有关。他们有爱清洁的文明习惯，重视沐浴，饭前洗手，衣服洁净。我们在与回族同胞交往时，一定要注意做到衣冠端正、朴素整洁。

②回族忌食自死物、血液和猪肉，以及诵非真主之名而宰杀的动物。我们一定要尊重他们的这一禁忌。在向他们馈赠礼品时，注意不要混进忌食的食品，如果是肉类和糕点最好选择回族生产的打着"清真"字样的产品，在与他们交谈时，也尽量避免出现回族禁忌的词汇。

③如果邀请回族人到自己家做客，要用干净的茶杯泡茶招待他们。假如他们不愿饮

用，也不要勉强，可以换成饮料，以示尊重。

④禁止在背后诽谤别人或议论别人的短处，反对赌博、游手好闲等。

## 任务2　主要客源国礼仪 Etiquette of Leading Guest Source Countries

Egypt is a friendly country with lots to see and do, but there is a lot of etiquette to follow. Egyptians are religious people, and some of their traditions are based off their religion. Because of this, it is important to learn a bit about Egyptian etiquette. Below are some dos and don'ts to keep in mind.

1. Gift giving and accepting:

DON'T give flowers as a gift. In Egyptian culture, flowers are for weddings, funerals, and for the illness.

DON'T give alcohol unless you are certain that the recipient drinks. Devout Muslims don't drink alcohol.

DO give children gifts such as candy, toys, or magic markers.

DO present a gift with your right hand, and not your left.

DON'T open a gift until later.

DO give sweets as a gift, such as konata, baklava, or petit fours.

DO give electronic gadgets or a nice compass. A compass makes a great gift for a Muslim because it allows them to be directed to Mecca.

2. Body Gestures:

DON'T sit with your legs crossed. Showing the bottoms of your feet is considered rude.

DO put your right hand over your heart if declining something. It makes your refusal seem much more polite and gracious.

DON'T make the number five with your hand with the palm facing out, and don't stretch your arm out with your palm in someone's face. A palm indicates warding off evil, so those gestures can be offensive.

DON'T engage in public displays of affection.

DON'T stand too close to a member of the opposite sex, though personal space between members of the same sex might be closer than you are used to. Don't move away, though! It could be seen as rude.

3. Greetings:

DO shake hands upon meeting. In Egypt, handshakes are often lengthy and a little bit limp, accompanied by eye contact and a smile.

DO exchange cheek kisses once a relationship is developed. This is only done among people of the same sex.

DO wait for a woman to offer a handshake first, if you are a man. If she doesn't, bow your head to greet her.

## 一、埃及

### 1. 基本情况

埃及的全称是阿拉伯埃及共和国，它位于中东地区，跨亚、非两大洲，大部分国土位于非洲的东北部，总面积为100.2万平方千米，总人口现在约为7 612万（2003年），由阿拉伯人、科普特人、贝都因人、努比亚人等多个民族所构成。作为主体民族，阿拉伯人占全国总人口的87%。

埃及目前的行政区划是将全国分为26个省。首都开罗是非洲第一大城市。

埃及的国语是阿拉伯语。

埃及之名来自英语。在阿拉伯语里，它的含意是"辽阔的国家"。在世界上，埃及有着"文明古国""金字塔之国""棉花之国"等美称。

埃及的主要宗教是伊斯兰教。埃及宪法规定伊斯兰教为国教，并且声明伊斯兰教的教义是立法的主要依据。

埃及目前实行的是总统制共和政体，国庆日是每年的7月23日。其他节日有"惠风节""忠诚节"等。

### 2. 风俗习惯

（1）社交。

在人际交往中，埃及人所用的见面礼节，主要是握手礼，但应注意的是，同埃及人握手，与跟其他伊斯兰教国家人士一样忌用左手。除握手礼之外，埃及人在某些场合还会使用拥抱礼或亲吻礼。埃及人在社交活动中，跟交往对象行过见面礼后，往往还要双方互相问候，如"祝你平安""真主保佑你""早上好""晚上好"等。

埃及人在人际交往中使用的称呼也有自己的特点。在埃及，老年人将年轻人称为"儿子""女儿"，学生称老师为"爸爸""妈妈"，穆斯林之间互相称"兄弟"，这些称呼并不代表二者具有血缘关系，而只是表示尊敬或亲切。跟埃及人打交道时，除了可以采用国际上通行的称呼，倘若能够酌情使用一些阿拉伯语的尊称，通常会令他们更加开心。

埃及人非常好客，贵客临门会令其十分愉快。和埃及人打交道应注意三点：其一，事先要预约，并要以主人方便为宜，通常在晚上6点后、斋月期间不宜进行拜访；其二，穆斯林家中的女性，尤其是女主人是不待客的，切勿对其进行打听或问候；其三，就座之后，切勿将足底朝外，更不要朝向对方。

（2）服饰。

在大城市中，尤其在政界、商界、军界、文化界、教育界，埃及人的着装打扮早已与国际潮流同步。然而，普通百姓，尤其是上了年纪的人着装观念依旧保守。从总体上讲，埃及人的着装依旧主要是长衣、长裤、长裙。埃及城市里的下层平民，特别是乡村中的农民，平时主要还是穿阿拉伯民族的传统服装——阿拉伯大袍。同时还要头缠长巾，或者罩上面纱。埃及的乡村妇女很喜欢佩戴首饰，尤其讲究佩戴脚镯。另外，他们还喜欢梳辫子，并且习惯于将自己的发辫梳成单数。

对于绘有星星、猪、狗、猫以及熊猫图案的衣服，埃及人是绝对不会穿的，因为这有悖于他们的习俗。

（3）饮食。

在餐饮方面，埃及人对礼仪十分讲究。通常情况下，他们以一种称为"耶素"的不用酵母的平圆形面包为主食。埃及人爱吃羊肉、鸡肉、鸭肉、土豆、豌豆、南瓜、洋葱等，他们口味清淡，不喜油腻，爱吃又甜又香的东西。尤其是甜点，在他们举行的正式宴会上，是必不可少的。此外，他们还有自制甜点待客的习俗，客人如果婉言谢绝，主人就会非常失望，而且这样也是失敬于主人的。在饮料上，埃及人酷爱酸奶、茶和咖啡，在许多城市里，街头的咖啡摊随处可见。待客之时，主人往往在客人进门之后，便送上茶水，并且还要挽留客人用餐。对主人所上的茶水，客人必须喝完，要是杯中遗留了一些茶水的话，是触犯埃及人的禁忌的。

用餐的时候，埃及人多用手取食，在一些正式的场合，他们也惯于使用刀、叉和勺子。用餐时忌用左手取食，忌过多交谈。用餐之后，一定要洗手。

按照伊斯兰教教规，埃及人忌喝酒，忌食猪肉、狗肉、驴肉、骡肉、龟、鳖、虾、蟹、鳝，忌食动物的内脏、血液以及自死之物、未诵安拉之名宰杀之物。整条的鱼和带刺的龟，埃及人一般也不吃。

3. 礼仪禁忌

埃及人十分热爱莲花，他们不仅将其称作"埃及之花"，而且还正式将其定为国花。橄榄石也深受埃及人宠爱，并被定为埃及的国石。

埃及人以猫作为本国的国兽。他们认为，猫是神圣的精灵，是女子在人间的象征，同时也是幸运的吉祥物。他们还很喜欢美丽华贵的仙鹤，认为它代表着喜庆与长寿。

埃及人最喜欢被称为"吉祥之色"的绿色与"快乐之色"的红色，他们讨厌黑色和蓝色。

在数字方面,"5"和"7"深得埃及人的青睐,在他们看来,"5"会带来吉祥,"7"则意味着完美。对信奉基督教的科普特人而言,"13"是最令人晦气的数字。

埃及人在工作中对小费极为重视,并且将其作为日常收入的重要组成部分,在埃及不给小费,往往会举步维艰。与埃及人交谈时,应注意下列问题:一是男士不要主动找妇女攀谈;二是切勿夸奖埃及妇女身材窈窕,因为埃及人以体态丰腴为美;三是不要称道埃及人的物品,他们会认为你想索要;四是不要与埃及人讨论宗教纠纷、中东政局。

## 二、俄罗斯

One of the most notable features of present day in Russia is a renewed celebration of the wealth of its past and its potential for the future. Throwing off the blanket of communist uniformity, Russia today is a nation of enormous diversity and tremendous vitality. It is as if the cultural traditions of a century ago have re-awakened with a newfound strength—ancient cathedrals are being rebuilt and restored, colorful markets hum with activity once again and literature and the arts are quickly regaining the creative renown they enjoyed decades ago. A new Russia is now in full bloom.

For most westerners, Russia is associated with its European cities—Moscow, St. Petersburg and Murmansk. This is the heartland of Imperial Russia, and these great and ancient cities often become the focus for most tourists. However, there is much more to Russia, a country that spans eleven time zones and two continents, ending less than 50 miles from North America. Within this vast expanse lie the largest freshwater lake in the world, rivers and forests teeming with fish and wildlife, awe inspiring volcanos, and towering mountains. Russia is the largest country on Earth, with enormous tracts of land that have been opened to travellers only in the last few years.

### 1. 基本情况

俄罗斯的全称是俄罗斯联邦。它位于欧洲东部和亚洲北部,但是人们习惯上常把它看成是一个欧洲国家。俄罗斯国土面积1 707.5万平方千米,总人口约为1.43亿(2013年),由俄罗斯人、鞑靼人、乌克兰人、楚瓦什人等130多个民族构成。主体民族是俄罗斯,其人口约占全国人口的83%。

中国人曾将俄罗斯称为俄国。俄罗斯目前设有16个自治共和国,5个自治州,10个自治区,6个边疆区,48个州。首都是莫斯科。

俄罗斯人最主要的宗教是东正教,其信徒有1亿人以上。俄罗斯目前实行总统共和政体,它是独联体成员国之一。苏联解体前夕,1990年6月12日俄罗斯第一次人民代表大会通过了《俄罗斯联邦国家主权宣言》,1994年6月2日叶利钦发布总统令将这一天定为俄罗斯国庆日。重要节日有"圣诞节"等。

俄罗斯的官方语言是俄语,许多少数民族都拥有各自的语言文字,懂英语的人不多,而德语、法语则较为普及。

## 2. 风俗习惯

（1）社交。

在人际关系中，俄罗斯人素来以热情、豪放、勇敢、耿直而著称于世。在交际场合，俄罗斯人惯于和初次见面的人行握手礼，但对于熟悉的人，尤其是在久别重逢时，他们则大多要与对方热情拥抱。有时，还会与对方互吻双颊。

在欢迎贵宾之时，俄罗斯人通常会向对方献上面包和盐，这是给予对方的一种极高的礼遇，对方必须欣然接受。

俄罗斯人有着讲礼貌的好习惯。在称呼方面，苏联时期俄罗斯人惯以"同志"称呼他人，而今随着社会制度的变更，在正式场合，他们也采用"先生""小姐""夫人"之类的称呼。在俄罗斯，人们非常看重一个人的社会地位，因此对有职务、学衔、军衔的人，最好用其职务、学衔、军衔相称。在俄罗斯民间，对于长辈可称之为"老爹爹""老妈妈""大叔"或"大婶"等。这种做法，与我国大体相似。

俄罗斯人的姓名，在一般情况下，是由本人名字、父亲名字和姓氏三个部分组成，它的排序通常是本人名字在前，父亲名字居中，姓氏位居最后。例如，在革命导师列宁的本名弗拉基米尔·伊里奇·乌里扬诺夫之中，"弗拉基米尔"是他本人的名字，"伊里奇"是他父亲的名字，"乌里扬诺夫"才是姓氏。在结婚前，俄罗斯女性用的是父姓，在结婚后，则一般改用丈夫的姓氏，至于本人名字和父名则不作更改。有趣的是，她们的名字往往以"娜""娅""娃"等作为结尾。

依照俄罗斯民俗，在用姓名称呼俄罗斯人时，可按彼此之间的不同关系，具体采用不同的方法。通常，对较为熟悉者，俄罗斯人惯于只称其姓，或直接叫出对方的名字。为了表示对交往对象特别的尊重与敬意，可将其本人名字与其父名连在一起称呼。至于有必要对长者表示特殊尊敬时，最好直接称呼其父名。对于家人或亲朋好友，有时还用爱称相称。只有与初次见面之人打交道时，或是在极为正规的场合，才有必要将俄罗斯人的姓名的三个部分连在一起称呼。

（2）服饰。

俄罗斯人大都讲究仪表，注重服饰。俄罗斯人的传统服装为：男人上穿粗麻布长袖斜襟衬衣，腰系软腰带，下穿瘦腿裤，外面穿呢子外套，头戴毡帽，脚穿皮靴。女人则穿粗麻质地的带有刺绣和披肩长袖衬衫，并配以方格裙子。在俄罗斯民间，已婚妇女必须戴头巾，并以白色为主，未婚姑娘则不戴头巾而戴帽子。在城市里，俄罗斯人目前多穿西装和套裙，有

些妇女爱穿连衣裙，不过，由于气候的原因，他们的服装大都稍显厚重。外出上班和参加社交时，俄罗斯人都会衣冠楚楚，妇女还会很认真地化一化妆。俄罗斯人认为，敞开衣服、不系纽扣，或是将衣服拎在手上、搭在肩上、围在腰上，都是不文明的。

前去拜访俄罗斯人时，进门之后应自觉地将外套、帽子和墨镜脱下；前往公共场所

时，还需在进门后自觉地将外套、帽子、围巾等衣服存放在专用的衣帽间里。

(3) 饮食。

在饮食习惯上，俄罗斯人讲究量大实惠，油大味浓，他们喜欢酸、辣、咸味，偏爱炸、煎、炒的食物，尤其爱吃冷菜。总的说来，他们的食物在制作上较为粗糙一些。俄罗斯人以面食为主，他们爱吃用黑麦烤的黑面包，除黑面包外，俄罗斯人的特色食品还有鱼子酱、酸黄瓜、酸牛奶等。

在饮料方面，俄罗斯人很能喝冷饮。平时，他们十分爱吃冰激凌。在一般情况下，他们都很能喝烈性酒。具有该国特色的烈酒伏特加，是他们最爱喝的酒。

通常，俄罗斯人是不吃海参、海蜇、乌贼和木耳的。还有很多人不吃鸡蛋和虾。此外，鞑靼人不吃猪肉、驴肉、骡肉。犹太人不吃猪肉以及无鳞鱼。

用餐时，俄罗斯人多用刀叉，他们忌讳用餐时发出声响，并且不能用匙饮茶。通常他们吃饭时只用盘子不用碗。参加俄罗斯人的宴请时，宜对其菜肴多加称道，并且尽量多吃一些。俄罗斯人将手放在喉部，一般表示已经吃饱了。

3. 礼仪禁忌

在俄罗斯，被视为"光明象征"的向日葵最受人们喜爱，它被称为"太阳花"，并被定为国花。拜访俄罗斯人时，赠以鲜花为佳，但送给女士的鲜花宜为单数。

俄罗斯人普遍喜爱红色，并视其为美丽的化身。他们最讨厌的是黑色，因为它仅能用于丧葬活动。在数字方面，俄罗斯人民偏爱"7"，认为它是成功、美满的预兆。对于"13"和"星期五"，他们则十分忌讳。

俄罗斯人非常崇拜盐和马，他们认定：盐具有驱邪避灾的力量，马则会给人们带来好运。他们对兔子的印象大都极坏，并且十分厌恶黑猫。在俄罗斯打碎镜子和打翻盐罐，都被认为是极其不吉利的预兆。

俄罗斯人主张"左主凶，右主吉"，因此他们也不允许以左手接触别人，或以左手递送物品。俄罗斯讲究"女士优先"，在公共场所里，男士们往往自觉地充当"护花使者"，不尊重妇女会遭人白眼。

跟俄罗斯人交往，忌谈的话题有：政治矛盾、经济难题、宗教矛盾、民族纠纷、苏联解体、阿富汗战争以及大国地位问题。

## 三、美国

The culture of the United States is a western culture, having been originally influenced by European cultures. It has been developing since long before the United States became a country with its own unique social and cultural characteristics such as dialect, music, arts, social habits, cuisine, and folklore. Today, the United States of America is an ethnically and racially diverse country as result of large-scale immigration from many different countries throughout its history.

1. 基本情况

美国的全称是美利坚合众国，美国领土由其本土、位于北美洲西北部的阿拉斯加半岛和位于太平洋中部的夏威夷群岛等三个部分所组成。美国的总面积为937.26万平方千米，美国的全国总人口约3.18亿（2012年）。在全国居民之中，白人约占84.1%，黑人约占12.4%，此外还有少量的土著居民以及亚洲人、南美人。在美国生活的华人，时下大概有160万人。

美国的行政区划是将全国划分为50个州、1个特区。美国的首都是华盛顿。美国的官方语言是英语。

美国作为国家的名称，来自它所在的美洲洲名，在英语里，作为国名的"美利坚"与作为州名的"亚美利加"，是一个相同的词。在中文里，人们习惯于用前者代表美国，而以后者泛指美洲。美国的绰号是"山姆大叔"，传说1912年英美战争期间，美国纽约特洛·威尔逊在供应军队牛肉的桶上写有字母"U.S."，表示这是美国的财产。这恰与他的昵称"山姆大叔"（Uncle Sam）的缩写（U.S.）相同，于是人们便戏称这些带有"U.S."标记的物资都是"山姆大叔"的。后来，"山姆大叔"就逐渐成了美国的绰号。19世纪30年代，美国的漫画家又将"山姆大叔"画成一个头戴星条高帽、蓄着山羊胡须的白发瘦高老人。1961年美国国会通过决议，正式承认"山姆大叔"为美国的象征。此外，"世界霸主""超级大国""国际警察""金元帝国""电影王国""钢铁王国""轮子上的国家"等，都是世人对于美国所常用的称谓。

美国的主要宗教是基督教和天主教。在美国，目前约有57%的居民信仰基督教，约有28%的居民信仰天主教。同时，还存在着多种其他宗教信仰。

美国现实行总统制共和政体。1776年7月4日是美国发表《独立宣言》的日子，该宣言正式宣布美国脱离英国而独立，成立美利坚合众国。之后，美国将每年的7月4日定为国庆日。其他主要节日有"感恩节""母亲节""父亲节"等。

2. 风俗习惯

（1）社交。

美国人在待人接物方面，具有下述四个主要特点：第一，随和友善，容易接近。美国人为人诚挚，乐观大方，天性浪漫，好交朋友。第二，热情开朗，不拘小节。在日常生活中，美国人主张凡事讲究实效，不搞形式主义。美国人的见面礼节，大概是世界上最简单的了，一般只是点头、微笑或向对方"嗨"上一声作罢。不是特别正式的场合，美国人甚至连国际上最通行的握手礼也略去不用了。在称呼别人时，美国人极少使用全称，他们更喜欢直呼其名以示双方关系亲密。第三，城府不深，喜欢幽默。普通的美国人，大都比较朴实、直率。在待人接物中，他们喜欢在符合利益的前提下直来直去。第四，自尊心强，好胜心重。美国人一般都有很强的好胜心，他们喜欢见异思迁，崇尚开拓，在人际交往中大都显得雄心勃勃，做起事情来也会无所顾忌。

在美国，孩子一旦长大成人，就要自立门户，自己去闯天下，与父母划清经济账。听凭父母做主、处处依赖父母的青年人会被人们瞧不起。

在美国，即使是父子、朋友外出就餐，往往也会各付各的账。在人际交往中，美国人是不时兴向别人借钱的。他们认为，借钱应该上银行，找个人借钱就是索要的意思。在一个美国人的一生中，不搬上几次家，不换上几回工作，往往是不可思议的。

美国人通常认为，世间的一切事物都是美国第一、美国最佳。对于外国的事物，他们总喜欢以美国的经验作为判断是非的准绳。他们的这种自以为是的做法，令世人颇有微词。

（2）服饰。

崇尚自然、偏爱宽松、讲究着装、体现个性，是美国人穿着打扮的基本特征。在日常生活之中，美国人大多宽衣大裤，素面朝天，爱穿T恤衫、牛仔装、运动装以及其他风格的休闲装。要想依照日常着装来判断一个美国人的实际地位和身份，往往是难以办到的。

美国人认为，一个人的着装，必须因其所处的具体场合，或是所扮演的具体角色而定。在美国人看来，一个人穿着西装、打着领带去逛公园、游迪士尼与穿着夹克、T恤、短裤去赴宴或出席音乐会一样，都是极不得体的。美国人虽在着装方面较为随便，但与美国人交往时，还是应注意下列事项：第一，美国人非常注意服装的整洁。在一般情况下，他们的衬衣、袜子、领带必须每天更换。穿肮脏、有折皱、有异味的衣服，美国人是看不起的。第二，拜访美国人时，进了门一定要脱下帽子和外套。第三，美国人十分重视着装细节。在美国人看来，穿深色西装套裙时穿白色袜子，或是让袜口露出在自己的裙摆之外，都是缺乏基本的着装常识的。第四，在美国，女士最好不要穿黑色皮裙，最好不要随便在男士面前脱下自己的鞋子。第五，美国人认为，出入公共场所时浓妆艳抹，或是在大庭广众之下化妆、补妆，都是缺乏教养的表现。第六，在室内依旧戴着墨镜的人，往往会被美国人视为"见不得阳光的人"。

（3）饮食。

美国人的饮食习惯，一般可以说是因地区而异、因民族而异。就总体而言，其共同特征是，喜食"生""冷""淡"的食物，不刻意讲究形式与排场，而强调营养搭配。在一般情况下，美国人以食用肉类为主，牛肉是他们的最爱，其次是鸡肉、鱼肉。但美国人不吃狗肉、猫肉、蛇肉、鸽肉，不吃动物的头、爪及其内脏，生蒜、韭菜、皮蛋他们也不爱吃。

受快节奏的社会生活的影响，美国人的饮食日趋简便与快捷。因此，快餐在美国得以大行其道，热狗、炸鸡、土豆片、三明治、汉堡包、比萨饼、冰淇淋等，在美国可谓老少皆宜，成为美国人餐桌上的主角。美国人爱喝的饮料有矿泉水、红茶、咖啡、可乐等，除此之外，每天还必备新鲜的牛奶、果汁。

Service Etiquette for Tourism

用餐的时候，美国人一般以刀叉取用。在切割菜肴时，他们习惯于先用左手执叉，右手执刀，切割完毕，放下餐刀，将餐叉换至右手，右手执叉而食。美国人用餐的戒条是：其一，不允许进餐时发出声响；其二，不允许替他人取菜；其三，不允许吸烟；其四，不允许向别人劝酒；其五，不允许当众宽衣解带；其六，不允许议论令人作呕的事情。

3. 礼仪禁忌

美国人对山楂花与玫瑰花非常偏爱。在美国，玫瑰花象征着美丽、芬芳、热忱和爱情。1985 年参议院将玫瑰花定为国花。在动物之中，美国人普遍爱狗。美国人认为，狗是人类最忠实的朋友，对于那些自称爱吃狗肉的人，美国人是非常厌恶的。美国著名政治漫画家托马斯·纳斯特看到民主、共和两党如马戏团表演似的，便以驴、象的漫画进行讽刺。但出乎意料的是，驴、象在被双方作为讽刺挖苦对象的同时，竟又被反其道地视为各自的吉祥物。共和党人说"驴"代表着愚蠢、顽固和荒唐，而民主党人则认为它象征高大、坚强和智慧。于是从 1880 年开始，民主、共和两党都名正言顺地把驴、象作为本党标志进行竞选。在美国人眼里，驴代表坚强、稳重，象则代表着高大、坚强和智慧。象和驴分别是共和党和民主党的标志。

白头雕，亦名白头鹰或秃鹰，是美国人最珍爱的飞禽，它不仅成为美国国徽上的主题图案，而且被选定为美国的国鸟。美国是世界上最先确定国鸟的国家。美国的国石是蓝宝石，美国人最喜爱的色彩是白色。因此，白猫成为美国人喜欢的宠物。由于黑色在美国主要用于丧葬活动，因此美国人对它十分忌讳。美国人最讨厌的数字是"13""3"，也不喜欢星期五。

跟美国人相处时，要注意体态语的运用，他们一般忌讳盯视他人、冲别人伸舌头、用食指指点他人等体态语言。另外，与之保持适当的距离也是必要的。美国人认为，个人空间不容侵犯，因此在美国碰着别人要及时道歉，坐在他人身边要征得对方许可，谈话切勿距对方过近。

在美国，切勿随意打骂、训斥孩子，不注意这一点，搞不好会吃官司。标榜个性独立的美国人忌讳他人打探其个人隐私。在美国，询问他人收入、年龄、婚恋、健康、籍贯、住址、种族等，都是不礼貌的。

美国人认定"胖人穷，瘦人富"，所以他听不得别人说自己"长胖了"。与美国黑人打交道，既要少提"黑"这个词，又不能打听对方的祖居之地。与美国人聊天时，要是谈及政党之争、投票意向与计划生育，肯定会导致话不投机。

四、日本

Japanese culture has a set of rules, or etiquette, for a multitude of situations.

When entering a house, the guest must replace his shoes with slippers. The slippers are given to the guest by his host at the genkan ( doorway). These slippers are taken off in rooms that are floored with tatami. It is rude for anyone to walk on tatami floors wearinganything other than socks or bare feet. There are even slippers that are exclusively worn in the washroom. The person leaves his house slippers outside the washroom door and wears the special footwear that is exclusively for bathroom use. When greeting someone, it is customary to bow. These bows vary in effort, but if one is standing on a tatami floor, it is expected for him to get down on his knees while performing the bow. The longer and deeper the bow is, the more respect it conveys to the other person. People who hold higher social statuses expect others to greet them with long bows. Not doing so can result in social snafus. By the same logic, a smaller nod of the head is used for more casual or informal meetings. Fortunately, many Japanese people cut foreign visitors slack and are okay with only receiving a head nod greeting from them. Bows are also commonly used as gestures to show gratitude or apology or to request favors. Shaking hands is an extremely uncommon gesture in Japan. However, people will make exceptions for foreigners.

There are many things the Japanese avoid doing, not because they are rude, but because they are thought to be bad luck. If someone cuts his toenails at night, he won't be able to reunite with his parents after dark. People hide their thumbs, as funeral cars pass them. A person will turn into a cow if he lies down after a meal. It is bad to sleep facing north as that is how dead bodies are laid. Four is an unlucky number as the pronunciation is similar to that of death (shi). Room and floor numbers usually skip four, and gifts are not to be given in groups of four. Chopsticks should not be stuck in food because they resemble incense stuck into altar rice at funerals. Giving food from one pair of chopsticks to another is also only done with bones at funerals. Whistling at night will attract snake bites.

1. 基本情况

日本的全称是日本国，它是位于亚洲东部、太平洋西侧的一个群岛国家，全境由本洲、北海道、九州、四国等4个大岛和许多小岛组成。日本全国总面积37.78万平方千米，总人口约为1.27亿（2013年），是由大和族人、阿伊努人、朝鲜人和华人组成，大和族是日本的主体民族，它约占日本全国总人口的88%。

日本国名的含意是"太阳升起的地方"，即"日出之国"。由于它盛产樱花，故又有"樱花之国"的称谓。

日本目前的行政区划是将全国分为一都、一道、二府和43个县。日本的首都是东京。日本的主要宗教是神道教和佛教。神道教是日本固有的宗教，它所崇拜的是象征着太阳的"天照大神"。在日本，大部分居民都信奉该教。因此，神道教在日本人的日常生活中，尤其是在礼仪习俗方面，影响甚大。

日本的国语是日语。

日本现在实行君主立宪政体，日本的国庆日是日本在位的天皇诞生之日。其他重要节日有"元旦""成人节""樱花节"等。

中日两国历史上交往频繁，日本至今还保留着一些我国唐代的礼仪和风俗，目前是

我国最大的贸易伙伴和旅游客源国之一。

2. 风俗习惯

（1）社交。

在人际交往中，日本人通常都是以鞠躬作为见面礼节。在行鞠躬礼时，日本人不但讲究行礼者毕恭毕敬，而且在鞠躬的度数、鞠躬时间的长短、鞠躬的次数等方面还有特别的讲究。日本人在行鞠躬礼时，还规定手中不能拿东西，头上不得戴帽子。有的时候，日本人也会与他人行握手礼。不过一般情况下，日本妇女，尤其是日本乡村妇女，与别人见面时，只鞠躬不握手。但不管是行哪种见面礼节，都讲究态度谦恭。在日本民间，尤其是乡村之中，人们在送别亲友时，往往还会向对方行跪礼或摇屐礼。跪礼，即屈膝下跪，它是妇女所行的礼节。摇屐礼，即手持木屐在空中摇动，它是男子所行的礼节。

日本人与他人初次见面时，通常要互换名片，否则即被理解为不愿与对方交往。因而，有人将日本人的见面礼节归纳为"鞠躬成自然，见面递名片"。在一般情况下，日本人外出时身上往往会带上好几种印有自己不同头衔的名片，以便在交换名片时可以因人而异。

日本人姓名的组合顺序与中国人姓名的组合顺序一样，二者都是姓在前，名在后，不过日本人的姓名字数不固定，以四字的最为多见。书写时，姓和名中间空格，日本妇女婚前姓父姓，婚后改夫姓。称呼日本人时，可称之为"先生""小姐"或"夫人"。也可以在姓氏之后加一"君"字，将其称为"某某君"，只有在很正式的场合，称呼日本人时才必须使用全名。

在交际场合，日本人的信条是"不给别人添麻烦"。因此，他们忌讳高声谈笑。但在外人面前，不论自己是否开心，他们大都满脸笑容，日本人认为这是做人的一种礼貌。

（2）服饰。

日本人在交际应酬之中对穿衣打扮十分介意，在商务交往、政务活动以及对外的场合，日本人通常穿西式服装，而在民间交往中，他们有时也会穿着自己的国服。

日本的国服名为和服，它是大和民族的一种传统服装。和服的基本特点是它由一块布料缝制而成，并且没有什么线条，领口很大，袖子宽短，腰身广阔。穿和服的时候，一般都要脚穿木屐或草屐，并且配以布袜。日本妇女在穿和服时，通常还必须系彩带，腰后加上一个小软托，并且手中打伞，唯其如此才能产生一种特殊的和谐美。过去，在等级森严的日本，和服的色彩图案、款式、面料乃至着装方法，无一不与着装者的地位、身份相关，因此，人们穿着和服一点也马虎不得。而今，随着社会的进步，人们对此已不甚讲究了。

与日本人打交道时，衣着上有四点必须予以注意：第一，日本人认为衣着不整齐便意味着没教养，不尊重交往对象，所以与日本人见面，一般不宜着装过分随便，特别是不要光脚，不要穿背心、短裤；第二，到日本人家中做客，进门时要脱下大衣、风衣和鞋子；第三，拜访日本人时，切勿未经主人许可把外套乱放乱挂；第四，参加庆典或仪式时，不论天气多么热，都要穿套装或套裙，上身单穿衬衫、短袖衫或是将长袖衫卷起来，都会被日本人视为失礼。

（3）饮食。

在饮食方面，日本人可以说是自成一体，世人一般称之为和食或日本料理。和食的主要特色，曾经有人归纳为"五味""五色"与"五法"。所谓"五味"是指日本人在不同的季节里，饮食的口味往往有不同的侧重，通常的讲究是春苦、夏酸、秋滋、冬甜。此外，日本人还好涩味。所谓"五色"是指和食注重外形，讲究色彩搭配要赏心悦目，并且在不同的季节也有不同的侧重，一般的要求是绿春、朱夏、白秋、玄冬，再就是黄色的广泛运用。所谓"五法"，则是指和食的烹饪方法主要有蒸、烧、煮、炸、生等五种。具体而言和食以大米为主，多用海鲜、蔬菜，讲究清淡与味鲜，忌讳油腻。典型的和食有寿司、拉面、刺身、天妇罗、铁板烧、煮物、蒸物、酱汤等。此外，还有饭团与便当。其中，尤以刺身，即生食鱼片，最为著名。

日本人的饮食禁忌不是很多。他们主要是不吃肥猪肉和猪的内脏，也有一些人不喜欢吃羊肉和鸭肉。

日本人非常爱好喝酒，西洋酒、中国酒、日本清酒统统为他们所爱，有些日本男子下班后，到酒馆大喝一通，几乎成了"例行公事"。在日本，斟酒讲究满杯，多喝几杯，甚至喝得酩酊大醉，人们也会见多不怪，不以为奇。

在日本，人们普遍爱好饮茶，久而久之，形成了讲究"和、敬、清、寂"四规的茶道。茶道具有参禅的意味，重在陶冶人们的情趣。它不仅要求幽雅自然的环境，而且还有一整套的点茶、泡茶、献茶、饮茶的具体方法。日本人种茶、饮茶的风俗还是从中国传入的，当时他们把茶作为贵重饮料饮用，所以茶道实际上也是中日两国文化交流的结果。

日本人在用餐时，要摆上一张矮桌，然后，男子盘腿而坐于地，女子则跪坐而食。日本人吃饭是用筷子的，但是他们所用的筷子不是平头的，而是尖头的。在用筷子时，日本人有"忌八筷"之说。所谓"忌八筷"，即忌添筷、忌迷筷、忌扭筷、忌插筷、忌掏筷、忌跨筷、忌别筷。除此之外，日本人还忌讳用一双筷子给大家依次夹取东西。

日本人在宴客时，大都忌讳将饭盛得过满，并且不允许一勺盛一碗饭。作为客人，则不能仅吃一碗饭，哪怕是象征性的，也要再添一次饭，否则，就会被视为宾主无缘。

3. 礼仪禁忌

日本的国花是樱花，国歌是《君之代》。日本人对樱花无比厚爱，对荷花则非常反感，因为荷花在日本仅用于丧葬活动。菊花在日本是皇宫的标志，所以不要把菊花送给日本人。不要把盆花和带泥土的花送给日本的病人，探望病人时送山茶花、仙客来花、白色的花和淡黄色的花，也是不受欢迎的。

晶莹剔透的水晶，是日本的国石。日本人很喜欢猕猴和绿雉，并且分别将其确定为国宝和国鸟。同时，他们对鹤和乌龟也好评如潮，认为二者都是长寿和吉祥的代表。但是，日本人对金色的猫以及狐狸和獾极为反感，认为它们是"晦气""贪婪"与"狡诈"的化身。

日本人很爱给人送小礼物，但下列物品不包括在内：梳子、圆珠笔、T恤衫、火柴、广告帽。在包装礼品时，不要扎蝴蝶结。日本人注重公德，尊老爱幼，对于在公共场所的禁烟能够自觉遵守，所以，所有的日本人都不乐意让别人给自己敬烟。日本人右手的

拇指与食指合成一个圆圈时,不像英美人那样表示"OK",而是表示"钱"。在日本,邮票不能倒贴,因为这表示绝交。

一般而言,日本人大都喜爱白色和黄色,他们讨厌的色彩主要是绿色和紫色。在日本,绿色和紫色都具有不祥与悲伤的意味。

日本人有着敬重"7"这一数字的习俗,可是对于"4"和"8"却视为不吉。原来,"4"在日文里发音与"死"相似,而"8"的发音则与"苦"相近。

在三人并排合影时,日本人谁都不愿站在中间,他们认定,被人夹着,是不祥的预兆。

## 任务3　宗教礼仪 The Ceremonials of Religion

### 一、佛教礼仪

Buddhism is a religion and philosophy encompassing a variety of traditions, beliefs and practices, largely based on teachings attributed to Siddhartha Gautama, commonly known as the Buddha. The Buddha lived and taught in the northeastern Indian subcontinent some time between the 6th and 4th centuries BC. He is recognized by Buddhists as an awakened or enlightened teacher who shared his insights to help sentient beings end ignorance of dependent origination, thus escaping what is seen as a cycle of suffering and rebirth.

Two major branches of Buddhism are recognized: Theravada ("The School of the Elders") and Mahayana ("The Great Vehicle"). Theravada has a widespread following in Sri Lanka and Southeast Asia. Mahayana is found throughout East Asia and includes the traditions of Pure Land, Zen, Nichiren Buddhism, Tibetan Buddhism, Shingon, Tiantai (Tendai) and Shinnyo-en. In some classifications practiced mainly in Tibet and Mongolia is recognized as a third branch, while others classify it as a part of Mahayana. There are other categorizations of these 3 vehicles or Yanas.

1. 法事礼仪
(1) 剃度。
剃度是出家人剔除须发接受戒条的仪式,含有超越生死之意。以前,出家僧尼受戒时,要在头上烫香疤,由于佛制中没有这个规定,所以中国佛教协会决定僧人受戒的时候不必再烫香疤。
(2) 布萨。
布萨是"清静戒住、长增功德"的意思。教规要求教徒每半月即于望晦日(农历十五日、三十日或二十九日)举行布萨仪式,仪式中教徒应去寺院参拜,检查戒律的执行情况,遵守八戒。

(3) 戒律。

佛教的戒律较多。在家修行的男女应终身遵守五戒，即不杀生、不偷盗、不淫邪、不饮酒、不妄语。并在一定时期受八戒，即在上述五戒外，再加上不眠坐高广华丽大床、不服饰打扮及视听歌舞、不食非时食（过午不食）。但八戒不需要像五戒那样终身受持，而是临时奉行，多者几天、几周，最少者一昼夜。

(4) 四威仪。

四威仪是要求佛教徒的举止行动处处要端庄严肃，不允许有丝毫轻浮，对佛教徒的行、站、坐、卧都有一定的要求，即行如风、站如松、坐如钟、卧如弓。

(5) "合十""绕佛""顶礼"。

"合十"亦称"合掌"，指十指并拢，两掌对合放于胸前，稍稍低头，一般是掌位越高，尊敬程度越深，但不可高过双眼。在参拜佛祖或拜见高僧时，要行跪合十礼，行礼时，右腿跪地，双手合十于两眉中间。

"绕佛"是指围绕佛而右转，即顺时针方向行走一圈、三圈或百圈、千圈，表示对佛的尊敬。

"顶礼"，俗称"五体投地"，是佛教徒拜佛、拜菩萨最隆重的礼节。行顶礼时，双腿跪下，两肘、两膝和头着地，而后手掌向上承尊者之足。

(6) 功课。

在寺庙里，僧尼每日早晚按时诵经念佛为做功课，又称早晚功课。一般寺庙早4时起床，僧尼齐集大雄宝殿，恭敬礼佛，念诵经文；下午4时左右念诵惭愧文等。因寺庙在做早晚功课时要撞钟敲鼓，由此产生"晨钟暮鼓"的说法。

2. 称谓

佛教的称谓由于佛教的教制、教职在各国不尽相同而有所不同。在我国寺院中按职务称谓：寺院里最高职务为"方丈""长老"或"主持"，负责处理寺院内部事务的称为"监院"，负责对外联系的称为"知客"。按修行水平称谓：对水平较高的僧人称呼"法师"（通晓律藏的僧人）、"三藏法师"（通晓经、律、论三藏的僧人）；对有高超造诣、崇高地位的著名僧人则称为"大师"，对德行高的僧人尊称为"高僧"。出家的佛教徒俗称"和尚"（僧）、"尼姑"（尼），也可尊称为"师父""师太"，不出家而遵守一定戒律的佛教徒称"居士"。藏传佛教中，能转世的高级僧尼称为"活佛"或"女活佛"，对一般僧人应尊称为"喇嘛"。小乘佛教的高级僧人，称为"佛爷"。

3. 饮食禁忌

按照佛制，僧尼每天仅进一餐，后来，也有进两餐的，但都应在午前用完，过了中午就不能进餐了，在佛教中称为"过午不食戒"。我国汉族地区僧人因需要自己在田里耕作，体力消耗很大，晚上非吃东西不可，所以在少数寺庙开了过午不食的戒，但晚上所进的饭食称为"药食"，即"病号饭""补养饭"。

佛门中忌讳吃荤腥，认为不利于修定。还有不饮酒的戒律，因为酒会乱性，也不利于修定。

4. 非佛教徒与佛教界人士交往礼仪

佛寺被佛教徒视为清净的圣地道场，非佛教徒进入寺庙烧香拜佛必须衣冠整洁，赤膊、穿背心或短裤都会被视为玷污圣堂、亵渎神灵。在寺庙内要肃静，不得喧哗吵闹、

Service Etiquette for Tourism

吐痰、吸烟，不能用手指指、戳佛像或摸弄佛像、法器，也不能在佛灯上取火。尊重佛教徒的宗教信仰和风俗习惯，严禁将一切荤腥及其制品带入寺院，以保持寺庙清净。为了尊重佛教徒不杀生的宗教信仰，不得在寺庙附近宰杀生灵。与佛教徒见面时，不能触摸佛教徒的头顶，不能主动与其握手，如果对方向你合十致意，你要合十回敬。当寺内举行宗教仪式或做道场的时候，不能高声喧哗干扰。未经寺内人员允许，不可随便进入僧人寮房等地方。交接物品时禁止用左手，尤其是食品。

### 二、基督教礼仪

Christianity is the most popular religion in the world with over 2 billion adherents. Forty-two million Britons see themselves as nominally Christian, and there are 6 million who are actively practising.

Christians believe that Jesus was the Messiah promised in the Old Testament.

Christians believe that Jesus Christ is the Son of God.

Christians believe that God sent his Son to earth to save humanity from the consequences of its sins.

One of the most important concepts in Christianity is that of Jesus giving his life on the Cross (the Crucifixion) and rising from the dead on the third day (the Resurrection).

Christians believe that there is only one God, but that there are three elements to this one God:

God the Father

God the Son

The Holy Spirit

Christians worship in churches.

Their spiritual leaders are called priests or ministers.

The Christian holy book is the *Bible*, and consists of the Old and New Testaments.

Christian holy days such as Easter and Christmas are important milestones in the Western secular calendar.

1. 宗教仪式

基督教三大教派的宗教仪式不尽相同，天主教和东正教尤其注重宗教仪式，主要表现为以下圣事：

（1）圣洗。

圣洗也称洗礼，这是基督教的入教仪式。经过洗礼后，就意味着教徒的所有罪过获得了赦免。洗礼的方式有两种：点水礼和浸水礼。天主教多施点水礼，由主礼者将一小杯水洒在受洗者额头上，或用手蘸水在受礼者额头上画十字。东正教通常施浸水礼，由主礼者口诵规定的经文，引领受洗者全身浸入水中片刻。

（2）坚振。

圣振也称"坚信礼"，是为坚定教徒的信仰而举行的一种仪式，即入教者在接受洗礼后，一定时间内再接受主教的按手礼和敷油礼。

（3）祈祷。

祈祷俗称祷告，是指基督教徒向上帝和耶稣表示感谢、赞美、祈求或认罪的行为。祈祷包括口祷和默祷两种形式，个人可以独自在家进行，也可以利用聚会，请牧师或神父作为主礼人。祈祷者应始终保持必要的仪态，维系一种"祭神如神在"的虔诚。礼毕，须称"阿门"，意为"真诚"，表示"唯愿如此，允获所求"。

（4）礼拜。

礼拜每周一次，一般星期日在教堂中举行，主要内容有祈祷、唱诗、读经、讲道等项目。在礼拜时，教堂内常置有奉献箱或传递手绢袋，信徒可随意投钱，作为对上帝的奉献。除每周一次礼拜外，还有圣餐礼拜（为纪念耶稣受难，每月一次）、追思礼拜（为纪念亡故者举行）、结婚礼拜、安葬礼拜、感恩礼拜等。

（5）告解。

告解俗称"忏悔"，是天主教的圣事之一，是耶稣为教徒在领洗后对所犯错误向上帝请罪，使他们重新得到恩宠而定立的。忏悔时，教徒向神父或主教告明所犯罪过，并表示忏悔；神父或主教对教徒所告请罪指定补赎方法，并为其保密。

（6）圣餐。

这是纪念基督救赎的宗教仪式，这一仪式又称"弥撒"，天主教称"圣体"，东正教称"圣体血"。据《新约全书》称，耶稣在最后的晚餐时，拿出葡萄酒祈祷后分发给十二位门徒说："这是我的身体和血，是为众免罪而舍弃和流出的。"因此，天主教和东正教认为领"圣体"或"圣体血"，意为分享耶稣的生命。在仪式上，由众教徒向神职人员领取经祝圣后的面饼和葡萄酒，它象征吸收了耶稣的血和肉而得到耶稣的崇光。

（7）婚配。

教徒在教堂内，由神职人员主礼，按照教会规定的仪式正式结为夫妻，以求得到上帝的祝福。

（8）神品。

神品是授予神职的一种仪式。一般由主礼者将手按于领受者头上，念诵规定文句即可成礼。

（9）终傅。

在教徒病情危重或临终时，由神职人员为其涂傅圣油，以赦免其一生罪过，帮助受傅者减轻痛苦或是让他安心去见上帝。

（10）守斋。

守斋即斋戒。按照基督教的规定，每星期五和圣诞节前夕（公历12月24日）为守斋日，其间信徒们只食用素菜和鱼类，不得食用其他一切肉食。在此间设宴招待，应当尊重其习俗，或是避开斋期。

2．称谓

在基督教内部，普通信徒之间可称平信徒，指平常普通的信徒，与教会神职人员相对而言。新教的教徒，可称兄弟姐妹（意为同是上帝的儿女）或同道（意为共同信奉耶稣所传的道）。在我国，平信徒之间习惯称"教友"。对宗教职业人员，可按其教职称

Service Etiquette for Tourism

呼，如某主教、某牧师、某神父、某长老等，对外国基督教徒可称先生、女士、小姐或博士、主任、总干事等学衔或职衔。在非专业基督徒中，有一些热心为教会义务工作的人，被称为"义工"，义工有自己的本职职业，只是利用业余时间从事宗教活动。

3. 禁忌

基督教广大教徒除了参加必要的宗教活动外，绝大多数时间都会以各种方式，与非教徒产生这样或那样的联系。因此，我们与教徒之间的交往也就在所难免。礼貌地对待他们、尊重他们，小而言之是为了建立和谐的人际关系，大而言之是为了体现我国宪法赐予的宗教信仰自由精神。

我们要尊重基督徒的信仰，不能以上帝起誓，更不可拿上帝和耶稣开玩笑。基督教由于教派不同，其各个教派的教条也不同。为了避免无意中损伤感情，对一些问题一定要弄清楚，如神父与牧师是天主教与新教对其神职人员的不同称呼，不可混为一谈。

基督徒进教堂应衣冠整洁，进去后要脱帽，与人谈话应压低声音，不得妨碍对方正常的宗教活动。当教徒们祈祷或唱诗时，旁观的非教徒不可出声。当全体起立时，则应当跟随其他人一起起立；若有人分饼和面包给自己，应谢绝。

基督徒有守斋之习。在守斋时，他们不吃肉食，不饮酒。平日，他们通常不吃蛇、鳝等爬行动物，基督徒在饭前往往要进行祈祷，如果和基督信徒在一起用餐，就要待他们祈祷完毕后，再拿起餐具。

向基督徒赠送礼品，要避免上面有其他宗教的神像或者其他民族所崇拜的图腾。在耶稣受难节那一周，不要请基督徒参加私人喜庆活动。另外，他们讨厌"13"这个数字和"星期五"这一天，在基督徒眼中"13"和"星期五"是不祥的。要是13日和星期五恰巧是同一天，他们常常会闭门不出。在这些时间内，千万不要打扰他们。

### 三、伊斯兰教礼仪

The word Islam means submission to the will of God.

Islam is the second largest religion in the world with over 1 billion followers.

Muslims believe that Islam was revealed over 1,400 years ago in Mecca, Arabia.

Followers of Islam are called Muslims.

Muslims believe that there is only One God.

The Arabic word for God is Allah.

According to Muslims, God sent a number of prophets to mankind to teach them how to live according to His law.

Jesus, Moses and Abraham are respected as prophets of God.

They believe that the final Prophet was Muhammad.

Muslims believe that Islam has always existed, but for practical purposes, date their religion from the time of the migration of Muhammad.

Muslims base their laws on their holy book the *Qur'an*, and the *Sunnah*.

> Muslims believe the *Sunnah* is the practical example of Prophet Muhammad and that there are five basic Pillars of Islam.
>
> These pillars are the declaration of faith, praying five times a day, giving money to charity, fasting and a pilgrimage to Mecca (at least once).

1. "五功"

伊斯兰教不像其他宗教那样需要学习、反省和巨大牺牲，它是一种简单明了的宗教，任何人只要念诵清真言和遵守"五功"就可以成为穆斯林。

"五功"就是伊斯兰教规定必须履行的基本功修，中国穆斯林称其为"天命五功"，即"念功、礼功、课功、斋功、朝功"。每个穆斯林都必须尊奉"五功"，以此表示对真主的诚心，以便赎罪进入天国。这是穆斯林的宗教义务，又是宗教功课。

（1）念功。

念功指念诵《古兰经》，主要是念诵清真言，即"万物非主，唯有真主；穆罕默德，真主使者"。

（2）礼功。

礼功即每天在晨、晌、晡、昏、宵5个时辰面向麦加方向做礼拜5次。每星期五要进行一次"主麻拜"，每年开斋节和宰牲节时，要做节日礼拜。日常礼拜前要"小净"，主麻拜和节日礼拜前要"大净"。礼拜时要面向圣地麦加"克尔白"（天房），按规定的程序朝拜真主安拉。礼拜一般由伊玛目率领集体举行，也可以单独举行。

（3）课功。

课功即天课，被视为"奉朱命而定"的宗教赋税。按照伊斯兰教规定，穆斯林每年都要对自己的财产进行清算，除去正常开支，其盈余财产，要按不同的课率完纳天课。在我国，穆斯林均为自愿捐奉。

（4）斋功。

斋功指每年伊斯兰教顺太阴年九月斋戒一个月，斋月里穆斯林在日出到日落这段时间内禁止吃喝、娱乐等活动，幼儿、病人及孕期妇女除外。

（5）朝功。

朝功指到麦加朝圣，麦加是穆罕默德的诞生地、伊斯兰教的摇篮和圣地，凡身体健康、经济条件允许的穆斯林，不分男女，一生中至少要去麦加朝拜一次。完成朝觐功课的穆斯林，均可获得"哈吉"的荣誉称号。

2. 称谓

伊斯兰教信徒称为"穆斯林"，意为归信者。信徒之间无论在什么地方，不分职位高低，都互称兄弟或叫"多斯提"（波斯语意为好友、教友），对知己朋友称"哈毕布"（阿拉伯语意为知心人、心爱者），对贫穷的穆斯林一般称作"乌巴力"（阿拉伯语意为可怜者）。在清真寺做礼拜的穆斯林，统称为"乡老"。对到麦加朝觐过的穆斯林，在其姓名前冠以"哈吉"（阿拉伯文的音译，意为朝觐者），这在穆斯林中是十分荣耀的称谓。对管理事务和办经学教育的穆斯林，称"管寺乡老""社头""学董"。对德高望重的、有学识有地位的穆斯林长者，尊称"筛海""握力""巴巴"和"啊林"等。

伊斯兰教的教职有伊玛目、海滩布、穆安津,合称"掌教",在我国则称"阿訇",年长者称"阿訇老人家"。它是对伊斯兰教学者、宗教家和教师的尊称,其从事礼拜的地方称清真寺。对主持清真寺教务或教学的妇女,称"师娘",对在清真寺里求学的学生则称"满拉"或"海里发"。

穆斯林见面,都要互敬祝安词"真主的安宁在你身上",还使用其他很多赞词。

3. 禁忌

按照伊斯兰教教规,"清净的为相宜,污浊的受禁止"。具体规定是禁食自死物、血液、猪肉以及"诵非真主教之名而宰杀"的牛、羊、骆驼、鸡、鸭等。此外,还禁食马、驴、骡、虎、狼、豹等偶蹄动物。伊斯兰教严禁赌博、求签、拜佛,称其为"秽行",是"恶魔的行为"。穆斯林禁酒喜茶,在接待穆斯林客人时,最好用灌装饮料,如客人饮茶,要用清真茶具。交谈时,不要用穆斯林禁忌的字词,如"猪""杀""死"等。

穆斯林妇女们要戴盖头,女性与外界的接触受到某些限制,有些伊斯兰教国家妇女除戴盖头外,还戴面纱,只露出双眼,但只是限于外出时间;穆斯林男子则多戴无檐小帽,有黑、白两种。非穆斯林到穆斯林家中做客时,一般不主动与妇女或少女握手。对穆斯林的宗教信仰和民族习惯要尊重,不要随意评论。

非穆斯林进入清真寺,不袒胸露背,不穿短裙和短裤。不经阿訇等寺内宗教职业人士批准,非穆斯林不准进入礼拜大殿、不准拍照。在穆斯林做礼拜时,无论何人何事,都不能喊叫礼拜者,也不能在礼拜者面前走动,更不能唉声叹气、呻吟和无故清嗓,严禁大笑、吃东西。旅游接待人员为伊斯兰界人士开车门时,也不能将手置于车门框上沿。

许多穆斯林认为人的左手不洁,所以与之握手或递送物品不能用左手,尤其不能单用左手。另外,伊斯兰教禁止偶像崇拜,所以不应将雕塑、画像之类的物品相赠。

## ○ 任务4　广东地区礼仪 Etiquette in Guangdong Area

Guangdong Province, also known as Yue in short, is located in southern China, facing the South China Sea, and neighboring Hong Kong and Macao in the south. It covers an area of 179,000 square kilometers and has a population of 67.89 million. Guangzhou is the capital of Guangdong.

The advantageous geographical position makes Guangdong Province a bridge between Chinese mainland and Hong Kong and Macao, as well as the rest of the world. It is one of the first areas in China implementing the reform and opening-up policies.

Highways, airlines, and water transportation provide easy access to all parts of the country and the world. The Baiyun Airport is one of the three largest international airports in China; the Huangpu Port can handle over 10,000-ton ships; the railways, including the Beijing—Guangzhou, Beijing—Kowloon, Shanghai—Hong Kong, Guangzhou—Kowloon, Guangzhou—Zhanjiang, and Guangzhou—Meizhou—Shantou, link the province with all the other big cities in China. The opening of the Dongguan—Humen Bridge makes it easier to travel between Guangzhou and Shenzhen, and Guangzhou and Hong Kong.

Guangdong is located on the sub-tropical zone. It has a mild climate with enough, pleasant sunshine, and its annual mean temperature is 22℃. The province has beautiful natural landscape, historical sites, and hundreds of places of interest. The state-level ancient cultural cities include Guangzhou, Chaozhou, Zhaoqing, Foshan, Meizhou, and Leizhou. The most famous tourist attractions are the Seven-Star Rock in Zhaoqing, Mt. Danxia in northern Guangdong, Mt. Xiqiao close to the South China Sea, Mt. Luofu in Boluo, and Mt. Dinghu in Zhaoqing, as well as the Splendid China, the Window of the World, and the National Folklore Cultural Village.

In recent years, Guangdong has developed a Guangdong—Hong Kong—Macao Tourist Triangle, attracting numerous visitors from home and abroad. Guangdong is ready to welcome friends from all parts of the world.

历史上，北方汉族在不同时期南迁到广东的不同地区，与当地居民融合，形成了广府、客家、潮汕三大民系。广东的三大民系都是汉族的组成部分。

三大民系有很大的区别。根据对三大民系的体质特征分析，客家人和广府人与百越民族的融合程度较高，而潮汕人与百越民族的融合程度较低。广府人和潮汕人的祖先可能来自中国北方偏北的地区，他们在南迁过程中较少与沿途的其他汉族群体融合；而客家人的祖先可能来自中国北方较偏南的地区，他们在南迁的过程中可能与沿途的居民有较大程度的融合。

## 一、广府民系

广府始见于《明史·地理志》，广府系移民是在一个自然条件丰富，但生存条件恶劣的环境中进行的。

广府地区各姓氏族谱大多记载自己的祖先来自南雄珠玑巷，珠玑巷是北方汉族人到广东的一个重要落脚点。秦汉时期，有部分汉族越大庾岭进入粤北。唐五代时期，人们越大庾岭后，多在南雄盆地定居下来。张九龄奉诏开凿大庾岭以后，大庾岭取代湘桂走廊和骑田岭，成为进入岭南的重要驿道。两宋时期，有两次大的移民迁徙，一次为北宋末，一次为宋末元初，他们都是由南雄南下迁入珠江流域的。

广东不少人只要谈起祖先，就说从南雄珠玑巷来的。珠玑巷，是南雄县城的一条街，再往北约2千米就到梅关。整条珠玑巷长约500米。珠玑巷现有张、雷、周、何等姓人家。张姓在此定居最久。据说张姓的远祖张辙自唐代就定居此地，当时叫敬宗巷。唐敬宗以张家七世同居，而赐张辙的儿子张兴珠玑绦，唐敬宗死后，张族人因为敬宗巷这一名称和唐敬宗的庙号相同，为了避讳，便改叫珠玑巷。

另一种说法是，南宋初大量的人南迁，特别是到了宋末，他们经过江西，越梅岭，到达南兴，聚居乡野。有许多人来自开封府的详符，详符有珠玑巷，他们不忘故土，所以将在南巷暂居的村落也称为珠玑巷。由此珠玑巷成为广东许多族姓的祖宗故居。

1. 广府民系生活的自然环境

广府系处于珠江流域，以珠江三角洲为聚居中心。珠江三角洲是广东面积最大的平原，位于广东中部沿岸地区，濒临南海，地处南亚热带，气候温和潮湿，雨量充沛，地势平坦，土地肥沃。河流带来的泥沙淤积成河口冲积平原，可以开垦的沙田、滩地很多，有利于南迁汉人的生存和发展。北方汉人来到珠江三角洲，与这里的百越族等民族融合。两宋时期，大量的汉人南迁，这里的越人基本被汉族同化。元明时期，越来越多的汉人迁入，使零散的瑶人和越人等同化于汉族，其主要力量集中于以广州为中心的粤中一带。广府民系分布的地区包括广州、珠江三角洲以及整个粤西、湛江地区，两宋以后珠江三角洲面积明显扩大，为移民提供了大量的良田。

2. 广府民系的语言

粤方言，又叫作广州话。通用广州话的地区大致与广府的分布地区相同。此外，近十几年来，广东省内又有许多原不通行粤方言的地区，现在也兼用、改用粤方言。

3. 广府地区的民居

广府地区的民居形式，自汉代时期，就有干栏式、三合式、四合院、曲尺形、"日"字形和碉堡形等。广府民居为适应本地区气候潮湿以及中国传统文化等因素的影响，民居采取密集布局，建筑之间用天井相隔，天井之间用厅堂、廊道或巷道相连，解决通风、防热、防潮等问题。

竹筒屋，即单开间，因人多地少，民居只能向纵深发展。明字屋，即双开间，似"明"字，由厅、房、厨房、天井组成。三间两廊房，即三开间的主座建筑，前带两廊和天井组成的三合院住宅，是当地民居最主要的形式。

4. 广府地区的饮食

广府人为适应当地气候、环境、物产等条件，随着经济的发展、生活的进步，形成了富有特色的饮食习俗，成为他们生活方式的重要组成部分。历代汉人南迁，广东人不断吸取北方饮食的精华，近代又借鉴西方烹饪方法，南北、东西融汇，而又显示出浓厚的南国特色。

广府人喜欢喝汤，这与气候有关。夏季长而酷热，流汗多，消耗大，春季潮湿，秋天干燥，汤类饮食可以补充水分，养分容易吸收。广府人喜欢喝粥，同样是受气候的影响。

岭南水果中，槟榔在其民间文化中有着特殊的意义。古代的越族人就有吃槟榔的习惯。

二、潮汕民系

1. 潮汕民系生活的自然环境

潮汕地区位于广东省最东端，包括汕头市、潮州市和揭阳市三大区域。潮汕民系聚居于汕头、潮阳、澄海、潮州等九县市。潮汕地区总面积是 1.034 6 万平方千米。由韩江三角洲、榕江三角洲、练江三角洲、黄冈河三角洲组成的潮汕平原是广东省的第二大平原。贯穿于潮汕平原的韩江是广东的第二大河。莲花山—阴那山山脉是粤东平行岭谷中最长的山脉，从东北部与福建接壤的大埔至西南的大鹏湾，长达 400 千米，将粤东分成东南和西北两部分，成为潮汕民系与兴梅客家地区的天然界限，同时也是潮汕地区和珠江流域的分水岭。潮汕平原依山临海，是一个面向海洋的半封闭地区。该地区气温较高，阳光充足，雨量充沛，有利于农作物的生长。

两晋时期中原人大规模南移，有些移民从福建南部进入韩江流域，然后在那里定居，视为"福佬"。宋元时期，福建就有不少居民向广东东部迁移。明初至清中叶期间，更有大量的移民迁入粤东南沿海地区。

本区的语言是潮汕话。

2. 潮汕民系的民居

潮汕民居有各种形式，主要有："竹竿厝"，即单开间，厅房合一；"单佩剑"，即双开间，由单间发展而来，进门为厅，旁为卧房，后带天井厨房；"双佩剑"，即三开间，三合院后带天井；"爬狮"（又称下山虎），即三合院式，中间为厅堂，两旁为卧房，前带天井，天井两侧为廊房，可作卧室和贮物室；"四点金"，即爬狮加前座组成，四合院式，潮汕地区最常见；"三座落"，即三进；"五间过"，即由四点金横向发展而成，宽五间。

下山虎

3. 潮汕民系的饮食

潮汕的工夫茶不仅体现了潮汕文化的特色，而且是中国茶道的传承者。潮汕人喜欢喝粥，其做法、吃法和广府与客家有所不同，俗称为潮汕粥。这是适于亚热带的四季咸宜的饮食。

四点金

4. 潮汕工夫茶的倒茶待客礼仪

倒茶礼仪是一门值得深究的学问。它既适用于客户来公司拜访，同样也适用于商务餐桌。举手投足之间不仅体现了自身的教养，同时也是礼貌待客的一种体现。

（1）茶具要清洁。

客人进屋后，先让座，后备茶。冲茶之前，一定要把茶具洗干净，尤其是久置未用的茶具，难免沾上灰尘、污垢，更要细心地用清水洗刷一遍。在冲茶、倒茶之前最好用开水烫一下茶壶、茶杯。这样，既讲究卫生，又显得彬彬有礼。如果不管茶具干净不干净，胡乱给客人倒茶，就是不礼貌的表现。人家一看到茶壶、茶杯上的斑斑污迹就反胃，怎么还愿意喝你的茶呢？现在一般的公司都是用一次性杯子，在倒茶前要注意给一次性杯子套上杯托，以免水热烫手，让客人无法端杯喝茶。

（2）茶水要适量。

放置的茶叶不宜过多，也不宜太少。茶叶过多，茶味过浓；茶叶太少，冲出的茶没啥味道。假如客人主动介绍自己喜欢喝浓茶或淡茶的习惯，那就按照客人的口味把茶冲好。倒茶时，无论是大杯小杯，都不宜倒得太满。太满了容易溢出，把桌子、凳子、地板弄湿，一不小心还会烫伤自己或客人的手脚，使宾主都很难为情。当然，也不宜倒得太少。倘若茶水只遮过杯底就端给客人，会使人觉得是在装模作样，并不是诚心实意。

（3）端茶要得法。

按照我国的传统习惯，只要两手不残废，都是用双手给客人端茶的。但是，现在有的年轻人不懂得这个规矩，用一只手把茶递给客人了事。双手端茶也要注意，对有杯耳的茶杯，通常是用一只手抓住杯耳，另一只手托住杯底，把茶端给客人。没有杯耳的茶杯倒满茶之后周身滚烫，双手不好拿稳，有的人不管三七二十一，用五指捏住杯口边缘就往客人面前送。这种端茶方法虽然可以防止烫伤事故发生，但很不雅观，也不够卫生。

（4）添茶要及时。

如果上司和客户的杯子里需要添茶了，就要马上去帮他们添茶。你可以示意服务生来添茶，也可以让服务生把茶壶留在桌上，由你自己亲自来添。当不知道该说什么话的时候，添茶是避免冷场的好办法。当然，添茶的时候要先给上司和客户添茶，最后再给自己添，这样也体现出自己对上司和客户的尊重。

### 三、客家民系

1. 客家民系生活的自然环境

客家主要是以自己独特的语言和风俗而与广府、潮汕相区别的。客家民系主要分布在广东北部和东部的 20 多个市县，主要分布于今粤东的梅州、河源地区和粤北的韶关地区。客家居住的地区是距海遥远的内陆山区，位于赣江上游、汀江流域和梅江流域，除了主流谷地较为开阔外，其余都是崎岖的山地。

2. 客家民系的语言

客家话是广东客家地区流行最广泛的、使用人数最多的语言。客家先民是最后一批进入岭南的中原人。客家移民的最大特点莫过于他们所说的客家话。

3. 客家民系的民居

客家人保持着聚族而居的习惯。客家民居最简单的形式是一长方形的居室，正中是堂屋，两侧是住房，流行于粤中、粤北的一些贫苦山区。其他的以门楼屋、堂屋、横屋为基本类型。

刻着移民痕迹的客家民居，其中一种颇具特色的民居类型是大围楼屋，这种民居的外形或圆或方，犹如堡垒。大的围楼屋，一座占地达 20 亩，高达 33 米，一般为 3～5 层不等。整座大楼只设一个大门，门板厚实坚固。大围楼屋内开有水井。一层是杂物房、牲口栏及厕所等；二层多是粮仓，也可住人；三层以上住人。所有房屋厅堂，都按族内小家庭的多少，沿内圆周间隔而成。现在梅县的大埔县还有不少这种围楼住宅。

4. 客家民系的饮食

客家人以稻米为主食，辅以甘薯。以前习惯早上煮饭，供一天食用。客家人嗜食熟米。

5. 客家待客礼

客家人的礼节很多，很繁杂，只能略举几例。客家人是汉民族中的一支优秀民系，自古以来以重礼、讲规矩著称。人与人之间相互信任，保持着良好的人际关系。怙恃与子女之间，亲属之间，邻居之间，长辈与晚辈之间都有一定的礼节。这种礼节人人都得遵守，若不遵守，就会被人耻笑。

（1）待客。

客人光临，男客人由男人陪坐、敬烟，女人奉茶。不能"打赤膊""穿内裤"接待客人，亦不能随意弯腰曲背、跷"二郎腿"，或抠鼻子、玩脚丫。奉茶也很有讲究，单独奉茶给客人时要用双手端，客人多时用托盘端茶。客人接茶时要起身，不起身要说"对不起，我没有起身"，主人回答"不用客气"。端茶时用右手五指，左手四指，寓意"五湖四海皆兄弟，人生何处不相逢"。

（2）进餐。

主人与客人进餐时，要请客人或长辈坐上席，宴席上给客人斟酒要按座席的尊贵次序。这些规矩目前仍很讲究，尤其是在农村。在席上，主人要给客人盛饭，招呼客人吃菜。客人不能随意坐其他客人的座位，不能脚踏别人的凳子横木，夹菜时只能夹靠近自身一方的菜，不能乱夹乱挑。席上先吃饱的人不得先行离席，要把筷子搁在自己的饭碗上表示等候之意（如遇有全席人把筷子搁在饭碗上，则表示不满或表示没有吃饱），或说一声"请慢吃，对不起，我没有等你"。

（3）送客。

当客人提出要走时，主人要先挽留，客人确实要走，主人应为客人拿物、开门、送出大门。客人说"请留步"，主人才与客人拱手或握手告别。多人同行的，客人中的长辈或老者先行。

客家人另有很多礼节，如子女早晨起来、晚上临睡要向长辈问安，晚辈外出回来要给长辈打招呼，这是不可违逆的礼节。亲友办红、白喜事要主动相帮，互送礼物，便是平时有了什么新鲜食品，均要与邻里共享等。

## 项目实训

### 一、技能训练

（1）演示壮族、满族、回族的习俗。
（2）演示埃及、俄罗斯、美国、日本的习俗。
（3）演示佛教、基督教、伊斯兰教的礼仪。
（4）演示广东三大民系——广府、潮汕、客家的习俗。

### 二、实战应用

Chen Hua works in American's ABC Company which located in Beijing. He finds his American friend Amy in the restaurant.

C: Amy, you're here. Great!

A: Will you join me?

C: Well, I have something to ask you.

A: What is it?

Service Etiquette for Tourism

C: My colleague is going to have a wedding in two weeks.

A: Where is the wedding going to be held?

C: The wedding is going to be held in Beijing, but since the bride and groom are American, it'll be an American wedding.

A: How interesting!

C: They do not return to the United States to get married because the family want to travel in China.

A: I can't blame them for wanting to see this beautiful part of the world where their relatives live and work.

C: I have the opportunity to experience American-style wedding, but I also encountered some problems.

A: I can probably guess what some of them are.

C: I remember you said that to RSVP as soon as possible, regardless of whether attending a wedding.

A: So did you?

C: The invitation has a mailing card and an envelope, and I have already filled out mail.

A: Sounds as if you have it all figured out, Chen Hua.

C: But I don't know what kind of gift I should prepare for them. I guess you can give some advice.

A: It is a tradition in change so you need to pay attention to what the bride and groom want.

C: How could I know what they want?

A: In today's wedding world, couples often register for gifts with an online registry.

C: What is online registry?

A: It's a wedding site on the Internet. Couples use registries to indicate gifts they like or need. You just go to the site they indicate and order. If the bride and groom have registered, they will send you the website as part of the invitation or in a follow-up e-mail.

C: The invitation seems to have a website, but I didn't pay attention to it. Well, I will go back and take a look at their registered gift list.

A: That's the idea.

C: I'm going to buy the gift listed, and give it on the wedding day.

A: Oops. Bad idea.

C: Why? I'd like to see how happy they are when receiving the gift.

A: Chen Hua, they will not open presents during the wedding ceremony or reception.

C: Why?

A: It is not part of the American tradition and it only complicates things.

C: I don't understand.

A: When the bride and groom have left the event, a family member or friend has to gather any gifts that were brought to the wedding and be responsible for keeping them for the newly-weds until they return from their honeymoon.

C: Will it be troublesome?

A: It could be a lot to manage.

C: So it's better to send the gift before the wedding day.

A: You got it!

## 习题与实践

1. 课堂讨论题

我国人数最多的三个少数民族是哪三个？

2. 自测题

（1）三月三歌节又叫歌圩，是广西壮族人民十分喜爱的传统节日。歌节一般持续3天，地点在离村不远的空地上，以（　　　）为主体，很多人前来参加和旁观助兴，有的歌圩参加者可达数万，规模巨大。节日清晨，三五成群的青年人身穿节日盛装，带上红蛋、绿蛋和五色糯米饭，女青年还带着绣球，从四面八方汇集而来，成双结队进行对歌。抛绣球、碰红蛋具有（　　　）的双重意义。歌圩期间，不少地方还有舞龙、舞狮、表演拳术和舞蹈等节目，充分体现了壮族人民的乐观豪放和勤劳向上的性格。

（2）客人到了满族人家做客，不准随便坐西炕，因为西炕最为尊贵，是（　　　）的地方。

（3）回族忌食（　　　）的动物。我们一定要尊重他们的这一禁忌。在向他们馈赠礼品时，注意不要混进忌食的食品，如果是肉类和糕点最好选择回族生产的打着"清真"字样的产品。在与他们交谈时，也尽量避免出现回族禁忌的词汇。

（4）埃及人在工作中对小费极为重视，并且将其作为日常收入的重要组成部分，在埃及不给（　　　），往往会举步维艰。与埃及人交谈时，应注意下列问题：一是男士不要主动找妇女攀谈；二是切勿夸奖埃及妇女身材窈窕，因为埃及人以（　　　）为美；三是不要称道埃及人的物品，他们会认为你想要（　　　）；四是不要与埃及人讨论宗教纠纷、中东政局。

（5）俄罗斯人非常崇拜盐和马，他们认定：盐具有（　　　）的力量，马则会给人们带来（　　　）。他们对兔子的印象大都极坏，并且十分厌恶黑猫。在俄罗斯打碎镜子和打翻盐罐，都被认为是极为（　　　）的预兆。

（6）跟美国人相处时，要注意体态语的运用，他们一般忌讳盯视他人、冲别人伸舌头、用食指指点他人等体态语言。另外，与之保持适当的距离也是必要的。美国人认为，（　　　）不容侵犯，因此在美国碰着别人要及时道歉，坐在他人身边要征得对方许可，谈话切勿距对方过近。

（7）日本人很爱给人送小礼物，但下列物品不包括在内：（　　　）。在包装礼品时，（　　　）扎蝴蝶结。日本人注重公德，尊老爱幼，对于在公共场所的禁烟能够自

觉遵守，所以，所有的日本人都（　　　）让别人给自己敬烟。日本人右手的拇指与食指合成一个圆圈时，不像英美人那样表示"OK"，而是表示"钱"。在日本，邮票不能倒贴，因为这表示（　　　）。

3. 复习思考题

怎样给客人端茶？

4. 综合实训题

将来自广东不同地域的同学分成几个小组，各小组展示家乡习俗，并写出书面报告。

### 本模块小结

有效运用仪容、仪表、仪态、用语礼仪有助于形成良好的第一印象，了解我国主要少数民族礼仪、主要客源国礼仪、宗教礼仪以及广东地区三大民系的习俗将使学习者的礼仪学习更加具有特色和针对性。

### 知识拓展

1. 民族习俗

某酒店入住了一少数民族团体，团体中美丽的少女们都戴着一个很漂亮的鸡冠帽。酒店里有名男员工与他们混熟后，出于好奇，用手摸了一下其中一位少女的帽子，结果闹到族长那里去，族长以为这名男员工爱上了那位少女，要向她求婚。后经酒店领导出面调解，二者最终以兄妹相称。

【分析提示】在历史上这个少数民族曾在一夜里受到外族的入侵，恰巧一公鸡鸣叫，唤醒了人们，才免去了一次灭族之灾。此后，为了纪念这只公鸡，村里美丽的少女都戴上鸡冠帽，男子一触摸就表示求婚。因此在与少数民族的交际中，应了解并尊重少数民族的风俗习惯，不做他们忌讳的事，只有这样才有利于各民族之间平等友好的交往。

2. 国别习俗

国内某家专门接待外国游客的旅行社，有一次准备在接待来华的意大利游客时送每位客人一件小礼品。于是，该旅行社订购制作了一批纯丝手帕，是杭州制作的，还是名厂名产，每个手帕上绣着花草图案，十分美观大方。手帕装在特制的纸盒内，盒上又有旅行社社徽，是很特别的小礼品。中国丝织品闻名于世，料想会受到客人的喜欢。

旅游接待人员带着盒装的纯丝手帕，到机场迎接一批来自意大利的游客。在车上，他先热情、得体地致了欢迎词，然后代表旅行社将手帕礼物赠送给每位客人。

没想到车上一片哗然，议论纷纷，游客显出很不高兴的样子。特别是一位夫人，大声叫喊，表现得极为气愤，还有些伤感。旅游接待人员心慌了，好心好意送人家礼物，不但得不到感谢，还出现这般景象。中国人总以为礼多人不怪，这些外国人为什么怪起来了？

【分析提示】在意大利和西方一些国家有这样的习俗：亲朋好友相聚一段时间告别时才送手帕，取意为"擦掉惜别的眼泪"。在本案例中，意大利游客兴冲冲地刚刚踏上盼望已久的中国大地，准备开始愉快的旅行，你就让人家"擦掉惜别的眼泪"，人家当然不高兴，要议论纷纷。那位大声叫喊而又气愤的夫人，是因为她所得到的手帕上面还绣着菊花图案。菊花在中国是高雅的花卉，但在意大利则是祭奠亡灵的。人家怎能不愤怒呢？本案例告诉我们：旅游接待与交际场合，要了解并尊重外国人的风俗习惯，这样做既对他们表示尊重，也不失礼节。

# 模块 2　旅行社服务礼仪
## (Etiquette of Travel Agency Service)

**任务目标**

　　了解旅行社各部门工作人员的服务礼仪，掌握导游接待游客住店用餐以及游览购物等方面的礼仪，掌握计调人员在接电话、接待以及预订工作中的礼仪，熟悉外联人员的交谈礼节和宣传礼仪。

## 项目 1　导游服务礼仪（*Etiquette of Tour Guide Service*）

**案例引入**

　　小张是某旅行社的导游员。一天，他接了一个 30 人的大团。旅行团中有一位游客嗜好吸烟，在吃饭以外的任何场合都吸烟，即使在贴有"请勿吸烟"告示的旅游车上也不例外。在旅游团游览一文物保护单位时，嗜烟游客在禁止吸烟的地方吸烟，并把烟蒂随手扔在一个角落，管理人员要求罚款，嗜烟游客坚决拒付，声称没有看到"请勿吸烟"的告示牌。但管理人员坚决要罚。导游员小张上前劝解，嗜烟游客反而责怪小张事先没有提醒自己。小张自己拿出 20 元钱了结此事。

**提出问题**

　　尽管嗜烟游客称未看到"请勿吸烟"的告示牌是借口，导游员小张替客人缴罚款的做法还是得到了游客们的认同，"违法者"也许会在一定程度上"知趣"，但这不是根本的解决方法。导游员小张到底应该怎么做才更恰当呢？

　　我们小组的回答是：
_____
_____

**相关知识**

　　在我国，导游人员是指依照我国《导游人员管理条例》的规定取得导游证，接受旅行社委派，为旅游者提供向导、讲解及相关旅游服务的人员。按业务范围划分，导游人员可分为海外领队（出国游领队和港澳游领队，统称"领队"）、全程陪同导游员（简称

"全陪")、地方陪同导游员(简称"地陪")和定点导游员(包括景点、景区导游员和博物馆讲解员等)。

旅游业中最具代表性的工作无疑是导游工作。导游人员是旅游接待工作中第一线的关键人员,是"旅行社的一面镜子",反映出旅行社的对外形象。导游人员的服务礼仪体现在着装、使用和理解语言的能力、行为、社交技能以及对待工作和游客的礼貌和态度等方面。

> A tour guide is the one who officially accredited by tourism authority, and assigned by a travel agency, offer guiding, interpretation and other relevant travel service for tourists. There are national guide, local guide, spot guide and tour escort or tour manager. The different tour guides act different roles in guiding work.
>
> The professionalism of a tour guide represents not only her/his own personal appearance and behavior, but also that of the company she/he works for as well as the country. How professional a tour guide is will depend on how she/he dresses, her/his ability to use and understand languages, her/his manners and social skills and attitude toward the work and the people they are providing services to.

## 任务1　导游迎送游客服务礼仪 Etiquette of Greeting and Farewell

对于导游来说,迎送游客是一项非常重要的工作。迎送工作的质量将直接影响游客对导游、旅行社甚至目的地国的印象和评价。迎接游客和送别游客分别标志着一项完整的旅游接待工作的开始和结束。任何一点疏忽或者礼仪的欠缺都可能导致整个导游接待工作的功亏一篑。

> Greeting and bidding farewell to tourists are important jobs for a tour guide, because they are directly collected with tourists impression and appraisal on the travel agency and the tour guide who conducted the tour.

### 一、接团服务礼仪

导游人员的迎接服务礼仪实训主要包括旅游团到达前的准备工作礼仪、接团工作礼仪、致欢迎辞礼仪和入住酒店礼仪等几个环节。

1. 旅游团到达前的准备工作

接到接团任务后,导游人员应认真熟悉接待计划,了解旅游团的基本情况和行程安排。在旅游团到达的前一天仔细核对、落实接待车辆、就餐安排和住房情况。带好各种导游必需品,包括导游IC卡、行李牌、导游喇叭、导游旗和接站牌等。做好仪容仪表准备,做到仪容仪表整洁大方。

2. 接团工作

遵守时间是最重要的礼节。导游人员应提前30分钟抵达机场(车站、码头)迎候旅

游者，当旅游者乘坐的交通工具抵达后，要佩戴好导游IC卡，举着接站牌在出口醒目位置迎接旅游者。旅游者出站后，应尽快从出站旅游者的特征、人数和组团社的社旗主动认找自己的旅游团，及时与领队、全陪取得联系，并礼貌地向全体旅游者表示欢迎及问候。接到旅游团后，认真核实实到人数，集中处理行李，与全陪、领队一起清点行李。确认无误后提醒旅游者带齐随身物品并引导旅游者至停车位置，站于车门一侧，面带微笑，协助旅游者上车，旅游者落座后认真清点人数，但不宜用手指点，到齐后请司机开车。

3．致欢迎辞

车子启动以后，导游人员应站于车厢前方，面向旅游者致欢迎辞，包括自我介绍、介绍全陪和司机等，并祝愿旅游者身体健康、心情愉快。致欢迎辞时，态度热情、感情真挚，内容依情况而异，用词要恰当，不可过于拘谨，也不可夸夸其谈，给人以不信任感。导游人员讲话时音调轻柔甜美，音量适中，手势简练，举止大方。

4．入住酒店

到达入住的酒店后，导游人员先下车立于车门一侧，礼貌地协助旅游者下车，提醒旅游者携带好随身物品，尽力协助全陪和领队办好入住手续，分发好房卡、钥匙，并向旅游者介绍酒店内的设施情况。向旅游者介绍就餐形式、时间、地点及住店的注意事项。向全体旅游者宣布当天和第二天的活动安排、集合时间和地点。协助处理好旅游者住店的各类问题，带领旅游者用好第一餐。旅游者到餐厅用第一餐时，地陪应主动迎接。要尊重旅游者的宗教信仰、风俗习惯，特别注意他们的宗教习惯和禁忌。旅游者进餐时，导游要了解旅游者对餐饮的反应和供应情况。如发现有饭菜不洁、变质、发霉等情况，要主动与餐厅主管进行交涉，要求其按标准重新提供，并向旅游者赔礼道歉。

【特别提示】

导游人员在迎接旅游者时严禁出现以下情况：

（1）接到接团任务后，不认真熟悉接待计划；团队到达前未核对、落实接待车辆、就餐安排和住房情况；导游必需品没带齐。

（2）未能提前到达机场（车站、码头）迎候旅游者；旅游者乘坐的交通工具抵达后，未能在出口醒目位置迎接旅游者；旅游者出站后，未能积极主动认找自己的旅游团，未能及时与领队、全陪取得联系；接到旅游团后，未能与全陪、领队一起清点行李。

（3）致欢迎辞不能因人而异并结合旅游者的心理特征。

（4）到达入住的饭店后，自顾自地去与前台联系，不帮助旅游者下车；不向旅游者介绍酒店内的设施情况；不向旅游者介绍就餐形式、时间、地点及住店的注意事项；不向全体旅游者宣布当天和第二天的活动安排、集合时间和地点。

## 二、送客服务礼仪

送别是导游人员为旅游者提供的最后一项服务，导游人员在送别旅游者的过程中体现出的热情和周到，会给旅游者留下良好印象。

导游人员的送客服务礼仪实训主要包括送别准备工作的礼仪、离店礼仪、致欢送辞礼仪及送团礼仪等几个环节。

1. 送别准备工作

提前核实交通票据，核对团号、人数、去向、班次（车次）、时间等。与领队、全陪、饭店行李员、旅行社行李员商定交接行李时间，然后向旅游者讲清托运行李的有关规定和注意事项。与旅游车司机商定出发时间，再与领队、全陪商定出发时间，最后通知全体旅游者。将旅游团出发时间告知饭店，请其提供叫早服务。帮助饭店结清与旅游者有关的账目。

2. 离店服务

收齐旅游者需要托运的行李，与领队、全陪共同清点行李件数。将清点好的行李交与行李员，并当着行李员的面再次清点数量，然后填写行李运送卡。如无特殊情况，在中午12点前办理退房手续，也可请有关人员办理。退房后，照顾旅游者上车。待旅游者都坐好后，再一次清点人数，并提醒大家检查随身物品是否带好。

3. 送行并致欢送辞

在旅游车内，地陪可酌情对已游览的景物进行讲解，并回顾此次旅游的活动内容，将《旅游服务质量评价表》发给全体旅游者，请其填写。旅游车驶进站点前，地陪应向旅游团致欢送辞。致欢送辞时要真挚、留有余地，根据旅行团的情况有针对性地调整欢送辞的内容和运用的语言。

4. 送团

到达机场（车站、码头）后，要协助旅游者下车，提醒其带好随身物品，检查车内是否有旅游者遗忘的物品。协助旅游者办理好离站手续，与旅行社行李员取得联系，将行李票据、行李托运单一一清点，最后交给领队或全陪，将旅游者送至站台或机场安检处。待旅游团进站后，地陪方可离开。

【特别提示】

导游人员在送别旅游团时严禁出现以下情况：

（1）旅游团离开前一天，导游人员未核实旅游团团名、代号、人数、去向、航班号、起飞时间和机场（车站、码头）名称等；未与全陪、领队商量，擅自决定行李出房时间、用餐和离开酒店时间；线路安排上未能为旅行团到达机场（车站、码头）留出充裕的时间。

（2）未提醒旅游者结清酒店账目、带好随身携带物品，造成行程延误；未提醒旅游者检查所带物品是否遗留；未自我检查是否保留有旅游者证件。

（3）到达机场（车站、码头）后，未检查车内有无旅游者遗留的物品。

## 任务2　导游沟通协调服务礼仪
### Etiquette of Communication and Coordination

导游人员沟通协调服务礼仪实训主要包括旅游过程中导游人员与旅游者初次见面谈话的礼仪、旅游过程中与旅游者问候的礼仪、旅游过程中与旅游者交谈的礼仪、旅游过程中与旅游者交往的礼仪、旅游过程中与旅游者发生分歧时沟通的礼仪、旅游过程中与领队沟通的礼仪、旅游过程中与接待单位沟通的礼仪，以及旅游过程中面对抱怨、投诉时的礼仪等几个环节。

> The work of tour guides can be very stressful as they serve as bridges that link together customers, usually a group of strangers of diversified interests and preferences, and travel products, the quality of which is beyond the control of guides. Thus, it is very important for tour guides to pay attention to their etiquette during communication and coordination between different parties.

### 一、旅游过程中与旅游者初次见面的谈话

初次与旅游者见面，应表现得热情大方、谦虚谨慎、坦诚相待，给旅游者留下较好的印象。导游人员应时刻注意自己的身份和形象，做到仪容、仪表得体，仪态良好。

### 二、旅游过程中与旅游者的问候

在旅游过程中与旅游者见面时要向他们问候和致意。向旅游者问候时，距离不宜太远，应目视对方，说话声音能使对方听清为宜。问候语常用"您好""早上好""下午好""晚上好"。若知道对方姓名，就应加上姓氏称呼对方。

### 三、旅游过程中与旅游者的交谈

与旅游者谈话时，态度要认真诚恳，表情自然，语调亲切，目光坦率诚实，目视游客，语言文雅得体，表达恰如其分、简洁明了。谈话最好从天气、新闻、娱乐等中性话题谈起。与国外旅游者交谈时，要避免关个人、身体、宗教信仰、对方国家内政等话题。在与旅游者进行谈话时，要多留时间让对方说话，以获得更多的信息，同时注意观察对方的表情和态度。与旅游者交谈时，若没有听清，或需要发问时，可适当地以简短发问的方式插入问话，应注意提问不要过多、过频繁。避免旅游者无法回答或不愿回答的问题。若旅游者对谈话内容不感兴趣，则应换另一话题或就此终止谈话。与多位旅游者一起交谈时，要注意面向大家，不要冷落任何人，切忌只与其中的个别人窃窃私语。若要加入旅游者的谈话，需要事先打招呼，待说话者把话说完再发表意见。

### 四、旅游过程中与旅游者的交往

在与旅游者的交往中，要在调整和控制自己情绪的同时，调节好旅游者的情绪，充分调动旅游者的积极性，避免冲突的发生。当旅游者情绪较好时，应用风趣幽默的语言、引人入胜的讲解、合理恰当的活动让旅途充满欢声笑语。当旅游者情绪不好时，应适当调节气氛。为旅游者提供最大限度的行动自由和提问自由，回答问题尽可能简洁、准确，语气平和。

### 五、旅游过程中与旅游者发生分歧时的沟通

当与旅游者发生意见分歧时，应及时消除，以求得与旅游者的意见趋于一致。导游人员应把自己的意图明确地表达出来让旅游者了解，同时还要设法让旅游者说出自己的真实想法以达到相互了解，求得意见的一致。

## 六、旅游过程中与领队的沟通

带团过程中导游人员要与领队协调好关系,得到领队的理解、合作和支持。在整个行程中,要尊重领队,支持、配合领队的工作,遇事经常与领队商量,充分尊重领队的意见。

## 七、旅游过程中与接待单位的沟通

导游人员在带团的过程中,应及时和接待单位进行沟通协调。沟通过程中要坚持原则,相互尊重,相互合作,相互理解和支持,协助弥补对方接待服务过程中的不足。如接待单位出现随意更改接待标准、改变交通工具、减少游览景点等不正当行为,首先说服对方按协议执行,如对方一意孤行,则应采取必要的措施保护旅游者的利益。

## 八、旅游过程中面对抱怨、投诉时的处理

面对抱怨、投诉,不管是主观的还是客观的原因,不论责任是在导游人员还是其他部门、其他人员,都应认真地对待。在接受旅游者投诉时,导游人员要保持冷静,耐心倾听,不管旅游者的态度多无礼,投诉事情多小,都应采用恰当、合理的语言,真诚及时地向旅游者道歉,但不能盲目作承诺。协同有关部门一并获得旅游者的谅解,并对旅游者在投诉中反映的意见向其表示感谢。对一些重要的投诉或导游人员无法解决的问题要及时报告旅行社。

【特别提示】

导游人员在沟通协调的过程中,严禁出现以下情况:

(1) 在旅游活动中不注意自己的形象和言行。

(2) 向旅游者问候时手插口袋,嚼口香糖或叼着香烟。

(3) 与旅游者谈话时,态度傲慢无礼,表情做作;对旅游者躲躲闪闪、惶恐不安;夸夸其谈,谈话时使用生僻难懂的词语、本地方言或俚语;话题不恰当;与国外旅游者交谈时谈论关于个人、身体、宗教信仰及对方国家内政等话题;在与旅游者进行谈话时长篇大论,不倾听旅游者说话;旅游者对谈话内容没有兴趣时,仍然喋喋不休;与多位旅游者一起交谈时只与其中的个别人窃窃私语;在加入旅游者的谈话时,不事先打招呼,不等说话者把话说完就发表意见。

(4) 不注意观察旅游者的情绪;旅游者情绪不好时,表现得过于活泼;未能给旅游者提供足够的行动自由和提问自由。

(5) 对与旅游者之间的意见分歧视而不见;与旅游者解决意见分歧时,不冷静或直接发生争吵。

(6) 带团过程中未能与领队协调好关系,在整个行程中遇事不与领队商量。

(7) 遇到问题时互相推诿、指责;对接待单位出现随意更改接待标准、改变交通工具、减少游览景点等不正当行为,导游人员视若无睹。

(8) 面对抱怨、投诉,心灰意冷;被旅游者投诉时,没有一个良好的倾听过程;未能采用恰当、合理的语言向旅游者道歉;盲目作承诺。

## 任务3　导游带团游览和购物服务礼仪
### Etiquette of Visiting and Shopping

观光游览是整个旅游活动中最核心的一部分。旅游者在游览过程中的舒适愉悦程度与导游员的服务水平、敬业精神、礼仪修养息息相关。

> Visiting attractions are the motives why tourists take the time, money and effort to a destination, so it is the core and highlights of a tour. Showing tourists around usually hustling and bustling tour attractions are not easy for guides, as the job requires not only interpreting while moving, but also good skills in shepherding.

### 一、导游带团游览服务礼仪

导游人员的带团游览和服务礼仪实训主要包括仪容、仪表、仪态礼仪，带团游览服务前的准备工作礼仪，以及带团游览过程中的礼仪等几个环节。

**1. 仪容、仪表、仪态**

导游人员要随时注意保持自己良好的服务形象，在每次与旅游者的接触中都要注意自己的仪容、仪表、仪态和言行举止。导游人员应做到仪表整洁，称呼得体，谈吐大方，举止文雅，态度热情大方，办事稳重干练。

**2. 带团游览服务前的准备工作**

进行带团游览服务前，应做好相应的知识、心理和物品准备。带团时，应至少提前15分钟到达集合地点，落实车辆、票证和物品的准备情况，及时与领队、全陪沟通和交流信息，共同协商工作安排。先向旅游者主动热情打招呼，但不要主动与旅游者握手，当旅游者伸手时应热情大方地递握。核实清点人数，准时集合登车。提醒注意事项，重申当日活动安排。

**3. 途中礼仪**

带团游览要尽其所能地为旅游者介绍景点，尽职尽责，充分发挥自己的口才，熟练运用丰富的知识、幽默的语言、抑扬顿挫的语调和引人入胜的讲解来为旅游者服务。

讲解时态度要端正认真，不可手插衣服口袋、口叼香烟、嚼口香糖或吃零食，不可与无关人员聊天、长时间交谈，不能随意拨打、接听私人电话，如确有重要事情需要使用电话则应向旅游者致歉并说明原因。

讲解时应面向全体旅游者，不能背对旅游者或坐着讲解，眼睛看着全体旅游者，不可仅注视其中的一两人或看着其他地方。控制好讲解的音调、音量和语速。面部表情要亲切、自然、和蔼。既使每位旅游者都能听清讲解内容，又使旅游者感到轻松、愉快、舒适。

讲解时要遵循以客观实际为依据的原则，讲解景点的材料必须准确、真实，不能瞎编乱造。对说法不一或有争议的可忽略不讲或者选择有代表性的说法，请旅游者自己分析、判断。

讲解要有针对性，要因人、因时、因地而异，不能千篇一律。应根据旅游者的情况来选择恰当的讲解方法和内容，尽量使每位旅游者都满意、称心。

在讲解过程中善于运用身体语言来传递有声语言无法传递的信息，补充和强化有声语言，使讲解过程鲜明生动、风趣活泼，同时要注意动作幅度不宜过大、过于夸张。

讲解中要注意语言的文明优雅，不使用不文明的词语，不使用旅游者忌讳的语言，不讲下流故事和不文明笑话。

与此同时，导游还应留意旅游者的走向，防止旅游者走失，要特别注意旅游者安全，特别要照顾好老、弱、病、残、幼旅游者。要经常清点人数，提醒旅游者注意安全和保管好自己的贵重物品。

导游人员还要注意为旅游者做好文明游客的榜样，尊重老人和女性，爱护儿童，进出房间、上下车，要让老人、妇女先行，对老弱病残幼应主动给予必要的协助与照料。注意尊重他人隐私，政治、宗教敏感话题也不要谈论。旅游者提问时，要耐心听取，及时解答。导游过程中要平均分配自己的注意力，尽量照顾全体成员，不可冷落任何一位旅游者，要照顾、配合全体成员行走步伐的快慢。带团过程中，与旅游者在一起的时候，不得抽烟，不吃有异味的食品。与旅游者交谈时，话题应愉快、轻松、有趣。对旅游者不愿回答的问题，不要追问；遇到旅游者反感或回避的话题，应表示歉意，并转移话题。

【特别提示】

导游人员在带团游览过程中严禁出现以下情况：

(1) 导游人员不注意自己的形象。

(2) 进行带团游览服务前，没有做好相应的知识、心理和物品准备；带团时未提前到达集合地点；对早到的旅游者不理不睬。

(3) 讲解枯燥无味。

(4) 讲解时手插衣服口袋、口叼香烟、嚼口香糖或吃零食。

(5) 与无关人员聊天、长时间交谈；随意拨打、接听私人电话。

(6) 讲解时背对旅游者或坐着讲解，或仅注视其中的一两人或看着其他地方。

(7) 讲解景点的材料不准确、不真实；讲解内容千篇一律，不因人、时、地而异。

(8) 讲解中运用身体语言动作幅度过大、过于夸张。

(9) 讲解中使用不文明的词语，使用旅游者忌讳的语言，讲不文明的故事和笑话。

## 二、购物服务礼仪

旅游者在旅游过程中，会选购一些有地方特色的土特产以作纪念或馈赠亲友，导游人员应积极主动地给旅游者当好向导和参谋，应遵循以下服务礼仪。

1. 积极正确地引导

(1) 购物到指定商店。

导游要态度诚恳地提醒旅游者不要随便购物，不要到非旅游定点商店去购物。若购买古玩或仿古艺术品，导游应带其到文物商店去购买，并提醒旅游者保存好发票，不要将物品上的火漆印去掉，以便海关检验。

（2）客观真实地介绍商品。

导游要应旅游者之请，以客观公正的态度，介绍旅游产品，介绍要留有余地，引导旅游者按自己的需要进行购买。

（3）尊重旅游者做出的选择。

导游应尊重旅游者的选择，只有旅游者自己做出的自觉、自主的选择才是合理的选择。

2．耐心细致地服务

（1）不要主动为旅游者当参谋。

导游要了解游览地区的特色产品，并根据旅游者的基本资料，间接揣摩出旅游者的购物心理，根据不同旅游者的特点进行服务。注意，导游不要主动为旅游者当参谋，防止自己卷入到无端的购物纠纷中。

（2）处理好购物和观光游览的关系。

提高工作效率，处理好购物和观光游览的关系，正确认识购物是旅游计划的组成部分，合理安排购物的时间和次数，维护旅游者的合法权益，使购物和游览相互补充，提升旅游者满意度，提高自己的工作效率。

（3）遵守职业道德。

带旅游者购物时，应严格遵守导购职业道德，应将旅游者带到商品质量好、价格公平合理的商店，而不应该唯利是图，为了一点"好处费"昧着良心违背职业道德，损害旅游者利益。

## 项目实训

一、技能训练

（1）模拟导游接团服务，撰写欢迎辞，并进行讲解。
（2）模拟导游送团服务，撰写欢送辞，并进行讲解。
（3）模拟导游与旅游者发生矛盾的场景，注意导游人员处理的礼仪。
（4）模拟导游带团游览的过程，注意讲解的礼仪。
（5）模拟导游带团购物的过程，注意导购事项和礼仪。

二、实战应用

### Welcome Speech

Good morning, Ladies and Gentlemen. Welcome to Guangzhou, a bustling prosperous city representing the merit and achievement of modern China after it opened to the outside world more than 30 years ago. Are you eager to see the city? Yes? I am sure you will have abundant things to see and experience during this stop.

After the long flight you must be very tired, so now we are heading to our hotel directly so that you can get settled and have a good rest. It takes us about 40 minutes to get to the hotel, so let me introduce my team and our schedule in this city first.

Our driver is Mr. Wang. You can just call him Lao Wang. He has about ten years' driving and working experience in the travel industry. So you are in very safe and competent hands. My name is Li Ping. You can call me Lucy; if that's easier for you to remember. We are from China Youth Travel Service. On behalf of my company and my colleagues I'd like to extend a warm welcome to you. Welcome to Guangzhou.

Perhaps the first thing you need to pay attention to in this new stop is the coach you're sitting in. Our coach is a yellow Dawoo with CYTS painted on both sides and the number is… It's preferable that you remember the number so that you can identify the coach wherever necessary.

I will be your guide during your stay in this city. I am willing to do my best to make your visit a very pleasant one and I do want this to be the most memorable trip you've ever had. If you have any questions or problems, do not hesitate to ask. It will be my pleasure and honor to be at your service.

As you are in a different culture and country, I am sure there are things that you are not familiar with and things you may not feel comfortable. So please be straightforward if any problems arise. I also hope that you are as understanding as you can. As your guide, I highly appreciate your understanding and cooperation.

Besides, we all want to be able to see and do everything that's scheduled. We want to be efficient. No one wants to be sitting on the coach waiting for one or two people each morning, right? So, why don't we all agree right now to be considerate to everyone and not keep anyone else waiting. OK?

Now let me introduce our schedule in Guangzhou…

## 习题与实践

1. 课堂讨论题

（1）旅行团中有一个旅游者心脏病发作，地陪应如何处理？

（2）旅行团飞抵某城市后，部分旅游者听说晚上有地下歌舞团的艳舞表演，要求导游带领前往观看。假如你是全陪，将会怎样处理？

2. 按括号里面的汉语完成下面的英语对话

（1）（A = Local guide, B = Tour leader, C = Receptionist）

C: Good evening! Welcome to our hotel.

A: ①_____（晚上好！我需要一个套房，8个单人间和3个双人间）.

C: Have you made a reservation?

A: Yes. ②_____（我们是为一个德国团队预订的）. ③_____（我来自中旅，该团共有15个游客，团号为GZCITS – A070828）.

C: I'm sorry, but I don't see your reservation here.

A: ④_____（我们肯定办过预订，因为我三天前还确认过）. ⑤_____（你可以再查一下吗？或者联系销售部）？

C: All right. Let me check again. Ah, yes, here it is. We have one suite, eight singles and three twins for CITS.

B: ⑥_____（有什么问题吗）？

A: No, everything is all right.

B: ⑦_____（客房都准备好了吗）？

C: Yes, they are. May I have your passports, please?

B: Sure. Here you are.

C: Thank you. Would you please fill in these registration forms?

B: ⑧_____（登记表填好了。我们可以拿钥匙吗）？

C: Here are the keys. Have a pleasant stay in our hotel.

B: Thank you very much.

（2）（A = Tour leader, B = Local guide）

A: It seems everything is settled. Shall we have a discussion about the itinerary, Mr. Liu?

B: Certainly. ①_____（这是我草拟的临时方案）。②_____（请看一看再告诉我您的意见）。

A: Well, it seems that the itinerary is not suitable for the older tourists.

B: ③_____（是不是一切都要缓慢而放松）？

A: Yes, they want to have a relaxing holiday.

B: ④_____（要不我把叫早推迟到8点半）？

A: That would be nice.

B: ⑤_____（如果迟起床，可能没法参观计划里的某些地方）。

A: That doesn't matter.

B: ⑥_____（那他们对什么感兴趣，我们该减去什么节目）？

A: Don't worry about that. They have already given me a list of tourism attractions that they would like to see.

B: Good. ⑦_____（可以让我看一看吗）？

A: Can you put these activities into the new itinerary?

B: ⑧_____（这对我来说并不难）。

A: Wonderful! They will appreciate it if you can meet their requests.

B: It's my pleasure. ⑨_____（这是我的手机号码。如果你遇到困难，务必联系我）。

A: Sure. Thank you.

3. 综合实训题

完整模拟一个导游接团、带团、送团的过程，注意各个环节的服务礼仪。

# 项目 2　计调人员服务礼仪
(*Etiquette of Tour Operator's Service*)

## 案例引入

某校的教师于暑假期间组织集体去黄山等地度假旅游,负责联系的老师在上午刚上班时就来到某知名旅行社咨询报团事宜。该旅行社的接待人员正聚在一起聊天,见到有人进来,并没有人主动接待,而是继续聊天。这位老师只好打断她们的谈话,咨询报团事宜。这时一个接待小姐极不情愿地说:"您说吧。"但并未请这位老师坐下。老师觉得对方的态度很傲慢,一气之下便说:"你们这里好像还没有开始上班呢,我还是去找其他上班较'早'的旅行社吧!"说罢拂袖而去。

## 提出问题

作为负责顾客接待的旅行社员工,应该严格要求自己,不断提高个人素质,时刻不忘在接待顾客时应该表现出的合体的着装礼仪、介绍礼仪、交谈礼仪。因为作为接待顾客的旅行社服务人员,他们所代表的已经不仅限于个人的素质水平和精神风貌,更多的是代表旅行社的面貌,是旅行社对外的旗帜。作为旅行社的接待人员,应该怎么做才能让顾客满意呢?这单业务还有可能挽回吗?

我们小组的回答是:_____
_____

## 相关知识

旅行社通过外联招徕客源,而接待前的准备工作则由计调人员负责。计调是计划调度的简称,担任计划调度工作的人员,在岗位识别上被称为计调人员、线控、团控和担当等,业内简称"计调"。计调人员的主要任务是按接待计划落实团队在食、宿、行、游、购、娱等方面的具体事宜,以确保行程和日程的正常进行。计调人员应广泛搜集和了解不断变化的旅游市场信息及同行的相关行情,对同行旅行社推出的常规的、有特色的旅游线路逐一进行分析,力推本旅行社的特色线路及旅游方案。计调人员在协调、安排市郊及周边地区旅游团旅游时,在配备有关交通服务、导游服务方面,要做到有备无患;在安排旅游者的吃、住、玩等活动时,尽量考虑周到;在确保团队质量的前提下,力争"低成本、高效益"。另外,计调人员要当好"管家",在每次旅游团旅游完毕回团后,导游、司机报账时,要严格把关,并与财务部仔细核对账目,确保准确无误。

Service Etiquette for Tourism

A tour operator typically combines tour and travel components to create a holiday. The most common example of a tour operator's product would be a flight on a charter airline plus a transfer from the airport to a hotel and the services of a local representative, all for one price.

## 任务1　计调人员的业务预订和确认礼仪
### Etiquette of Booking and Confirming Service

旅行社掌握着大量从旅游产品批发商那里以批发价格获得的旅游产品，在线路组合成功并确认出售后，计调人员的任务主要是与食、宿、行、游、购、娱中所涉及的所有批发商进行再一次确认，如订房、订餐和订车等。这是计调人员与相关业务单位的有关工作人员的工作接触。

Holiday booking and confirming is a very important task for a travel agent in Operation Department. The travel agent is mainly responsible for confirming with all the travel suppliers, such as catering, accommodation, transportation, sightseeing, shopping and entertainment, and booking travel services for specific holiday.

计调人员的业务预订、确认礼仪实训主要包括打电话前的准备工作礼仪，与旅游汽车公司进行业务预订的礼仪，与宾馆进行住宿预订的礼仪，以及与酒店订餐的礼仪几个环节。

### 一、打电话前的准备工作礼仪

在旅游团确认之后，计调人员应马上根据旅游者的需求进行旅游产品的搜索，将整个行程安排好后，就开始安排接待单位。将与旅行社已有业务约定的接待单位的电话及服务合同找到，以熟悉双方约定的所有事宜。

### 二、与旅游汽车公司进行业务预订的礼仪

打电话前应当对旅游团的用车要求了如指掌，并事先安排好车型及数量。打电话进行预订时一定要注意表达清晰、准确。打电话时首先应询问想要的车型能否订上、能订几辆。确认价格与合约中的价格是否有出入。告知用车的起始时间。协商付款方式。将协商好的汽车情况记录好，包括车型、车数、车况、付款方式、司机姓名及联系方式。

### 三、与宾馆进行住宿预订的礼仪

打电话前应当对旅游团的住宿要求了如指掌。打电话进行预订时要表达清晰、准确。打电话时首先应询问该酒店或宾馆提供的房间是否符合标准，然后告知使用房间的数量及使用时间。确认价格与合约中的价格有无出入。告知旅游团首日下榻的大约时间。协商付款方式。将协商好的住宿情况记录好，包括房型、房数、付款方式、预订联系人姓名及联系方式。

### 四、与酒店订餐的礼仪

打电话前应当对旅游团的餐饮要求了如指掌。打电话进行预订时要表达清晰、准确。打电话时首先应询问该酒店能不能提供旅游者要求的菜肴。得到肯定后询问能否在该时间提供团队餐。向对方提供团餐的要求及餐标，看对方能否达到要求。有些酒店还须专门确认导游与司机陪餐的供应情况。告知导游再确认的大约时间。协商付款方式。将协商好的用餐情况记录好，包括餐标、人数、付款方式、预订联系人姓名及联系方式。

**【特别提示】**

计调人员在进行业务预订和确认时严禁出现以下情况：

（1）旅游团确认后，不进行行程的梳理就安排接待单位，出现如住宿地离游览地过远等问题，对旅行社与汽车公司的约定情况不熟悉。

（2）打电话前不熟悉旅游团对车的要求；打电话预订时未能清楚表达自己的意思；订车时未对价格进行核对；不协商付款方式；不记录预订好的汽车情况及司机的姓名和联系方式。

（3）对旅游团住宿的要求一无所知；打电话预订客房时未能清楚表达；打电话时不问该酒店是否符合旅游者的要求；未询问酒店大约时间段里有没有足够数量的标准房间就进行预订；不确认价格；不告知旅游团首日下榻的大约时间；不协商付款方式；不记录协商好的住宿情况。

（4）打电话对旅游团的餐饮要求不清楚；打电话时没有表达清楚；打电话时没有先询问该酒店能否提供旅游者要求的菜肴；得到肯定答案后没有询问能否在约定时间提供团队餐；未提供给对方团队餐的要求及餐标；未告知导游再确认的大约时间；未协商付款方式；未将协商好的用餐情况记录好。

## 任务2　计调人员的计调服务礼仪 Etiquette of Tour Operation

计调人员与提供旅游产品的客户进行接洽，落实好食、宿、行、游、购、娱等方面的具体事宜后，就将所有接待事宜交到导游手中，由导游进行以后的接待工作。当旅游团接待任务结束后，导游将各种票据、钱款交回旅行社。所以，计调人员与导游的沟通协作是其中一项重要的工作内容。本实训项目就是针对计调人员为导游制出团单、安排线路和报账的礼仪而设置的。

> After confirming with different reception suppliers, the travel agent in Operation Department should assign reception tasks to specific tour guides and give them group notification. When tour guides finished reception work, tour operators need to handle bills with tour guides.

计调人员为导游制出团单、安排线路和报账的礼仪实训主要包括制团单礼仪，告知线路情况礼仪，与导游一同对线路服务进行计划的礼仪，帮助导游领取团款和导游用具的礼仪，指导导游对在旅行途中出现的意外事件进行处理的礼仪，以及旅行结束后与导

游进行报账和结算的礼仪等几个环节。

## 一、制出团单

一般使用旅行社多年来的格式团单。将旅游团的所有情况用行业简略语言写在团单的最前边。书写团单时一定要字迹清楚、用词简练。须将整个旅行中的行、食、宿、游、娱各个环节的预定联系人姓名及联系方式写入团单，将各个环节的结算方式及结算款数额清楚地标注在每一个环节之后。团单备注中写入旅游团在服务上的特殊要求。

## 二、告知线路情况

首先向导游叙述旅游团的所有旅游景点，附带说明旅游团的用车、住宿和用餐情况。将团中除成人外的特殊成员向导游进行说明，主要告知特殊成员的用车、住宿、用餐、门票情况及款项结算情况。对早餐情况进行说明，说清楚旅游团早餐是否为住宿酒店免费供应。对正餐情况进行说明，对于没有特殊要求的正餐，如在景区游玩时间不好控制的最好由导游选择用餐地点（请导游一定要注意用餐地点，选择卫生、大型的饭店，餐标按照团单上的价格定），对于有特殊要求的正餐，由计调人员按其要求进行订餐，另叮嘱导游在用餐前3小时进行确认。

## 三、与导游一同对线路服务进行计划

熟悉旅游团对导游服务的要求，在导游的选择方面一定要服从旅游团的要求，使用令旅游团满意的导游将使整个旅行顺利。将整个旅行中各个环节的服务要求告知导游，要求其严格遵守。结合实际情况和个人经验将旅行中可能出现的问题告知导游，请其事先预防。

## 四、帮助导游领取团款及导游用具

与导游一道将团单上所写明的由导游现金支付的款项进行核算，得出总金额。由计调人员书写借款单（借款额应适当多于支付总金额），签字后由导游到财务部借款。导游借到款后，如数额较大，计调人员要叮嘱其注意安全。将团单和其他导游用具一并交给导游，并祝其工作顺利。

## 五、指导导游对在旅行途中出现的意外事件进行处理

计调人员的通信工具应24小时开机，以便在旅行过程中出现意外情况时导游能及时与自己取得联系。如出现事故，导游在处理过程中应及时与计调人员联系，使计调人员对旅游团的相关情况了然于心。计调人员在易出现事故的旅游项目进行前要叮嘱导游需要注意的事项。

## 六、旅行结束后与导游进行报账和结算

一般在送团后的1~3天内由导游会同计调人员进行报账。计调人员将导游写好的报账单进行审核，对事先没有预想到的款项支出进行询问。

【特别提示】

计调人员在计调过程中严禁出现以下情况：

（1）不使用格式团单，只简单地将过程写一写充当团单；书写团单时字迹潦草，用词冗长；未将旅行中各个服务环节的预定联系人及其联系方式写入团单；未将各环节的

结算方式标注在团单上；未写出各个环节的款项结算明细；未在团单备注中写入旅游团的特殊要求。

（2）未向导游说明线路行程情况；用车、住宿和用餐情况的信息不全面；未对团中除成人外的特殊成员进行说明；没有对早餐情况进行说明；没有对正餐情况进行说明。

（3）在对导游的选择上一意孤行，与客人意见相左，使客人认为旅行社对其不尊重；对导游的服务水平没有要求，在一定程度上不利于导游服务水平的提高，使导游在心理上忽视客人。

（4）由于业务繁忙，没有时间与导游一起进行核算；团款计算错误。

（5）计调人员的通信工具不能按规定 24 小时开机；计调人员不主动与导游联系，对实际旅行情况一无所知。

（6）计调人员不对报账单进行审核；计调人员不对事先没有预想到的款项支出进行询问。

## 项目实训

### 一、技能训练

（1）模拟计调员与旅游汽车公司进行业务预订。
（2）模拟计调员与酒店进行住宿业务预订。
（3）模拟计调员与餐馆进行团餐预订。
（4）模拟制出团单，并下达给合适的导游。
（5）模拟协助导游进行报账。

### 二、实战应用

**How do I Get a Commission on Each Sale?**

A = Agent

S = Hotel Salesman

A: Are all room rates commissionable?

S: Corporate, rack, weekend, group and package rates are commissionable, but certain government rates and most convention rates are not. You will be advised at the time of booking if a rate is not commissionable.

A: How does a commission payment work?

S: Our hotel appreciates and understands your role as a travel agent in the hospitality industry. We pay up to a 10% commission on all qualifying published rates and we process your commission payments on a weekly basis, because we believe you should be compensated fairly and quickly. You will be notified in writing if: your client asks for and receives a different rate; your client fails to show; your client stays additional nights before or after the original booking.

A: How do I inquire about my commission payment?

S: Commission inquiries must be submitted within 6 months of guest departure. There are four ways you can make an inquiry: submit your inquiry online; e-mail us directly; call a

Service Etiquette for Tourism

representative; fax your inquiry.

A: What is the 0.3% fee on my commission statement?

S: This is a processing fee for Distribution Services. Our hotel's Travel Agent Commission Program allows us to offer the best possible service to our travel agents. The 0.3% processing fee provides travel agents with the opportunity to receive a consolidated commission payment once per week in your own currency (10% commission −0.3% commission fee =9.7% commission). In addition, we offer online access to commission payments and support and assistance for any unpaid commission inquiries.

A: What are your commission levels by country?

S: UK commissions are 8% of VAT-inclusive revenue; in certain other countries worldwide this may be 10% of net revenue (i.e. excluding VAT), in order to reflect local practice and the absence of VAT.

A: Are there any foreign exchange charges?

S: Domestic transactions are not subject to foreign exchange charges. International transactions are converted into the agency currency at the best available Citibank rate, which is better than that available to the public, with no additional mark-up.

A: What is the Unlimited Budget?

S: The Unlimited Budget is a travel agent loyalty program that offers rewards over and above standard commissions. Unlike other programs, we pay on everything! You can earn points on all your completed transactions, both leisure and corporate, that are booked through the GDS or website. Earn points which can be translated into rewards on debit cards which are accepted at ATMs.

## 习题与实践

1. 课堂讨论题

（1）当计调员与航空公司预订了航空客票之后，发现航空公司超额预订了机票，导致旅游团部分客人不能登机，应该怎么处理？

（2）计调员将旅游团安排给导游后，导游中途置旅游团不顾，应该如何处理？

2. 自测题

（1）选择合适的短语完成下面的对话。

a) and the return flight

b) Tracy speaking

c) I'll send her the tickets and a confirmation in writing

d) and where will I be staying

e) could you give me your name

f) could you tell me who the tickets should be sent to

g) how can I help you

h) my pleasure

i) could you give me the details, please

j) is that right

A = Travel Agent, C = Customer

A: Good afternoon. ①_____.
C: Hello, is that Medway Travel?
A: Yes, ②_____?
C: I'd like to confirm the arrangements for my business trip to Italy please.
A: Certainly. ③_____?
C: Sure. It's Philip Weston, W-E-S-T-O-N.
A: Fine, I'm just bringing you up on the screen. You're going to Milan, ④_____?
C: Yes, that's correct. ⑤_____?
A: OK, so you're leaving on the thirty-first of March on flight number AZ102, check-in at 9:20, leaving Heathrow 10:20, arriving 13:00.
C: ⑥_____?
A: We've booked you on AZ521 from Milan to Heathrow, leaving at 17:05 and arriving at 18:45. Check-in by 16:00.
C: OK. ⑦_____?
A: Two nights at the Hotel Miramare. It has single rooms with private bathroom, minibar and the usual facilities.
C: Right. Yes, I've stayed there before.
A: ⑧_____?
C: Yes, my secretary, Mrs. Michelle Young at the TSB bank. You've got the address.
A: OK. ⑨_____.
C: Thank you very much.
A: ⑩_____.

（2）用上面对话中的信息完成下页的预订确认函。

3. 综合实训题

完整模拟当计调员接受客人咨询、预订并确认后，分别与交通部门、酒店、餐馆进行业务预订，接着制出团单，将任务安排给合适的导游，并在导游完成带团之后，协助其进行报账的整个过程。

**预订确认函**

Medway Travel<br>
15 Rochester Way<br>
Maidstone<br>
MD4 2DS

Mrs. Michelle Young
TSB
35 Stanley Road
Gillingham
12 March 2008
Dear Mrs. Young,
RE: BUSINESS TRIP TO ITALY
With reference to the above, I am pleased to enclose Mr. Weston's travel documents, together with invoice No. 12/0954F.

All your reservations have been confirmed and the itinerary is as follows:

Booking reference: 12/0954F        Destination(s): Milan

| Date | From/To | Flight No. | Check-in | Depart |
|---|---|---|---|---|
| (1) ___ | (2) ___ | (3) ___ | (4) ___ | (5) ___ |
| (6) ___ | (7) ___ | (8) ___ | (9) ___ | (10) ___ |

Hotel Accommodation Date Duration

(11) ___    (12) ___    (13) ___

If you have any queries, please do not hesitate to contact me.

Yours sincerely,
Tracy Andrews
Travel Consultant
Enc. Tickets + vouchers

## 项目3　外联人员服务礼仪
(*Etiquette of Liaison Agent*)

### 📢 案例引入

某学院一个系每年都组织教师外出旅游。某年3月，该系准备组织教师参加小浪底—王屋山两日游，经营同一条旅游线路的旅行社有很多家，这次他们决定在与多家旅行社洽谈的基础上选定一家。那么谁将赢得这个由60多人组成的大团呢？

A旅行社派去的业务员手里拿了一沓各旅行社的价目表，一再强调A旅行社的定价是同行中最低的，比其他旅行社的定价低10~20元/人。而当系领导问及详细的服务标准，如坐什么车、乘什么船、派什么导游时，业务员都无法明确答复。这使得系领导和教师们对A旅行社的服务质量产生了怀疑。一年中难得集体出游一次，系领导考虑的重点显然不在于多花或少花十几二十元钱。

B旅行社派去的业务员显然是一个生手，他似乎没有料到系领导会问那么多、那么细的问题。例如，几点到达那里，在哪儿吃饭最合适，年轻人爬山需花多长时间，年龄大的人又需要多长时间，等等。业务员对一些细节问题不甚明了，所带的资料也很不充分，不得不一趟又一趟地返回旅行社准备资料。最后，经过几个来回的折腾，总算以其诚恳、热情打动了系领导和教师们。正准备签订合同时，系领导问了最后一个问题："你们会为我们派一个什么样的导游？"业务员不假思索地回答："谁负责联系的团队，谁就当导游。"显然，在这最后的关口，B旅行社败下阵来。

第三个去洽谈的是C旅行社的业务员，他似乎对该系可能问及的所有问题都早有准备。在准确流利地解答了系领导和教师们所关注的问题之后，他补充道："你们是高等院校的教师，又是这么大的一个团队，我们将派出我社资历最深的优秀导游来为你们带队……"最后，该系选中了C旅行社。

### 🔍 提出问题

本案例中，A、B、C三家旅行社的业务员各有什么优势？为什么该旅游团选择了C旅行社？作为旅行社的外联人员，在与客户洽谈时应注意什么？

我们小组的回答是：＿＿＿＿＿＿＿＿＿＿＿＿＿＿＿＿＿＿＿＿＿＿＿＿＿＿＿＿＿＿＿＿＿＿＿＿＿＿＿＿＿＿＿＿＿＿＿＿＿＿＿＿＿＿＿＿＿＿＿＿＿＿＿＿＿＿＿＿＿＿＿＿＿＿＿＿＿＿＿＿＿＿＿＿＿＿＿＿＿＿＿＿＿＿＿＿＿＿＿＿＿＿＿＿＿＿

外联部是旅行社业务活动开展的生力军，是整个旅行社与外界沟通的重要桥梁，其职能如下：向外界宣传旅行社，提高旅行社的影响力与知名度；为旅行社联系旅行社需

要的优质旅游产品的供应商,并获得具有竞争力的价格,便于旅行社组合成线路进行出售;在外联系大客户,吸引其参加旅行社团队,为旅行社带来直接的经济效益。外联部参与整个旅行社业务活动的全过程,在旅行社中发挥着重要作用。外联人员的服务礼仪对于外联人员业务的发展有极大的促进作用。

> The Liaison Department in a travel agency is an important communication bridge collected with outside world, which performs the following functions: publicize travel agency and promote its reputation; negotiate with tourist products providers and obtain tourist products with attractive price; tout big clients for travel agency. Therefore, it is essential for the staff in liaison department to have a good manner and service etiquette.

## ○ 任务1　外联人员的拜访和推销礼仪 Etiquette of Visiting and Selling

外联人员为了抓住商机,加强旅行社与相关企业的合作关系,拓展业务,经常需要对相关企业进行拜访,商讨相关事宜,争取业务合作和友好往来,并建立起良好的合作伙伴关系。因此,外联人员在进行拜访时要注意礼仪,表现出良好的礼仪礼节,给对方留下一个好印象,从而促进双方合作的顺利开展。将旅游产品组合推销给大客户是外联人员的职能之一,外联人员在旅游产品组合推销过程中表现出良好的礼仪,可为推销工作奠定良好的基础,为旅行社赢得业务。

> In order to enhance good relationship with some enterprises and expand business, liaison agents are often required to visit some enterprises and strive for business cooperation. On the other hand, they have to promote package tours to clients. It's essential for them to have a good matter and service etiquette to fulfill the above functions.

外联人员的拜访和推销礼仪实训主要包括拜访和推销前的准备工作礼仪、拜访时的仪态礼仪、拜访时的称呼礼仪、拜访及进行推销时的交谈礼仪等几个环节。

### 一、拜访和推销前的准备工作礼仪

拜访前应预约。可以选择通过电话或信函等较为正式的方式进行预约,约定时间及地点。时间和地点的选择都以方便客户为标准,如因急事需要更改拜访时间和地点的,一定要在第一时间告知对方,并诚恳致歉,以求得对方的谅解。推销前要熟悉旅行社旅游产品的性能、价格、特点及与同类产品的区别。推销前要对客户企业进行全面的了解,包括该企业的发展历史、经营项目、生产情况、资产情况和企业负责人的个人情况及其兴趣爱好。拜访客户前要做好仪容仪表的准备工作,做到仪容端庄大方,仪表整洁,着装得体。

### 二、拜访时的仪态礼仪

在拜访客户的过程中,要保持亲切的微笑,举止大方、得体。交谈时与客户保持适当的距离。坐姿端正。喝茶时注意礼节,对送茶的人要致谢,并且要浅尝一下,以示礼貌。对方送上的香烟应双手接过,并主动帮助对方点烟,如拜访的客户是女士或不吸烟者则不可在室内吸烟。

### 三、拜访时的称呼礼仪

如果不知道客户的姓名或职务,应在与客户见面前到服务台作自我介绍并说明来意,礼貌地询问该客户的姓名及职位。如在双方企业之外的场所见面,则应事先通过其他渠道了解情况。待客户身份确定后,见面要主动打招呼,称呼其姓氏加职位,如"您好,吴总!"若是拜访之前已有业务往来的客户,则应面带微笑,热情主动地招呼对方。

### 四、拜访及进行推销时的交谈礼仪

交谈时要保持微笑,体现友好、真诚的态度。初次见面时要注意与客户的谈话技巧,要根据不同客户的特点选择不同的说话内容与方式。选择对方感兴趣的话题展开谈话,可以营造良好的谈话氛围,使对方自然而然地接受商谈或推销的内容。与客户交谈时应真诚地注视着对方,认真倾听对方的意见和要求,不可随意打断或插话,以示尊重。向客户推销旅游产品的过程当中,客户面临抉择时会产生犹豫的心理,此时是说服客户的最好时机,外联人员应当给客户适当的选择时间并适时地给予忠告和引导,以温和的表情和说辞将客户拉进自己的销售程序中。在推销过程中,客户难免会提出各种要求、不同看法及反对意见,此时外联人员应当尊重客户,认真听取客户的意见,仔细分析原因,弄清客户的真正需要,寻求双方的一致之处。当推销成功或业务成交时,外联人员应当保持良好的成交态度,不卑不亢,不慌不忙,心态平和,神情自如,以良好的礼仪形象鉴定客户购买旅游产品组合的决心,达成最终的成交协议。在推销的过程中遭到拒绝是不可避免的,面对拒绝,推销人员应心平气和、从容不迫,以良好的心态和礼仪面对,诚恳地向客户表示感谢,最后礼貌地与其告别。

【特别提示】

外联人员在拜访客户和推销产品时严禁出现以下情况:

(1)拜访前没有预约;失约或迟到;更改拜访时间或地点后,没有及时告知对方;推销前对本旅行社旅游产品的情况不熟悉,在进行推销时被客户"问住";推销前对客户企业不熟悉,被客户认为没有诚意;仪容不整;仪表不整洁;衣着过于保守或过于新潮。

(2)表情过于凝重;举止不雅,有不良习惯和小动作;交谈时与客户距离过远或过近;坐姿不雅;对送上的茶水视而不见或漠然处之;在对方不吸烟或客户是女性的情况下仍然我行我素地吸烟。

(3)面对客户仍然不知其姓名及身份,这对客户来说是非常不礼貌的行为;见面不主动向对方打招呼;对已有业务往来的客户仍然像对初次见面的客户那样打招呼,显得非常生疏。

(4)交谈时神情过于严肃或过于随便;对初次见面的客户不讲究谈话技巧,与客户谈话的内容与方式千篇一律;与客户交谈时眼神飘忽;不能认真倾听客户的意见和要求;客户提问题时随意打断或插话;当客户面对旅游产品出现犹豫时,外联人员不闻不问;

Service Etiquette for Tourism

对客户提出的要求、不同看法及反对意见不予重视；业务成交时，外联人员表现得过于激动；推销被拒绝时，外联人员对客户不礼貌。

## ○ 任务2　外联人员的商务谈判礼仪 Etiquette of Business Negotiation

旅游商务谈判是交易双方为促进旅游产品的交易，为争取和维护各自的经济利益而进行磋商，以求解决争端、达成共识并签订合同的过程。在谈判中双方既为自身经济利益而进行较量，同时又都希望获得对方的礼遇并建立起相应的合作关系。因此，在谈判过程中，双方的仪容仪表、言谈举止、礼貌礼节等礼仪规范是保障谈判得以顺利进行、促使双方达成共识并签订相关合同和协议的基础。

> Travel business negotiation is a process for promoting travel products, which involves two parties' consultation, coming to terms and signing contract. During the negotiation, two parties both compete for their own interest, meanwhile hoping to get respect from the opposite and build up good cooperation relationship with each other. Therefore, the etiquette has settled the foundation for a successful negotiation.

外联人员的商务谈判礼仪实训主要包括谈判的安排礼仪，谈判前的准备工作礼仪，谈判开始之前双方代表的问候礼仪，谈判原则，谈判时的仪态礼仪，谈判时处理对方问题的礼仪，谈判时处理己方问题的礼仪，谈判陷入僵局时的处理礼仪，以及整个谈判过程中的礼仪几个环节。

### 一、谈判的安排

进行商务谈判的双方要对谈判的议程和内容及谈判时间、地点、方式、目的进行周密的安排，外联人员应适当迁就对方。

### 二、谈判前的准备工作

在谈判前将谈判所需的资料准备齐全，具有说服力的资料应为对方每人准备一份。在进行谈判之前要将资料按逻辑顺序进行整理。参加谈判前应当做好仪容仪表的准备工作，做到仪容端庄、仪表整洁。谈判地点如在己方所在点，外联人员应更加注意参与接待的所有环节的礼仪。谈判地点如在对方所在地，外联人员要注意入乡随俗，充分了解当地的风俗习惯，争取主动。

### 三、谈判开始之前，双方代表的问候

谈判开始之前，双方代表见面，应当热情、友好地向对方致以问候，相互招呼、寒暄，营造良好的谈判气氛。寒暄的话题最好选择中性话题。问候时间不能过长。

### 四、谈判原则

在谈判过程中，双方应遵循平等互惠、友好合作、诚实守信的原则。谈判过程中要始终保持态度谦和、诚恳。双方代表着各自的利益，担负着不同的使命，在相关问题的处理上出现分歧和矛盾是十分正常的，因此，出现分歧和矛盾时应当冷静地进行磋商。

尝试从对方的立场考虑己方的要求和条件，努力谋求双方都能接受的解决方案并做出适当的让步，求同存异，达到双赢。

### 五、谈判时的仪态

谈吐轻松自如，举止文雅大方，语言礼貌规范。在谈判时应注意体态举止礼仪，防止不经意的动作使对方产生误解。

### 六、谈判时对对方问题的处理

在谈判中要尊重对方。在对方代表发言时，要善于倾听，恰当地运用插话形式，引导对方透露隐含内容。当对方失言或出现语病时，不要当场加以纠正，更不可露出惊讶的表情。

### 七、谈判时对己方问题的处理

己方在谈判过程中出现失言或失态的情况，应立即向对方真诚地道歉，不要狡辩、诡辩，不要为自己找借口。

### 八、谈判陷入僵局时的处理

当双方谈判陷入僵局时，要用礼貌和灵活的方式打破僵局。先避开僵持不下的问题，留待以后解决，或插几句幽默诙谐的题外话以缓和气氛，或提议暂时休会或休息一下，使双方情绪好转后再继续进行谈判。

### 九、整个谈判过程中礼让三分

在谈判过程中注意不伤和气，不失礼节，不挫伤对方的自尊心，不失去对己方的自信心。双方交锋时，遵循对事不对人的原则。谈判结束时，无论是否达到预期的效果都应保持良好的修养和风度，主动伸手与对方握手言欢。

【特别提示】

外联人员在进行商务谈判时严禁出现以下情况：

（1）对谈判议程、内容、时间、地点、方式和目的没有进行周密的安排；进行安排时，只考虑己方的便利，不迁就对方。

（2）谈判前资料准备不足；谈判资料处理混乱；仪容仪表不得体；谈判地点在己方所在地时，接待过程不尽如人意；谈判地点在对方所在地时，不主动配合、入乡随俗。

（3）谈判开始前，代表见面气氛紧张；寒暄话题不中性；交谈时间过长。

（4）谈判过程中，态度不断发生变化；面对双方的分歧和矛盾不能冷静对待；不能换位思考，无法找出双方都能接受的解决方案。

（5）谈判进行中，由于疲惫或无聊等原因做出一些不经意的动作引起对方误解。

（6）谈判中，因为双方无法达成协议而不能谅解对方；在对方发言时随意打断其发言、插话；当场纠正对方的语病，并对对方的失言表示惊讶。

（7）己方出现失言或失态的情况，没有马上向对方致歉；对自己的错误进行狡辩、诡辩、找借口。

（8）无法打破双方的僵局；打破僵局的方式不礼貌、不灵活。

（9）在谈判过程中伤和气，挫伤对方自尊心及自信心；使用谈判技巧时，与礼仪原

则相违背；谈判没有达到预想的效果，就与对方形同陌路。

## 项目实训

一、技能训练

(1) 模拟初次拜访和拜访老客户两种情况。
(2) 模拟外联人员和部门经理两种身份的旅行社人员进行拜访。
(3) 模拟老客户对感兴趣的旅游产品进行相关咨询。
(4) 模拟一个谈判过程。

二、实战应用

Jack wants to trip a trip to China, so he contacts the travel agent to know their plan (how many days, which cities to visit, how many people to come). (In the following dialogue, J is for Jack, T is for Travel Agent.)

J: This is my first trip to China. Which tour do you think I should take?

T: There are two considerations when you make the choice. One is time while the other is your money. If you don't have so much time, Tour 1 is the best, which covers the most interesting places in China and needs only ten days. Tour 2 is a little bit busy. You have to visit 4 cities in 10 days, but it is cheaper and you will find it quite worthwhile. Tour 3 is very attractive because of the Three Gorges of Yangtze River, where you can totally relax yourself while enjoying the picturesque natural sights and historical relics. Tour 3 is relatively more expensive than the previous two because of the cruising ship is quite expensive and all hotels are also the most deluxe in China.

J: I have never been to China. Can you tell me what I should bring with me?

T: As China is an open country, you can buy all necessary things in this country. Our tours always cover cities, so there are many big department stores providing everything. But if you have any personal needs, such as medicine, you had better bring them for yourself. One of my suggestion is to take as less as possible so that you can save your energy and your suitcase's space for all you would buy in China. You'd better read our general information to know the weather information for when you stay in China so as to make sure what kinds of clothes you need to bring. Once you have decided to join one of our tours, we will provide more details about that specific period of time.

J: I will go to China with my wife and my son. Can we share one room?

T: Most of time is OK except on the cruise (Yangtze River Cruising Tour) where there is no such big rooms for three beds. We will arrange one extra bed in your room for your son, but hotels will change it as an extra bed instead of a normal bed. If you don't need the extra bed, there will be no extra charge.

J: If I cannot go with your trip after paying for it, can I refund my money?

T: As we have to pay for our agent in China for reservation and also because of the bank, we are afraid we cannot totally refund your money. The refunding percentage depends on when you inform us to cancel your reservation.

J: If I cannot leave China on schedule with my group because of my own reasons, what will you do with me?

T: If unfortunately this happens, you have to pay for extra charge and loss for all, and we will leave one of our guides to be with you if you need. In 2000, for example, I met one American lady in a group. She caught a serious cold the day before leaving China, so she thought she could not go back home with the group. We discussed about her leaving or staying, but as she had bought an insurance for her trip, she said everything would be OK because the insurance company would pay for extra expenses. So we sent her to a local hospital at night, and took care of her. Fortunately, she felt much better the next morning. She finally left with the group. This example does not mean you should buy the insurance, but it would be much better if you bought one. To avoid something like this, you'd better be more careful with your health and let us know earlier if you feel something wrong. By the way, all of your Chinese guides and drivers are helpful. Please don't hesitate to tell them if you need any help.

J: After the group tour, I want to spend two days more in China by myself. Can you arrange that for me?

T: Surely we can. If you want to enjoy two days by yourself, we can just reserve hotel or relevant transportation for you. Of course, you need to tell us your plan as you reserve the group tour so that we can arrange your international flight, visa, and other necessary things. If you prefer to stay alone, you have to take the responsibility yourself for your safety.

## 习题与实践

1. 课堂讨论题
(1) 当客户有其他事情急于处理时，正在进行的拜访该如何进行？
(2) 在谈判中，如何应对对方故意拖延时间的情况？

2. 自测题
按括号里的汉语完成下面的英语对话。

A: We've brought the draft of our contract. Please have a look.
B: ①_____（该合同的有效期是多长）?
A: This contract is valid for one year.
B: I'm afraid that one year is too short. This contract must be valid for at least three years.
A: If everything's going satisfactorily, it could be extended for two years.
B: All right. ②_____（我们同意）.
A: What do you think of the wordings?
B: ③_____（措辞很地道）. I'm very satisfied with it.
A: Is there any other question?

Service Etiquette for Tourism

B: No, nothing more.
A: ④_____（对一些需要解决的问题我们基本达成了协议）.
B: Both of our parties have made a great effort.
A: That's true. It is time for us to sign the contract.
B: ⑤_____（我一直在盼望这个时刻）.
A: Now, please countersign it.
B: Done. Congratulations.
A: Each of us has two formal copies of the contract, one in Chinese and one in English. Would you keep these two copies?
B: Thank you very much. I think ⑥_____（合同很快就会结出硕果）, and I hope our continuing cooperation and further extension of our trade relations.
A: That's what I want, too. ⑦_____（让我们为谈判的成功，为我们未来的合作成功）, cheers!
B: Cheers!

3. 综合实训项目

全班学生分成若干小组，分为旅行社外联部、旅游产品供应商、旅行社团队客户等几组角色。模拟旅行社外联部对外联系旅游产品供应商，进行商务拜访和洽谈，然后进行商务谈判，签订合同。进而，外联部将旅游产品组合推销给团队客户。

### 本模块小结

导游部、计调部和外联部是旅行社的三个重要部门，导游部承担着直接对客户服务的接待工作，计调部是使导游接待工作顺利开展的纽带，外联部是旅行社与外界联系的桥梁，负责旅游产品的采购和销售。三个部门的工作对象都是人，其服务礼仪很大程度上决定着服务质量，从而影响旅行社的声誉。本模块主要介绍了这三个部门主要工作过程中应注意的服务礼仪和规范。通过本模块三个项目八个任务的实训，学生可以切实掌握旅行社服务礼仪。

## 我国主要贸易伙伴的谈判礼仪与禁忌

### 一、日本人的谈判礼仪与禁忌

日本人的商务礼节。日本人称呼他人使用"先生""夫人""女士"等，不直呼其名。鞠躬是很重要的礼节，鞠躬愈深，表明其表达敬意的程度愈深。与日本人交换名片时，要向日方谈判班子的每一位成员递送名片，不能遗漏。日本人的商务款待大多数在饭店举行，会事先发邀请书，也经常招待客商去卡拉OK、酒吧、夜总会，轮流表演唱歌。会见要遵守时间，若到东京等闹市赴会，要预留一点时间以免因交通堵塞而迟到。日本饮食、建筑、体育以及世界各地旅游观感是容易引起兴趣的话题。日本公司在与外国客户开始业务联系时，常常会馈赠礼品。收到礼品后，应向东道主表示深切的谢意，并应以公司名义回赠礼品。如果是初次与日本公司打交道，就一定要通过熟人介绍或通过中间人去办，切勿自己直接去找该公司，日本人对直截了当的做法会感到不自在。日本人在谈判时对人非常礼貌，但是内心对利益防线却很坚定，在谈判中经常有"蘑菇战"。

日本人非常注重身份。在日本商界有两条针对外国谈判对手的不成文的习俗：一是谈判对手理应是男性，特别是谈判负责人；二是要求主谈人在年龄与职务上与日方基本一致。日本女士通常不参与正式经贸谈判。

日本人忌讳最高层的人在一开始就参与谈判。谈判最初阶段的重点是交换意见，讨论条件与要求，只有在需要做出最后决定时，才让最高层参加。

日本人忌讳在谈判过程中偷偷增加人数。日本人总是不甘落后，日方的谈判人员总要超过对方。日本人在做出决定时，需要各个部门、各个层次的雇员参加，这样的话那些需要做出决定的负责人以后容易达成一致意见。

日本人忌讳代表团中用律师、会计师和其他职业顾问。日方代表团在谈判中不会包括这些人，许多日本人对律师总是抱着怀疑的态度，他们觉得那些每走一步都要先同律师商量的人是不值得信赖的。

日本人忌讳中途更换谈判者。他们认为中途换人，意味着你软弱、缺乏一致性和诚意，按照日本人的脾气，他们觉得没有必要回到了解你的第一阶段。但是，也要防止日方出于策略而更换自己的谈判者。

日本人常"以礼求让，以情求利"。

日本人不急于应邀。向日本人发出谈判邀请后，需要耐心等待。他们会通过其信息网络来了解你的情况，对你的介绍信和委托书进行核查，了解你公司的情况，与哪些公司有贸易往来，直到满意为止。急躁和没有耐心在日本人看来是软弱的表现。

日本人常带英语翻译。与日本的大公司打交道，通常会为你提供一位讲英语的翻译，但他也可能讲不好英语，也可能翻译时说得不确切、不完整甚至模棱两可。因此，明智的做法是带上自己的翻译。

日本人往往喜欢自己开高价而不喜欢别人报价高。提高报价，日本人就会对你的诚意失去信心。对日本人来说，诚意和一致性比最低标准或最大利润更为重要。他们对对方及对方公司的信誉和信心是谈判能否成功的关键。

日本人通常不立即回应公开的挑战或正面交锋。他们对对方临时找借口感到不自在，还可能因为无法回答对方的话而感到难堪。因此有什么问题使双方感到不安或需要澄清，最好在会谈之外正式提出来，如果属棘手问题，就让中间人来提，这样就可以得到答复。

**二、韩国人的谈判礼仪与禁忌**

韩国人推行"东道西器"。韩国人在文化、礼仪上推行东方文化，在商务方面却学

习西方的技术经验。韩国曾受到日本较长时期的统治，因此又打上了日本文化的印记，但其谈判风格又与日本有较大的不同。与韩国人谈判成功的关键在于与他们建立牢固的联系，高度重视建立起来的相互信赖关系和彼此间的尊重。

韩国人的商务礼节。韩国人见面时稍鞠躬。呈递与接受名片时都要用双手。称呼人的习惯与中国相同。商业款待中能大量饮酒，韩国人妻子通常不参加活动。交换礼物是常见的交往礼节，收到礼物后，不要当面打开，而且一定要回赠食品和小纪念品等礼物。与韩国人交谈切忌目光游移不定，韩国人认为和对方进行目光接触是很重要的，它能够引起注意和具有诚意，并在个人之间形成一种微妙而有意义的联系。韩国人不喜欢高声大笑和做过分的姿态，也不喜欢喧闹的行为。虽然他们直言不讳，但也不喜欢太鲁莽。他们珍视一种"内在"的气质。为了尊重对方，他们总是让对方先把话说完，等对方说完以后再表示自己同意与否。

韩国人非常注意对方的情绪和反应。韩国人对人的感情非常敏感，他们不愿意说"不"来拒绝别人，让对方失望或难堪；同时，他们也不希望你说出"不"字来伤害他们的面子。如果你对韩国人主动提出的某项交易不感兴趣，也不要直接表明你不喜欢。

韩国人喜欢谈判对手说话温和又有修养。与韩国人谈判的代表最好是有修养、说话温和的人，这非常有利于谈判的成功。韩国人比较谦和，恭维个人的话会被友好地拒绝。韩国人以韩国文化和国家经济的良好发展为荣，谈论这些，他们会感到高兴。

韩国人做生意喜欢找中间人做介绍。韩国是一个组织严密的社会，所有有影响的人物大家都熟悉，如果由其出面介绍与一家韩国公司接触，而不是贸然前去，那就先有了声誉；也可以请双方都尊重的第三者出面介绍。

韩国人自我保护意识很强。韩国人不喜欢开门见山地谈事情，他们会先观察你的情绪和反应，因此，韩国人经常是在不知不觉中切入正题。只有他们很感兴趣的问题，才会直截了当地向对方询问。由于历史原因，韩国人的防卫意识也很强，对很多问题会反复考虑才做决定。韩国人也不希望你在他们国家里待的时间比他们认为所需要的时间长，因此谈判结束后就应及时离开。

### 三、美国人的谈判礼仪和禁忌

美国人的商务礼节。跟美国人在一起时不必要过多地握手与客套。他们大多性格外向，直爽热情，彼此问候较随便，大多数场合下可直呼名字，对年长者和地位高的人，在正式场合下，才使用"先生""夫人"等称谓。见面与离别时，美国人都面带微笑地与在场的人员握手。美国人习惯保持一定的身体间距，交谈时，彼此站立间距约0.9米，每隔2～3秒有视线接触，以表达兴趣、诚挚和真实的感觉。美国人喜欢谈论有关商业、旅行方面的内容及当今潮流和世界大事，喜欢谈政治，但不乐意听到他人对美国的批评。美国人在接受别人的名片时往往不会回赠，名片通常是在认为以后有必要再联系时才交换。

美国人谈判时喜欢直截了当。美国人进入谈判时总是充满信心，只简单寒暄几句就进入正题。美国人不喜欢对方谈判时拐弯抹角、躲躲闪闪，答复应明确肯定，"是"与"否"必须表示清楚。遇到不清楚的问题，他们也喜欢对方立即向他们问清楚。和美国人谈判时要热情饱满，这样能获得他们的好感，对谈判有利。

美国人不计较对手讨价还价。和美国人谈生意可以放手去讨价还价，但在磋商中要注意策略，立足事实，不辱对方。若不同意美商的某些论点，可用美国人自己的逻辑进行驳斥，往往能收到很好的效果。

美国人对时间非常吝啬。美国人的时间观念很强，凡事讲究高效率。他们在谈判过程中连一分钟也舍不得去做无聊的会客和毫无意义的谈话。假如你占用了他10分钟，在他看来，就认为你是偷了他多少美金。因此，"不可盗窃时间"就成为每一个美国生意人和谈判者的格言。

美国人法律意识很强。美国人非常重视律师和合同的作用，在商务谈判中也十分注重合同的推敲。同美国人谈判，一定要带上己方熟悉美国法律的律师，签订合同时也务必小心谨慎，考虑周全。重视律师的作用和小心签合同是与美国人谈判的要诀。

**四、俄罗斯人的谈判礼仪与禁忌**

俄罗斯人的商务礼节。俄罗斯人的地位意识较强，称呼时要加头衔（如部长、主任等）。会见要先预约，并准时赴约。见面或告辞时要用力握手。谈论话题，可选俄罗斯人引以为豪的建筑、文学、艺术、芭蕾、戏剧等，以及曲棍球、足球、篮球、排球和越野滑雪等大众化体育运动。切记称呼俄罗斯人为"俄国人"。与其他国家相比，俄罗斯人常有较大的身体接触，但他们不善于使用手势和脸部表情。典型的晚间款待是观赏马戏表演或音乐会，或上酒店进餐。商务款待时，要准备敬酒及回敬，如果不胜酒量，可在酒杯中盛入矿泉水。用餐完毕，就应称赞东道主的款待。准备任何适当的礼物都会受欢迎。

俄罗斯人重视专业技术问题。与俄罗斯商人谈判的时候应先做好准备，陈述详尽且符合实际，并要正确和出色地回答对方提出的特别是关于高新技术产品的技术和标准等方面的问题。

俄罗斯人注重对方的头衔和职务。在同俄方的主要决策者交往时，要注意充分利用己方给人印象深刻的头衔和职务，也要准备在与高层行政人员交往中投入大量的时间。谈判时要给自己多留余地，俄方提出的要求往往趋于极端。在达成最后协议以前，俄方在最后一分钟也可能会提出新的要求。

**五、英国人的谈判礼仪与禁忌**

英国人的商务礼节。会谈要先预约，赴约要准时。若请柬上写有"black tie"字样，赴约时男士应穿礼服，女士应穿长裙。男士忌讳系有条纹的领带，因为带条纹的领带可能被认为是军队或学生校服领带的仿制品；忌讳以皇家的家事为谈话的笑料；不要把英国人笼统称呼为"英国人"，应该具体地称呼其为苏格兰人、英格兰人或爱尔兰人；称呼"女王"应称为"大不列颠及北爱尔兰联合王国女王"，而不能说成"英格兰女王"。英国人多数商务款待在酒店和餐馆举行，若配偶不在场，可在餐桌上谈论生意。社交场合不宜高声说话或举止过于随便，说话声音以对方能听见为妥。受到款待之后一定要写信表示谢意，否则会被认为不懂礼貌。英国人习惯约会一旦确定，就必须排除万难赴约。因此，和英国人约会不能提前太早就约定好，如果时间很早就约定，让他过早决定就等

于难为他。要约对方见面时，如果是过去未曾见过面的，那么一定要写信告诉他面谈的目的，然后再约时间。赠送礼品是普通的交往礼节，所送礼品最好标有公司名称，以免有贿赂对方之嫌。如被邀作私人顾问，则应捎带鲜花或巧克力等合适的小礼品。社交场合要明显表现出对年长者的礼貌。英国人喜欢谈论其丰富的文化遗产、动物等，以及很受欢迎的体育运动如足球、网球、板球和橄榄球。

英国人谈判的特点是沉着冷静、慢条斯理。英国人在谈判中往往会表现出惊人的忍耐性，如果我们过于急躁，把自己的意见强加于对方，那么不但不能获得成功，反而会使对方不满从而导致谈判破裂。因为英国人认为打断别人的讲话很不礼貌，所以当他们不想听时，也不会直接表达出来，而是表现出局促不安、眼神发呆的神态。因此，在谈判中，不要没完没了地光顾自己说，要顾及他们的反应，适可而止。

英国人看重谈判对手的社会地位和知识水平。英国人非常注重社会等级，因此他们也会看重你的社会地位或知识，而直接的表现就是与他们谈判时要不卑不亢、以礼相待，遵守外交礼节，注意言谈举止的风度，因情制宜，灵活反应，这样容易取得他们的好感。在谈判桌上，英国人建立人际关系的方式也比较独特，开始时往往保持一定距离，而后才慢慢接近融洽。

英国人喜欢邀请对方一起打高尔夫球。在英国谈生意时，不要拒绝同主人一起去打高尔夫球，因为很多合同往往是在打高尔夫球期间签订的。

英国人只讲英语。英国人除了说英语外，一般不会讲其他语言。因此，与英国人谈判时，最好是讲英语或带英语翻译。

**六、德国人的谈判礼仪与禁忌**

德国人的商务礼节。德国人重视礼节，社交场合中，会见与告别时，行握手礼应有力。与德国人约会要先预约，务必准时到场。德国谈判者的个人关系是很严肃的，因此不要和他们称兄道弟，最好称呼"先生""女士"或"夫人"。他们极重视自己的头衔，当同他们一次次握手时，需要一次次称呼他们的头衔。与德国人交往穿戴不能随便，在所有场合都宜穿西装。如果德国人坚持要做东道主，应愉快地接受邀请。应邀去私人住宅用晚餐或聚会，应随身带鲜花等礼物。德国人与人交往之初，常常显得拘谨和含蓄，他们需要时间熟悉对方。谈论天气、业余爱好、旅游、度假在德国是很好的话题。足球、骑车、徒步旅行也是大众喜欢的健身运动。德国人喜欢直接送礼给个人，以表达友情。

德国人在谈判中讲求效率，倔强好胜。德国人对自己的产品非常有信心，故在谈判中往往坚持己见，对人对己严格要求，缺乏通融性。他们被认为是欧洲最老练的商人，纪律性强、谨慎、保守，注意细枝末节，说话简单明了。

德国人注重谈判礼节。与德国人谈判时，穿着一定要整洁，举止必须得体，处事要克制。切忌迟到，如果在商业谈判中迟到，那么德国人对你的不信任感就会溢于言表。在会谈中德国人喜欢以职衔相称，如称呼对方，往往在姓氏之前冠以"先生""夫人"或"女士"；对博士学位获得者和教授，则在其姓氏之前添加"博士""教授"。

德国人重思辨，强调逻辑推理。德国人在谈判时很严谨，准备充分，讲究规则。他们不惜花费许多时间和精力收集谈判对象的经营状况、银行资信、业务范围、市场定位等实际资料，而且周密地安排议事日程，准备完以后才胸有成竹地进行谈判。因此在谈判中，不要主动提出没有依据的观点，他们往往瞧不起"临阵磨枪"、缺乏准备的对手，他们认为那样是对他们的不尊重。

德国人谈判时很严肃。他们工作作风果断，厌恶谈判对手支支吾吾、模棱两可或拖拉推诿。德国人的谈判语气也都比较严肃，不会用开玩笑的方式打破沉默。他们希望人与人之间保持距离，直到谈判有结果为止。年轻的德国人稍微随和一些。比较小型的会议气氛也相对轻松一点儿。

德国人喜欢进行感情投资。德国人往往希望通过一笔生意的成交，与贸易对象建立长期的合作关系。他们经常在谈判结束以前，利用共进午餐、晚餐，一起去郊外度假娱乐等机会，与谈判对象多加接触以便了解对方的素质品行。这类社交活动往往也是谈判活动的延续，富有感情投资色彩，意在谋求稳妥的长期合作。商会在德国是很有声望的组织，因此参加德国的交易会，与商会保持接触也是有效的合作途径。

### 七、法国人的谈判礼仪与禁忌

法国人的商务礼节。法国人与人见面时往往迅速而有力地与对方握手。熟悉的朋友可直呼其名；对年长者和地位高的人士要称呼他们的姓；一般则称呼"先生""夫人""女士"等，且不必再接姓氏。法国人不喜欢谈论个人及家庭的隐私，交谈话题以法国的艺术、建筑、食品和历史等为宜。约会要先预约，准时到场，一般主宾身份越高来得越迟，但是拜访者不能迟到，否则会被冷淡地接待。简短互致问候后，直接进入讨论要点，商业用语几乎都用法语。商业款待多在饭店举行，只有关系十分密切的朋友才会被邀请到家中做客。在主要谈判结束后的宴会上，双方谈判代表团负责人通常互相敬酒，共祝双方保持长期的良好合作关系。受到款待后，应在次日打电话或写便条表示谢意。8月是法国的度假节，因此要避免在7月的最后一周访问法国，因为这时人们的心思已经从生意上转移到度假上了。

法国负责人的个人决策权力较大。法国公司机构精简，人际间的等级观念极强。在经贸洽谈中，法国负责人往往能一人独挡数面，高度集中权力，个人做出决策。这种风格与日本人的集体决策截然相反。

法国人在谈判中也强调良好的气氛。谈判时不能只顾谈问题。初步接触时，可在适当情况下，聊聊社会新闻、文化娱乐等话题，以此培养友情，使关系融洽，营造良好的谈判氛围。彼此之间的信赖程度增加了，谈判成功的可能性也会大大增加，法国人就能成为容易共事的贸易伙伴。

法国人偏爱横向式谈判。法国人喜欢先勾画合同的大致轮廓，然后谈妥合同要点，达成原则协议，最后再确定合同中的具体细节。他们常常表现得急于出成果，因此，无论在哪一谈判阶段，都喜欢搞个"纪要""备忘录"或"协议书"来记载已谈的内容或借以拉拢对手，促成交易。在商谈主要条款项目统一意见后，觉得对己方有利，就会催促签约，哪怕合同条款仅谈妥一半。

法国人的谈判风格是松垮中富有韧劲。法国人的"人情味"在谈判中表现为一种"大而化之"的风格，当然对关键细节也并不轻易让步。对法国人来讲，谈判是进行辩

论和阐述哲理的机会，因此，即使他们很快就可以谈成生意，但也可能为争论某个问题而没完没了地拖下去。当他们有足够的经济实力时，会设法逼迫你让步；如果谈判结果对他们有利，他就会要求你严格遵守协议。

法国人的谈判常常会有政府的干预或介入。法国外交部设有经济技术关系处，专门为国际贸易中发生的问题寻找外交途径解决的办法。通常在法商来华谈判中，法国驻华使馆也往往会参加或过问谈判进展状况，从而使谈判复杂化。

（资料来源：牟红，杨梅. 旅游礼仪实务［M］. 北京：清华大学出版社，2007.）

## 模块3　酒店服务礼仪
### (Etiquette of Hotel Service)

**任务目标**

掌握酒店前厅和客房服务礼仪的内容，掌握酒店餐饮服务礼仪的内容。

## 项目1　住宿服务礼仪
### (Etiquette of Accommodation Service)

**案例引入**

一天上午，广州一家五星级酒店大堂，各国客人来来往往。一位新加坡客人提着旅行箱走出电梯准备离店，实习生小徐见行李员都在忙着为其他客人服务，便热情地迎上前去，帮新加坡客人提起旅行箱往大门走去。快到行李服务台时，他发现电梯口又有离店客人出来需要帮助，就把行李提到行李服务台处放下，即回电梯口为其他客人服务。

这时，又有一批日本客人离店，他们自己的行李放在新加坡客人的旅行箱旁。由于陪同疏忽，既未指定服务员照看行李，又没有拿行李牌注明就去收款处结账。结果，当他们离店时，就"顺手牵羊"地把那位新加坡客人的旅行箱一起带走了。当新加坡客人在为寻找自己的行李急得团团转时，离其乘坐的赴苏州的火车出发时间只有55分钟了。

面对这突如其来的紧急情况，大堂副理当即安慰客人，请客人放心，一定设法找回失物，不误班车，并马上向酒店有关方面了解日本团队的去向，得知他们乘火车离沪去杭州，便当机立断派小徐随新加坡客人一起乘坐饭店的轿车去火车站找寻日本客人。结果不到半小时就在候车室找到了日本客人。新加坡客人拿到失而复得的旅行箱，转忧为喜，连声称谢。

**提出问题**

实习生小徐在处理散客行李服务方面、饭店在办理团队行李服务方面都存在哪些严重的问题？

我们小组的回答是：_____

_____

_____

旅游服务礼仪

讨论提示：实习生小徐主动补位帮助客人搬运行李，这种精神值得肯定。他为了进一步为其他客人服务，将手头客人的行李半途转交行李服务台处理，固然出于工作热情，无可厚非。但从严密的工作程序上推敲，略有不妥，最好将客人的行李处理完毕再去为别的客人服务较为稳妥。日本团队的行李放在新加坡客人行李旁，造成错觉，固然是由于陪同疏忽，但饭店行李处也负有一定责任。

## 相关知识

客房是酒店的基本设施和向客人提供的暂时居住的场所，是酒店构成的主体，也是客人在酒店逗留时间最长的地方，也就是客人在旅途中的"临时的家"。客房服务人员的服务态度和服务水准如何，将直接影响到酒店的形象。客房服务质量是酒店服务质量的重要标志之一。

> Housekeeping department is one of the main operational departments of a hotel. It principally pays more attention to the sanitation of chambers and public areas, and supplies comfortable and satisfying housekeeping facilities for guests.

## ○ 任务1　前厅接待礼仪 Etiquette of Lobby Reception

前厅服务是酒店服务的"门面"和"窗户"，在一定程度上代表酒店的整体形象。客人到酒店首先获得的是前厅内外的服务，客人对酒店的印象、对酒店服务质量的评价及最终满意程度，都是从这里开始的。

A lobby is a room in a hotel which is used for entry from the outside. Many hotels go to great lengths to decorate their lobbies to create the right impression. It is common that there to be comfortable furniture, such as couches and lounge chairs, so that guests will be able to wait in comfort. Also, there may be television sets, books, magazines and/or free WiFi to help guests pass time as they wait.

## 一、门厅服务礼仪

### 1. 迎宾员的礼仪

大门迎宾员的主要职责是负责客人进出大门的迎送工作。在服务中应做到：

（1）精神饱满。

服饰挺括华丽，仪表整洁，仪容端庄大方，要精神饱满地站在正门前，恭候客人的光临。

（2）主动迎宾。

见到客人乘车抵达时，应立即主动迎上，引导车辆停妥，接着一手拉开车门，一手挡住车门框的上沿，以免客人碰头。如遇下雨天，要撑伞迎接，以防客人被雨淋湿。若客人带伞，则将客人带入的雨伞放在专设的伞架上，并代为保管。

（3）问候每位客人。

问候客人要面带微笑，热情地说："您好，欢迎光临！"当客人集中到达时，应不厌其烦地向客人微笑、点头示意、问候，尽量使每一位客人都能得到亲切的问候。

（4）礼貌相送。

客人离店时，要引导车子开到客人容易上车的位置，并拉开车门请客人上车，在看清客人已坐好且衣裙不影响关门时，再轻关车门，向客人微笑道别："谢谢光临，欢迎下次再来，再见！"并招手示意，目送离去。

A hotel greeter is a person who stands at or near the entrance to open the door and welcome people as they enter. In addition to welcoming people as they enter, a greeter is also sometimes responsible for offering information. A greeter might guide a hotel guest to the check-in desk.

2. 行李员的礼仪

行李员的主要职责是负责客人的行李接送工作。在服务中应做到：

（1）提携行李。

主动帮助客人提携行李，并问清行李件数，记住送客人来的车牌号码。若客人坚持自携行李，应尊重客人意愿，不可强行接过来。

（2）礼貌等待。

客人到总服务台办理入住手续时，应侍立在客人身侧后两三步处等待。

（3）规范引领。

引领客人前往房间时，要走在客人左前方两三步处。遇转弯时，要微笑向客人示意。

（4）礼貌后退。

将客人送到房间后，应微笑地说："先生（夫人等），请好好休息，再见！"

Bellboys are also called bellhops. They interact with guests and are important in maintaining positive guest relations. Becoming employed in this field doesn't require extensive training or education. Bellboys are responsible for carrying guests' luggage to their rooms. They may also be responsible for checking the room before the guest arrives. The bellhop may ensure that all amenities, such as the television or telephone, are operating properly. Any malfunctions are reported to maintenance to be repaired promptly before the guest arrives. When the guest checks out of the hotel, the bellboy may be summoned to carry the guest's luggage to the checkout area.

## 二、酒店总台接待礼仪

酒店的总服务台是酒店的"中枢神经"，是客人进店和离店的必经之地，酒店能否给客人"宾至如归"之感和"宾去思归"之念，在很大程度上取决于总服务台的服务质量。

1. 服务总台接待员的礼仪

（1）站立服务。

总台一般是站立服务，凌晨1点以后方可坐下。

（2）热情问候。

客人来到总台时，应面带微笑，热情问候招呼："您好，欢迎光临！""请问您预订过吗？""我能为您做些什么？""先生，您喜欢什么样的房间？"当知道客人姓氏后，要尽早称呼为好，这是尊重客人的一种表现。尽可能在第二次见到自己的服务对象时，能正确道出客人的姓氏和职业，并用敬语称呼。

（3）礼貌合作。

有礼貌地请客人出示相关证件，返还时要感谢对方的配合，不能一声不吭地放在柜台上。

（4）快速服务。

登记服务时间最好在2分钟之内完成，如果后面有客人需要服务，那么接待一位客人的时间不要过长。不能一边为客人服务一边接电话，不要同时办理几件事，以免精神不集中出现差错。

（5）指示说明。

发放房卡的同时要为客人指明电梯的方向并问好。如客房已客满，要耐心解释，并请客人稍等。如客人不要求帮助，应说："下次光临，请先预订，我们一定为您保留。"

（6）收款服务。

收款服务一定要请客人审核，钱款当面点清，并向客人表示感谢，祝客人旅途愉快。

（7）咨询服务。

了解客人常问的问题，如最近的购物中心、最近的银行、较好的餐厅，有何特产、名胜古迹以及城市地图等。

If you're sitting behind a reception desk, you're the first person to interact with a visitor, and you can set the tone for the visit. You can give a visitor a great first impression or annoy him so much that he mentions you to the person he came to see. All visitors should be welcomed warmly. The visitor isn't interrupting your business; the visitor is your business.

Look up when someone approaches your desk and smile. If you're on a personal call, hang up immediately. If you're on a business call, make eye contact with the visitor to indicate that you see her and will be with her shortly. As soon as you've finished your phone call, focus on the visitor with a smile. Apologize for the delay. Ask how you can help. Put warmth into the question so it doesn't seem offhand. Besides smiling, modulate your voice. Be aware that you can convey what you think by the tone of your voice.

Service Etiquette for Tourism

### 2. 大堂副理的礼仪

大堂副理也称"大堂值班经理",现在高星级酒店一般称其为"宾客服务经理",是酒店与客人之间密切联系的纽带,工作包括协调酒店各部门的工作,代表酒店处理日常发生的事件,帮助客人排忧解难并监督问题的处理。

（1）讲究形象。

作为酒店对客服务的代表,大堂副理应保持良好的形象:精神饱满,面带微笑,思想集中,坐姿、站姿和走姿都要自然得体；出言谨慎,语气委婉,态度诚恳,谦逊有礼。当客人发脾气时,要保持冷静,待客人平静后再做婉言解释与道歉,要宽容忍耐,绝不能与客人争辩或发生争执。

（2）礼貌待人。

有客人前来,应主动上前或起立,热忱地接待,彬彬有礼地问候,然后请客人就座,再慢慢细说。接待中要精力集中,以温和、富有同情心的态度认真倾听,让客人把话讲完。对客人投诉和反映的问题,要详细询问,要设身处地为客人考虑,以积极负责的态度处理客人的投诉,在不违反规章制度的前提下,尽可能满足客人的要求。要尽量维护客人的自尊,同时也要维护好饭店的形象和声誉,原则问题不能放弃,应机警灵活处理。

对客人提出的询问,要给予全面详细的答复,使对方感到可信、满意。自己能答复的问题,绝不能借口推脱给其他部门解答。对确实不了解、没把握的事,不要不懂装懂,更不能不负责地自以为是。

接待客人要百问不厌,口齿清楚,用词贴切,简洁明了。办事态度踏实、认真,考虑问题周到,能"急宾客之所急",愿把困难留给自己,把方便让给客人。接待结束,要主动先向客人致谢,做到自然、诚挚。

（3）善于分析问题、解决问题。

在接待客人投诉时,首先要热情相待,耐心听取,冷静分析。即使对方情绪激动,甚至蛮不讲理,也不要受其影响而冲动。要心平气和,善解人意,逐步引导,充分尊重投诉者的心情。要显示出自己的文化、教养和风度,并且表示有能力帮助客人处理好事情。对客人的任何意见和投诉,均应给予明确合理的交代,力争在客人离店前解决,并机智灵活地处理。

> The job of an assistant manager brings with it a plethora of challenges that require a thorough understanding of the basic management skills.
>
> An assistant manager should be a proactive person and must display leadership skills. He/she has to assist the senior manager, as well as guide and look after the efficiency of the employees that are a part of his/her team. Handling last time orders, rectifying the complaints of the customers, supervising the daily work and deftly delegating responsibilities is a challenge, that needs patience and effective decision-making ability.
>
> As an assistant manager, you will have to meet hundreds of people daily and even cater to their needs. So it is highly probable that you may lose patience and self-control.

Here, you may realize the importance of communication skills that can help you deal with people in a careful and professional manner. Even while dealing with clients and customers, you will be required to be friendly and outgoing. You will be required to put on a cheerful face and express the problems in a professional manner, instead of being stubborn and harsh with the customers.

The job of an assistant manager requires a very active and professional outlook. You may have to work some extra hours, plan the next day's work, shift the workers to different job profiles and just work by utilizing the hotel human and financial resources, in the best possible and economical way. You have to teach the importance of team work to the members of your team and work in tandem with them, to meet your targets. If you are in high spirits, even your workers will be motivated to deliver quality performance.

1. 分析客人投诉的原因

客人投诉的原因是多方面的，一般来说多为客人感到服务人员对其不尊重，态度不友好，工作不负责，服务技能低，产品价格高，设施不配套，服务项目少，还有与其他客人发生纠纷以及对酒店的误解等。

2. 顾客投诉的心理

（1）求尊重的心理。顾客采取投诉行动，其基本出发点是希望别人认为他的投诉是对的和有道理的，渴望得到理解、尊重，希望酒店向其表示道歉并立即采取相应的补救行动等。

（2）求发泄的心理。顾客利用投诉的机会把自己的烦恼、怨气、怒火发泄出来，以维持心理上的平衡。

（3）求补偿的心理。希望通过投诉得到重视，酒店能补偿其精神或物质损失。

3. 投诉的处理对策

（1）承认客人投诉的事实。

为了准确了解客人所投诉的问题，必须认真听取客人的叙述，使客人感到酒店十分重视他提出的问题。

（2）表示同情和歉意。

首先要让客人理解，酒店非常关心他的处境并诚恳了解哪些服务令他不满意。大堂副理要适时对客人表示同情，设身处地地换位思考，例如："我们非常遗憾，非常抱歉听到此事，我们理解您现在的心情。"

（3）根据客人要求决定采取措施。

作为大堂副理，应该明白和理解客人为什么抱怨和投诉。当要采取行动纠正错误时，一定要让客人了解并满意将采取的处理决定及具体措施内容，切勿盲目主观地采取行动。

（4）感谢客人的批评指教。

客人遇到不满意的服务，不告诉酒店，也不做任何投诉，却会告知酒店以外的其他客人或朋友，这样会极大地影响到酒店未来的客源市场和声誉。所以，当酒店遇到客人批评、抱怨和投诉时，不仅要欢迎，而且要感谢。

（5）迅速采取行动，补偿客人投诉损失。

当客人完全同意你所做的措施时，就应该立即采取行动，一定不要拖延时间，耽误时间只能进一步引起客人的不满，因为时间和效率是对客人最大的尊重。

（6）追踪客人投诉的具体落实情况。

要使处理客人投诉获得良好效果，最重要的是落实、监督、检查采取的纠正措施。许多对酒店怀有感激的客人，往往是因投诉问题得到妥善处理而感到满意的客人。

## ○ 任务2　客房服务礼仪 Etiquette of Guest Room Service

酒店的客房是客人的临时之家，也是客人主要的休息场所。客房服务员在服务中务必讲究礼仪，为客人提供一个温馨、舒适、幽静、安全的居住氛围。

> Housekeepers in the hotel industry are responsible for keeping the facility clean, safe and comfortable for guests. Their jobs include cleaning rooms, changing bedding, cleaning all bathrooms, replacing toiletries, cleaning common areas, doing laundry and ensuring a clean overall appearance.

## 一、客房服务流程礼仪

1. 楼层迎接服务礼仪

（1）恭候客人的到来。

见到客人到达走出电梯时，要面带笑容亲切问候："您好！见到您很高兴。""欢迎您来我们酒店！"并行鞠躬礼。如知道客人名字、职务等信息，以名字、职务称呼客人，使客人感到亲切。要主动帮助客人，征得同意后帮助客人提携行李。对老弱病残的客人要给予热情的关心和帮助。

（2）引领客人入房。

引领客人到客房，到达房间门口时先开门、开灯，在一旁侧身，待客人进房，然后放置好客人的行李物品。为客人脱大衣，放好，若客人带鲜花，则要为客人插好，向客人介绍自己，并说："非常高兴能为您服务！"

（3）递毛巾送茶。

客人坐下后，服务人员根据客人的人数和要求，送来香巾和茶水，也就是常说的"三到"——客到、香巾到和茶到，并说："请用毛巾。""请用茶。"递送时必须使用托盘，做到送物不离盘。

（4）介绍客房。

简单介绍房间的设施设备、酒店服务项目和服务时间，包括空调开关，电视节目时间，传呼服务员的电钮和使用方法，各餐厅的主要风味、所在楼层和开餐时间。介绍住店须知和酒店情况。介绍要简单明了，时间不要拖得太长。服务项目和宾客须知介绍完后，应询问："还有什么我能为您服务的吗？"

（5）礼貌告退。

在问清客人没有其他需求后，为不打扰客人休息，应立即离房，离房前要说："请休息，需要什么服务请打电话。"礼貌地向客人告别。退出房间时，应先后退一步，再转身走出，同时把门轻轻关上，让客人安心休息。

A floor attendant should usher a guest to the room, introduce the room service and explain room facilities.

Housekeeping Department principally pays more attention to the sanitation of the chambers and public areas, and supplies comfortable and satisfying housekeeping facilities for the guests. When guests walk into bright, clean rooms, they are quite pleased and feel at home. Guests will get their first impression of the hotel's living circumstances when the attendant shows the room. Consequently, housekeeping staff should work with enthusiasm, initiative, patience and thoughtfulness.

2. 进入客房的礼仪

（1）敲门。

进门前先敲门，每次一般为三下，敲两次。如果是按门铃，应在按三下之间稍停顿，不可按住不放。

（2）开门。

当听到客人的肯定回答或确定房内无人时，再进入房间。进门后，无论房内是否有人都应该将门敞开。

（3）问候。

进入房间后，如果客人衣冠整洁，要立即向客人问好，并征询客人意见是否可以工作。若客人衣冠不整应马上道歉，退出房间，把门关上。

（4）"请勿打扰"。

若房门挂着"请勿打扰"牌时，服务人员不应打扰。如超过下午2点要通知主管或大堂副理，打电话询问客人并定出整理房间的时间。若确认客人为忘记取下"请勿打扰"牌，服务人员可以安排房间清理，并留言告诉客人。

3. 客房整理服务礼仪

（1）按照程序。

整理房间，早上按"住房清扫程序"进行清理：拉窗帘—倒垃圾—换烟灰缸—换布草—清扫地板—擦家具—清理卫生间—补充备品。中午可进行小整理。晚上开夜床。

（2）开门清扫。

整理房间时应打开房门，但不应同时打开多间。清扫房间时应尽量选择客人不在的时候进行，不要随意处理客人的东西。整理房间时，如果客人还在房内，要询问客人现在是否能够清理房间。在清洁过程中，动作要轻，房门要开着，要迅速，不要东张西望，也不要与客人长谈。清理完毕，向客人道谢，并主动询问客人是否还需要其他服务，再次向客人道谢，然后退出房间将门轻轻地关上。

Chambermaids who are responsible for cleaning room, may be asked to tidy up the room at a certain time or after the guest leaves. In most cases, guests don't like to be disturbed by hanging signs on the door knob. Chambermaids also take charge of the distribution of the items supplied by the housekeeping department, such as towels, bath towels, soap, shower caps, combs, shampoo, toothpaste and so on.

Housemen usually do heavier chores that might be considered beyond the physical capacities of women. They shampoo carpets, wash windows, remove and clean draperies, clean the public areas of the hotel, polish metal and so on. Housemen also run errands for the housekeeping department. For example, fetch something need by guest.

(3) 注意客房情况。

客人整天待在房间又不愿意让服务人员整理房间,服务人员首先要了解原因。若是客人因为要休息而不愿意让服务人员整理房间,应主动征求客人意见,最好能约定时间再整理。若不是因为要休息而不允许整理房间,服务人员则要及时通知保安和领班,同时密切注意该房的情况。

(4) 注意安全。

在清理房间时,如果客人从外面回来,服务人员要礼貌地请客人出示房间钥匙或房卡,确定这是该客人的房间,询问客人是否稍后再整理,如可继续整理,要尽快。若客房服务人员在整理房间时,发现房内有大量的现金,则要及时通知领班、保安部和大堂副理,在他们陪同下,将房门反锁。

(5) 定期检查。

定期检查和补充客房冰箱内的饮料,凡是客人用过的饮料,要清点数目填好账单,请客人签字,防止跑账、漏账。

(6) 安全检查。

随时注意客人情绪,对醉酒和患病客人要特别注意。若听见争吵声,要及时通知主管。

(7) 注意观察。

观察客人的嗜好和忌讳,掌握客人的特殊要求,例如生日、聚会、结婚纪念日等。了解这些特殊需求,可以适时恰当地推荐酒店其他设施。

(8) 客房禁忌。

不得接听电话,不得翻阅客人资料,不得使用客人物品,不可品尝客人食品,不可抱客人的孩子,不得与客人过于亲密,不得索取小费等。

> Room cleaning service procedure:
> 1. Knock at the door gently three times.
> 2. Say, "Housekeeping."
> 3. Ask the guest whether to come into the room.
> 4. Greet the guest.
> 5. Clean the room (open the window; disposel the rubbish; make the bed; clean the bathroom; replenish the supplies; vacuum the floor).

4. 开夜床服务礼仪

(1) 按时。

开夜床的时间在我国一般是冬季晚上 6 点以后,夏季晚上 7 点以后。服务人员到客房整理,整理茶具、补充茶叶、清洁纸篓、拉好窗帘、调好温度、打开夜灯、摆好拖鞋、掀开被角 45°。

(2) 不打扰。

开夜床时,若发现房门上挂着"请勿打扰"的牌子或上了双重锁,服务人员不能打扰,应将一张留言条从门下塞入客房,提醒客人如果需要服务,请通知客房服务中心。

(3) 避免误会。

晚上开夜床时若发现床上放着许多物品,服务人员暂时不要开夜床,以免引起误会和投诉。服务人员应在床头柜上放一张留言条给客人,告诉客人不开夜床的原因,请客人需要时通知客房服务中心。

Turn-down service is when the hotel staff come into the guest's room in the evening to turn down the bedcovers(被面). The conventional practice is to turn down a corner of the blankets to make the bed looking inviting and that much more restful. They also either fold the bedcover nicely at the foot of the bed, or put it away in a discreet shelf in the wardrobe.

Turn-down service is not just about the bed. Staff doing turn-down service also tops up the ice box, draws the curtains, puts out your bedroom slippers, turns on the radio at an audible but soft volume, tidies up the room a little, tops up your toiletries, folds the end of the toilet paper roll into a little triangle, and sometimes changes your bathroom towels.

5. 洗衣服礼仪

(1) 确定时间。

洗衣服务,一般是客人在前一天晚上将要洗的衣服放在浴室的洗衣袋里,由服务人员送往洗衣房洗涤。服务人员要了解客人需要在什么时间内完成,如果在正常的特快洗衣时间内,就应立即通知洗衣房进行洗涤。如果客人要求在极短的时间内完成,那么应事先和洗衣房联系,再决定是否洗涤。

(2) 情况告知。

在客人提前离开饭店,而客人的衣物还未洗好时,不管是何种原因,服务人员都应向客人道歉,并将衣物的洗涤情况告知对方。如果来得及,应立即洗好并送到客人的房间;如果来不及,也应该包装好送到客人的房间;根据衣服的洗涤情况酌情减免洗涤费。

> Almost every star hotel provides laundry service, which provides quick and efficient service for the guests who need their clothes washed or pressed. Generally, there are laundry bags in the wardrobe(衣柜). The clothes to be washed should be put in the bags and they are picked by room attendants. Room attendants should count the pieces of articles and ask guests to sign their names for confirmation. Meanwhile, guests can indicated some special instruction, such as stain removing(污渍清除), starching(上浆), sewing and mending, etc. Laundry service can be divided into regular service and express service according to the duration. There is a surcharge for express service.

6. 客房钥匙服务礼仪

(1) 核对身份。

客人称钥匙遗忘在房内,要求服务人员为其开门时,要请客人出示欢迎卡,核对房号、日期、姓名,核对无误后,可以给客人开门。如果客人无欢迎卡,则请总台核对其身份,总台核对身份无误后,如果是十分熟悉的客人,可以为其开门。

(2) 反锁房门。

客人将房间钥匙弄丢,但又有急事外出,来不及换房,服务人员应安慰客人,尽快通知主管人员或大堂副理。由主管人员或大堂副理当着客人的面将房门反锁,等客人回来后再为其开锁,事后要及时更换房锁。

(3) 访客登记。

访客带有住客房间钥匙并要求进入客房取物品,服务人员要礼貌地了解访客对住客资料的掌握程度(姓名、国籍、性别、公司名称、与住客关系、入住日期)并对访客进行登记。

7. 处理意外事故服务礼仪

(1) 客人致伤。

客人致伤时,服务人员要表示同情。如因自然事故致伤,要清查原因,根据客人情况向上级汇报,听取领导意见和客人的意见。

(2) 突发性疾病。

在没有医务人员的情况下,酒店任何人员不可对客人施予任何治疗。服务人员要及时联系与患者同住酒店的亲属、朋友、陪同等较容易联系的人员。服务人员不得为客人代买药品,应及时通知大堂副理,由大堂副理通知酒店医生到客人房间,再由医生决定是否从医疗室拿药给客人。

(3) 客人物品丢失。

安慰并帮助客人回忆物品可能丢失的地方。在查找过程中,请客人耐心等待。物品找回后,立即交还客人。若经多方查找没有结果或原因不详,只要不是在客房内丢失的,酒店不负赔偿责任,但要向客人解释清楚。

> It is not unusual for guests to lose or leave some small articles or even valuables behind. Handling lost and found articles is another service item for the housekeeping department. Guests often forget or leave behind their personal possessions in hotel rooms. These articles may appear when the room is cleaned. Then they are turned over to the housekeepers who keep them until they are claimed or disposed of in some other way.

8. 离店服务礼仪

（1）做好客人离店前的准备。

服务人员要了解客人离店时间。进入客房后要向客人表示问候，征求客人意见，应主动询问是否提前用餐，要不要提供出租车，是否有事情需要帮助。有行李的客人，要通知行李员帮助提送行李。

（2）做好离店的送别工作。

客人离房时，要向客人告别，祝一路平安，欢迎下次光临，一般将客人送到电梯口即可。行李大多要送到大厅，老弱病残者给予特殊照顾，可送到车上。要主动征求意见以便进行改进或弥补。

（3）迅速检查房间。

客人离房后要迅速检查房间，包括枕头下、床头柜、抽屉、衣柜、卫生间、阳台等。检查的目的是看客人是否有遗忘或遗落的物品、房间设备有无损坏、客房用品有无丢失等。如果发现有遗忘或遗留物品应尽量归还原主，若客人已走，则按房号、时间、遗物名称等进行记录，及时报告。如果客房用品减少或有损坏，打电话与总台联系，一般不直接与客人交涉，不可伤害客人的感情和自尊心。

（4）完善客人档案。

根据此次的观察与沟通建立或完善该顾客的信息档案，以便服务有针对性，提高顾客满意度。

> Checkout is an obvious and necessary process of hotel service. It should be quick and efficient. The checkout procedure should never slow down the guests' paces. Therefore, the clerks need to have everything checked and close the deal correctly and quickly.

二、特殊客人服务礼仪

1. 重要客人（VIP）服务礼仪

重要客人（VIP，Very Important Person）是指对酒店的效益和形象能产生重要影响的客人。

（1）掌握详情。

在重要客人来店前先要了解重要客人的情况，包括姓名、性别、身份、国籍、宗教信仰、抵离时间、入住天数和同行人员等。

（2）房间特殊服务。

客房部门要根据接待规格和要求确定接待用房并对房间进行布置，还要摆上鲜花、果篮及刀叉、饮料、餐巾和餐巾纸、当日的本地报纸或客人所说语言的报纸、画册等，在茶几上摆上欢迎卡、总经理名片或致意礼品（每个酒店还可以根据自身情况增加适宜的服务）。如果客人在风俗习惯或宗教信仰等方面有特殊要求，应尽量满足；对于客人宗教信仰方面忌讳的用品，要从房间撤出来，以示尊重（如接待信仰伊斯兰教的客人时，不能把洋娃娃作为礼物，不能摆放含酒精的饮品等）。

（3）迎接。

当重要客人到店时，要组织服务人员到门口列队迎接。服装要整齐，精神要饱满，客人到达时要鼓掌，必要时总经理要组织部门经理列队迎接。在客人没有全部进店前不得解散队伍。

对重要客人采取在客房进行入住登记的方式，即在客人进入房间10分钟后，前厅服务人员在提前填写好入住相关信息后，持入住登记单到客房请客人核实信息并签字，并及时将房卡交给客人。

2. 残疾客人服务礼仪

（1）问候。

问候肢体残疾客人时，服务人员应亲切友好，表情自然。问候乘坐轮椅的客人时，服务人员应保证与客人目光平视。问候盲人客人时，服务人员应在一定距离处通过声音提示让客人及时辨听周围情况。提示时，语气柔和，语调平缓，音量适中。问候聋哑客人时，服务人员应微笑着注视客人，通过眼神向客人传递平等、友好的信息。在接待过程中，如果客人不主动提起，不得打听客人残疾的原因，以免引起不愉快。

（2）引领。

为肢体残疾客人提供引领服务时，应走最短路线，做到走平路时适当关注，走坡路时适当帮助。引领盲人客人行走时，应事先征得其同意。向盲人客人指示方向时，应明确告诉客人所指人或物相对于客人的方位，不使用指向性不明的表述。

引领残疾客人乘坐电梯时，引导者应适当关注残疾客人，积极帮助盲人客人。引领盲人客人上下楼梯或乘坐自动扶梯时，引导者应先一步上下，然后回身照应客人。引领过程中，引导者应不断通过声音提示和放缓脚步的方式，及时提醒盲人客人前面的路况。

（3）入座。

引领盲人客人入座时，应把客人带到座椅旁，让客人自己调整桌椅间距离。引领盲人客人乘车时，引导者应告诉其车辆停靠的位置相对于客人的方向。开关车门、帮客人上下车、给客人护顶等，都应有声音提示。引导者与客人同车的，应向客人描绘沿途景色。

（4）入住登记。

给残疾客人办理入住登记手续时，服务人员应主动协助残疾客人，优先、迅速办理入住手续。给残疾客人排房时，应尽量安排较低楼层或其他方便出行的无障碍客房。

（5）用餐。

残疾客人到餐厅用餐，服务人员应将客人引领至方便出入且安静的餐位。为肢体残疾客人服务时，餐具和食品应就近摆放。为盲人客人服务时，服务人员应读出菜单，并

细致解释，帮助客人逐一摸到餐具的摆放位置。上菜时，应向盲人客人描述菜肴的造型和颜色，告诉客人食物放置的相对位置，并随时帮助客人。

3. 来访客人服务礼仪

（1）管理闲散人员。

如果有闲杂人等在楼层走廊徘徊，只要他（她）不是酒店的员工，客房服务人员都要主动上前询问客人是否需要帮助。即使是对乱闯楼房的访客，也要礼貌地解释说明，使其离开楼层，离开酒店。如有疑点，及时通知大堂副理和保安，以保证客人安全。

（2）访客登记。

访客来访时，主动向访客问好，询问访客拜访哪位住客，核对住客的姓名、房号是否一致。在征得住客同意后，请访客办理登记手续，随后指引访客到住客的房间。

（3）保护住客。

遇到住客不愿见访客时，服务人员要礼貌地告诉访客：客人正在休息或在办事情，不便接待访客，请访客到大堂问询处，将为其提供留言服务。遇到访客不愿离开并有骚扰住客的迹象时，应及时通知保安和大堂副理。注意，不要对访客说住客不愿意接见，即不要将责任推给住客，同时不能让访客在楼层停留或在楼层等待住客。

（4）住客外出访客入房要严格辨认。

有时访客带有住客签名的便条但无房间钥匙，要进入客房取物品，服务人员要先将便条拿到总台，核对签名无误后，再为访客办理登记手续，然后陪访客到客房取便条上所标明的物品。待住客回店后，及时向住客说明。

住客外出时，若交代访客可以在其房中等待，服务人员更应仔细谨慎：向住客了解访客的姓名及主要特征。访客到了楼层以后，经过辨别确认以后，请访客办理访客登记。访客进到房间后，住客未回来时，如果访客要带物品外出，服务人员要及时上前询问，并做好记录。

（5）遵守时间。

服务人员在为客人提供服务的过程中，访客时间已到但访客仍未离开客房，服务人员应礼貌地向访客说明访客时间已到。如住客没有挽留访客的言行，服务人员要尽力说服访客离开；若访客不愿离开，则应将此情况通知大堂副理或保安。

4. 醉酒客人服务礼仪

（1）留意注视。

对因醉酒而大吵大闹的客人要留意注视，一般不予干涉。要通知部门办公室，并通知保安部。夜班人员要勤在醉客房间外巡视，防止客人发生伤害事故或发生火灾等意外。

（2）酌情处理。

对随地呕吐的醉客要视情况处理，并及时清洁地面。对醉客纠缠不休要机警应付，礼貌回避。不要说"您喝多了"等带刺激性的话，而要说"您需要用茶吗""请早些休息吧"。对倒地不省人事的醉客，要请保安人员一起将醉客搀扶至客房，同时报告上级领导，切不可单独搀扶客人进房或帮助客人入寝。如醉客破坏或侵害他人行为严重，要通知保安人员出面处理。

## 任务3　电话总机服务礼仪 Etiquette of Switchboard Service

话务服务是前厅部对客服务的重要内容之一，通常由前厅部的总机房负责。话务员是饭店"看不见的服务员"，代表着"酒店的形象"。因此，话务员必须以热情的态度、礼貌的语言、甜美的嗓音、娴熟的技能优质高效地为客人提供服务，使客人能够通过电话感觉到你的微笑，感觉到你的热情、礼貌和修养，甚至"感觉"到酒店的档次和管理水平。

Most of hotels have their own switchboard. And the operator handles many inbound call, such as local call, long-distance call, international call, collect call and so on. In addition, the switchboard offers the service such as reserving for the room, table, conference, making a morning call, answering service, leaving a message, etc.

### 一、接电话礼仪

（1）为客人接线，动作要快而准，三声之内接起。接通后要主动问候对方，并自报店名和岗位，热忱提供帮助。万一因业务繁忙，在铃响三声后接听，应及时致以歉意："对不起，让您久等了！"

（2）话务员应答电话时，必须礼貌、友善、愉快，且面带微笑。这时，客人虽然看不到话务员，但能够感觉到她的笑脸。因为只有在微笑时，话务员才会表现出礼貌、友善和愉快，她的语音、语调才会甜美、自然，有吸引力。通话时，一端位于耳朵上，另一端距嘴唇5厘米。中途若与人交谈，应该用手捂住听筒。

（3）接线中用词要得当，切忌粗暴无礼。先问好，再报单位，接着用询问语。要避免使用"我不知道""我现在很忙""什么"等不耐烦的语句。应常用"对不起，让您久等了""对不起，请您讲慢一点""请稍候，我立即为您查询"等。

（4）接到电话时，首先用中英文熟练准确地自报家门，并自然亲切地使用问候语。至于先用英语说，还是先用汉语说，要视酒店客人情况而论。如果酒店的接待对象主要

以内宾为主，则先用汉语说，后用英语说；反之，如客人以外宾为主，则先说英语，后说汉语。

（5）注意聆听，随时附和，及时反馈，不出差错。话务员遇到无法解答的问题时，要将电话转交领班、主管处理。

（6）为客人提供电话转接服务时，接转之后，如对方无人接电话，铃响半分钟后（五声），必须向客人说明："对不起，电话没有人接，请问您是否需要留言？"需要给房间客人留言的电话一律转到前厅问讯处。另外，所有给酒店管理人员的留言（非工作时间或管理人员办公室无人应答时），一律由话务员清楚地记录下来（重复、确认），通过寻呼方式或其他有效方式尽快将留言转达给酒店管理人员。为了能迅速、高效地转接电话，话务员必须熟悉本酒店的组织机构，各部门的职责范围、服务项目及电话号码，掌握最新的、正确的客人资料。

（7）如遇查询客人房间的电话，在总台电话均占线的情况下，话务员应通过电脑为客人查询。但此时应注意为客人保密，不能泄露住客房号，可接通后让客人直接与其通话。

（8）通话结束后，应待对方挂断电话后，方可挂机，动作要轻。

（9）接到火警电话时，要了解清楚火情及具体地点。然后按下列顺序通知有关负责人到火灾现场。通知总经理、驻店经理、工程部、保安部、医务室、火灾区域部门领导到火灾区域。进行以上通知时，话务员必须说明火情及具体地点。

### 二、打电话礼仪

（1）拨电话之前做好准备。

（2）自报家门。

（3）礼貌地中断电话，礼貌地结束电话。

（4）注意保持微笑的声音。

（5）不得用工作之便打私人电话。

> While dial IDD, please dial the hotel code, international prefix, country code, area and subscriber number continuously.

### 三、服务到位

客人打国际或国内长途电话时，应主动提供国家或地区号码，问清客人姓名、房号和具体要求，及时拨通长途台通报手机号码、分机号码、话务员代号和长途话务员代号，做好记录，或输入计算机。

若客人直接拨通长途电话，要做好记录或开通计算机。通话后及时准确地向客人通报通话时间，办理挂账或收款手续。

### 四、遵守职业道德

要讲究职业道德，尊重他人隐私，绝不可偷听他人电话。若在操作中偶尔听到一些对话内容，应严守秘密。

### 五、叫醒服务要负责

当客人要求提供叫醒服务时，应问清客人姓名、房号、叫醒时间，并将信息输入计算机或做成记录。到了时间，应通过电话叫醒客人。在按响客人房间的电话铃时，不要按个不停，应稍停片刻再继续，以给客人醒来和拿话筒的时间。一般每隔2~3分钟左右再叫醒一次，若3次叫醒仍无人接听，应立即打电话通知客房服务员，实地查看。若是重要客人，则要派专人叫醒。

## 项目实训

### 一、技能训练

（1）演示迎宾员服务礼仪。
（2）演示行李员服务礼仪。
（3）演示服务总台接待员服务礼仪。
（4）演示大堂副理服务礼仪。
（5）演示楼层服务员服务礼仪。

### 二、实战应用

#### Morning Call Service

( R = Receptionist, G = Guest)

G: Good evening! This is Mr. White in Room 303.

R: Good evening, Mr. White. What can I do for you?

G: I'm going to Tianjin early tomorrow morning. So I would like to request an early morning call.

R: Yes, Mr. White, at what time would you like us to call you tomorrow morning?

G: Well, I'm not really sure. But I have to be at the conference room of the Garden Hotel in Tianjin by 10 o'clock. You wouldn't know how long it takes to drive to Tianjin from the hotel, would you?

R: I would give it three to three and a half hours.

G: That means that I'll have to be on the road by 7 o'clock at the latest.

R: That's right.

G: Well, in that case, I would like you to call me at 5:45.

R: OK, so we will wake you up at 5:45 tomorrow morning. Good night, Mr. White. Have a good sleep.

G: Good night.

### 三、习题与实践

1. 课堂讨论题

话务员接电话时应处于什么样的精神状态？

Service Etiquette for Tourism

2. 自测题

（1）迎宾员主要职责是负责客人进出大门的（　　）工作。见到客人乘车抵达时，应立即主动迎上，引导车辆停妥，接着一手拉开车门，一手挡住车门框的上沿，以免客人碰头。如遇下雨天，要（　　），以防客人被雨淋湿。若客人带伞，则将客人带入的雨伞放在专设的伞架上，并代为保管。客人离店时，要引导车子开到客人容易上车的位置，并拉开车门请客人上车，在看清客人已坐好且衣裙不影响关门时，再轻关车门，向客人微笑道别："谢谢光临，欢迎下次再来，再见！"并招手示意，目送离去。

（2）总台一般是（　　）服务，凌晨1点以后方可坐下。客人来到总台时，应面带微笑，热情问候招呼："您好，欢迎光临！""请问您预订过吗？""我能为您做些什么？""先生，您喜欢什么样的房间？"当知道客人姓氏后，要尽早称呼为好，这是尊重客人的一种表现。尽可能在第二次见到自己的服务对象时，能正确道出客人的姓氏和职业，并用（　　）称呼。

（3）大堂副理在接待客人投诉时，首先要热情相待，耐心听取，冷静分析。即使对方情绪激动，甚至蛮不讲理，也不要受其影响而冲动。要心平气和，善解人意，逐步引导，充分尊重（　　）。要显示出自己的文化、教养和风度，并且表示有能力帮助客人处理好事情。对客人的任何意见和投诉，均应给予（　　）的交代，力争在客人离店前解决，并机智灵活地处理。

（4）客房服务人员在整理房间时应打开房门，但不应同时打开多间。清扫房间时应尽量选择客人不在的时候进行，不要随意处理客人的东西。整理房间时，如果客人还在房内，要（　　）客人现在是否能够清理房间。在清洁过程中，动作要轻，房门（　　），要迅速，不要东张西望，也不要与客人长谈。清理完毕，向客人道谢，并主动询问客人是否还需要其他服务，再次向客人道谢，然后退出房间（　　）。

（5）问候肢体残疾客人时，服务人员应（　　），表情自然。问候乘坐轮椅的客人时，服务人员应保证与客人（　　）。问候盲人客人时，服务人员应在一定距离处通过声音提示让客人及时辨听周围情况。提示时，语气柔和，语调平缓，音量适中。问候聋哑客人时，服务人员应微笑着注视客人，通过眼神向客人传递（　　）的信息。

（6）遇到住客不愿见访客时，服务人员要礼貌地告诉访客：客人正在休息或在办事情，不便接待客人，请访客到大堂问询处，将为其提供（　　）。遇到访客不愿离开并有骚扰住客的迹象时，应及时通知（　　）。注意，不要对访客说住客不愿意接见，即不要将责任推给（　　），同时不能让访客在楼层停留或在楼层等待住客。

3. 复习思考题

如果遇到醉酒的客人应如何处理？

4. 综合实训题

到市内几家星级饭店大堂，仔细观察迎宾员、行李员、前台服务员、大堂副理的服务活动，并写出书面报告。

# 项目2　餐饮服务礼仪
## (*Etiquette of Food and Beverage Service*)

### 📢 案例引入

某酒店，几位客人正在就餐，餐厅服务员正在为客人服务。宴请快结束时，服务员为客人上汤。恰巧张先生突然一回身，将汤碰洒，把张先生的西服弄脏了。张先生非常生气，质问怎么把汤往身上洒。服务员没有争辩，连声道歉："实在对不起，先生，是我不小心把汤洒在您身上，把您的西服弄脏了，请您脱下来，我去给您干洗。另外我再重新给您换一份汤，耽误各位先生用餐了，请原谅。"随后，服务员将西服送洗衣房干洗，而后对几位先生的服务十分周到。当客人用餐完毕后，服务员将洗得干干净净、叠得整整齐齐的衣服双手捧给了张先生。客人们十分满意，张先生也诚恳道歉："是我不小心碰洒了汤，你的服务非常好。"事后，客人主动付了两份汤钱，张先生给服务员小费，而且不久又带着一批客人来饭店就餐。

### 💡 提出问题

本案例中，虽然是客人碰洒了汤，但服务员应先从自身找原因。服务员如在上汤前提醒客人，就不会发生这种事情了。尽量不要与客人讲理，如果客人讲理，就不会无理取闹；如果客人不讲理，服务员与客人讲理就只能火上浇油。服务员在处理这种问题时应讲究策略，给客人台阶下。发生这种事情后，应如何处理？

我们小组的回答是：_____

_____

讨论提示：

（1）服务员首先向客人道歉，主动承担责任。

（2）如果客人衣服弄脏的程度较轻，应用干净的餐巾擦拭衣服，但要注意征得客人同意。同性客人，服务员可为客人擦拭。异性客人，服务员应将餐巾交给客人由其自己擦拭。

（3）如果客人衣服弄脏程度严重或者客人对此事反应态度激烈，服务员应主动提出免费为客人洗涤，洗好及时送还，并要再次致歉。

（4）根据事态发展，服务员应请示主管适当免费提供一些食品和饮料补偿。

### 👆 相关知识

在酒店的产品构成中，餐饮服务是极为重要和关键的一环。对旅游者来说，食、住、行是外出旅游或旅行的必要条件，其中，尤以住和食最为重要，最早的饭店一般提供食

宿两项服务。在住宿和餐饮两项服务中，由于餐饮服务成本高、利润低、管理难度大，所以酒店历来比较重视客房服务的经营管理，而餐饮服务多处于次要位置。随着我国加入 WTO 后，旅游市场开始全方位对外开放，旅游消费趋于成熟。旅游者对饮食的要求越来越高，促使酒店的餐饮服务水平不断提高。而且，酒店间的竞争也日趋激烈，越来越多的酒店都利用自身在餐饮方面的特点来吸引客人，使酒店在餐饮服务质量上有了长足的进步。竞争促进了餐饮业务的发展，也提高了餐饮服务在酒店中的地位。

> The Food and Beverage Department is a major factor in hotel operation, it offers the guests good food and drinks, mainly covering the restaurant, banquet grill room, bar, coffee shop, cafeteria, room service and lounge service. The mission and goal of this department is to offer high quality service to the guests and meanwhile win lots of new and return guests.

## ○ 任务1　中餐服务礼仪 Etiquette of Chinese Food Service

### 一、迎宾

酒店迎宾员是客人到酒店所遇到的第一位服务人员，所以迎宾是否热情直接反映出酒店的服务水平以及服务质量。

1．迎宾员的准备工作

（1）检查当餐所用菜单、酒水单是否完好无损，数量是否充足。

（2）核查当餐预订客人的接待工作是否落实。

（3）熟悉了解餐厅服务中推出些什么新项目和其服务要求。

（4）掌握餐厅服务岗位分配情况和各服务区的用餐预订情况。

（5）检查自己着装、仪表，确保仪态整洁大方，精神饱满。

> The job of the hostess is to welcome and seat the guests when they arrive, and to arrange reservations in restaurants. In many cases, the hostess also takes drink orders from the guests after they have been seated. She also thanks the guests when they leave.

2．迎宾引位

迎宾员在迎宾时要做到以下几点：

（1）迎宾员在确认客人情况后，应左手持迎宾夹，右手示意客人行进方向，不可以用一个手指示意方向，要保持五指并拢、掌心向上的姿态为客人示意方向。

（2）迎宾员右手做手势时应该做到手到眼到，脚随客动，不可说东指西，也不可话停脚动，要注意与客人保持一致。

（3）引导客人入座时，迎宾员应该走在前面向客人示意，并以手势明确引导行进方向。

（4）当引客到座位时，应该征询客人的意见。此时迎宾员应站在主位的椅后，向客人示意说："某某先生、小姐，您对这张台满意吗？"或"您坐这里好吗？"如果客人不满意就应主动进行协调。

（5）客人入座时，迎宾员应该协助餐厅服务员为客人拉椅让座，当客人入座后，通知值台服务员进行服务，礼貌地向客人打招呼（如："祝您用餐愉快。"）后回到迎宾岗位。

3．迎宾礼仪规范

迎宾员在迎宾时应做到的动作姿势、服务敬语规范如下：

（1）开餐前5分钟按照标准姿势站立在餐厅门口外侧或迎宾台后，面向客人方向，面带微笑，表情自然、热情，平视前方。

（2）当客人走出电梯，迎宾员应向前移动半步，双手自然下垂于身前，微微弯腰，鞠躬20°～30°，同时说欢迎语（如：早上好，中午好，晚上好，欢迎光临）。

（3）向客人致意后再引导客人进入餐厅，询问客人是否有预订。（例：迎宾员问："先生您好，请问有预定吗？"客人回答："308号包厢。"迎宾员确认："是308号包厢对吗？这边请。"引领客人到308号包厢并为客人打开包厢门，礼貌辞别："祝您用餐愉快。"）如果客人回答没有预定，就应该问清客人人数："先生，请问您一共几位呢？"听清回答后，根据餐厅情况及客人用餐人数，引导客人到座位。

## 二、服务员引座

引座是客人进入酒店后接受服务的开始，规范优质的引座能使酒店餐厅的空间得到很好的利用，方便餐厅员工的服务，衬托出餐厅不同一般的观感印象，增加客人的满意度。

根据客人的人数安排相应的地方，使客人就餐人数与桌面容纳能力相对应。这样可以充分利用餐厅的服务能力。

酒店的引座应当表现出向客人推荐的诚意。在具体的引座、推荐过程中应当尊重客人的选择，使双方的意见能很好地结合起来。

第一批客人到餐厅就餐时，可以将他们安排在比较靠近入口或距离窗户比较近的地方，使后来的客人感到餐厅人气旺盛，营造出热闹的氛围，避免给客人留下门庭冷落的印象。对于带小孩的客人，应尽量将他们安排在离通道较远的地方，以保证小孩的安全，同时也利于餐厅员工的服务。

对于着装鲜艳的女宾，餐厅可以将其安排在较为显眼的地方，可以增加餐厅的亮色。

对于来餐厅就餐的情侣，可以将其安排在较为僻静的地方。

餐厅经营高峰时，引座员工要善于做好调度、协调工作，灵活及时地为客人找到位置，掌握不同桌面客人的就餐动态。

## 三、点菜服务

仪容仪表要端庄、整洁、大方，佩戴工号牌，按规定着装，保持饱满的精神状态，在规定的位置站位。周到、热情、切合客人需求的点菜服务能让客人从餐厅服务中感到

超值的享受，使客人对酒店餐厅留下深刻的印象，并且能增加客人在酒店的消费金额。

点菜员应事先根据厨房提供的信息，了解当日重点推荐菜、缺菜及价格变化情况，可重点向客人介绍本店特色菜或推荐菜。

为客人点菜时应按冷菜、热菜、汤、面点、水果的顺序介绍。注意合理搭配，即：菜系、荤素、价格、数量等合理搭配。在为客人点菜的过程中，应注意宣传"绿色、健康、环保"的餐饮新概念，提醒客人限量消费。

餐厅员工在为客人进行点菜服务时要注意以下一些方面：

（1）按客人的居住地点和具体生活习惯为其点菜。

对于老年客人，可以向他们推荐一些比较松软、不含胆固醇、油脂较低的食品。对于急于用餐赶时间者，餐厅可以向他们推荐一些制作方便、快捷的食品。北方人喜欢面食，味道较重，偏于浓郁、咸味较重的食品；江浙沪一带的客人比较喜欢甜食，口味清淡；湖南、贵州客人口味较重，比较喜欢带有辣味的食品；四川人喜欢麻辣食品；广东、港澳地区客人喜欢生、脆、鲜、甜的食品，口味清淡，喜欢在用餐前喝老火汤。

（2）考虑客人的消费能力。

普通消费者。这类客人是餐厅的主要消费者，点菜时更多地考虑经济实惠，餐厅员工可以向他们推荐一些家常菜。

工薪阶层消费者。此类客人虽然并不追求高消费，但有一定的消费能力，餐厅员工可以适当地向他们推荐一些档次较高的菜。

高消费者。这类客人追求高消费、高享受，点菜时既考虑到营养价值又要求有观赏价值。餐厅员工可以向其推荐一些比较名贵的菜肴或新鲜野味。

（3）各色菜种的搭配组合。

烹调方法的组合：在炒菜的同时，可以推荐客人兼顾到用煮、扒、烧、煲、炖、扣、蒸等方法所烹制的菜品。

冷菜与热菜的组合：一般用餐的时候既要有冷菜又要有热菜，当客人点冷菜较多而热菜较少的时候，可向客人作适当的提醒。

上菜速度的组合：有些菜如东坡肘子制作的时间相对要长一些，可以向客人推荐一些烹制速度较快的菜肴以免使其久候。

菜肴颜色的组合：点菜时可以考虑不同颜色的适当搭配，绿、黄、红、白几种颜色兼有，能使视觉得到愉悦享受和心情得到放松，增强客人的食欲。

荤与素的组合：太多的油性食品不利于身体健康，可以建议客人在点菜时注意荤菜与素菜的恰当搭配。

形状的组合：食品的形状有条、块、片、粒、茸等，不同形状的组合同样有助于构成视觉的美感，欣赏到食品烹制方法的多样性。

（4）就餐人数与菜的分量相宜。

餐厅员工在向客人推荐菜肴的时候要考虑到客人的就餐人数，据此来确定为其点菜的分量。但最终确定的菜的分量要尊重客人的意愿和实际情况。

把客人所点菜品的名称、价格、数量工整、清晰地记录在点菜单上，并注明客人的特殊要求。当每份菜的个数与实际人数不符时要提醒客人适量增加或减少。

通常每道菜的分量是既定的，但也有一些特殊的菜是根据客人的需求而有不同的分量。

点完菜后，要复述一遍，同时询问客人是否上菜及有无特殊要求，并在菜单上注明时间、点菜员姓名。

点菜单按不同用途分发，分别送到吧台、厨房、服务生处后速回岗位，继续工作或协助服务员工作。

注意礼貌用语的使用，点菜快捷，适当介绍菜品并耐心、热情、灵活地回答客人问题，如遇不能处理的问题就应及时向上级汇报。

> Waiters and waitresses also play an important role in the operation, because they have more contact with the guests than other restaurant employees. They must be attentive to the needs of the guests, and they can explain items on the menu that are unfamiliar to the guests or make recommendations about dishes.

### 四、写菜

写菜是记录客人的具体饮食需求，使餐厅能够清楚地掌握客人的需要，从而准确地为客人展开服务的重要一环。

在写菜时应注意按照客人的提议或需求分量来写，将客人的需求准确地写在点菜单上，如有听不清楚或不明白的菜名，不要擅作主张，应当礼貌地向客人问清楚。

客人不能很快决定自己所要的菜时，餐厅员工应耐心地等待，热情地为客人介绍、推荐酒店的特色菜和其他菜的风味、特点。

如果客人点菜确实比较慢或餐厅快要结束营业，应用委婉的方式礼貌地向客人解释。

### 五、摆台

摆台又称铺台、摆桌，是将餐具、酒具以及辅助用品按照一定的规格整齐美观地铺设在餐桌上的操作过程，包括餐台排列、席位安排、餐具摆放等。摆台要求做到清洁卫生、整齐有序、各就各位、放置得当、方便就餐、配套齐全。

1. 铺台布

铺台布的方法按手法可分为两种：推拉式和撒网式。

（1）推拉式。铺设时应选取与桌面大小相适合的台布，站在副主人席位旁，靠近桌边，将台布用双手平行打折，向前推出，再拉回，台布鼓缝面朝上，中线缝正对正、副主人席位，台布的四角和桌腿成直线下垂，四角垂直部分与地面等距，不可碰

地。铺好的台布图案，花纹置于桌正中，台布铺完后再围椅子。

（2）撒网式。员工在选好合适的台布后，站在副主人席位的位置，用双手把台布平行打折并提起，向第一主宾方向依次撒开，鼓缝朝上，中线缝直对正、副主人席位，台布四角要与桌腿成直线下垂，四角垂直部分与地面等距，不可碰地，铺好的台布图案、花纹置于餐桌正中，台布铺完后再围椅子。撒网式铺台要求动作干脆利落，动作优美，技艺娴熟，一气呵成。

2. 台形与餐具摆放

（1）台形是桌与椅恰当摆设所构成的规范形状。

4人方台，采取十字对称法。

6人圆台，采用一字对中，左右对称法。

8人圆台，采用十字对中，两两对称法。

10人圆台，采用一字对中，左右对称法。

12人圆台，采用十字对中，两两相间法。

（2）餐具摆放。

①早餐用具摆放。

餐碟（或称餐盘）：根据台形摆放，要求餐碟与桌边相距1.5厘米，保持一个食指位的长度。

茶碟：放在餐碟右侧。

茶杯：扣放在茶碟上面，杯耳朝右。

汤碗：摆放于餐碟的正上方位置。

汤匙：摆放于汤碗内，汤匙把朝左。

筷子架、筷子：筷子架摆放于餐碟右上方，筷子放在筷子架上，筷子的后端距桌边1.5厘米。筷子套的图案要向上；筷子从餐碟与茶碟中间位置穿过。

②午餐、晚餐用具摆放。

餐碟：根据台形摆放，要求餐碟与桌边相距1.5厘米。

筷子架、筷子：将筷子架摆于餐碟右上方，再将筷子（带卫生筷套）摆在筷子架上。筷子的后端距桌边1.5厘米，筷子套的图案向上。

汤碗、汤匙：汤碗摆放在餐碟上方偏左位，汤匙摆放在汤碗内，汤匙把朝左。

酒具：中餐宴会一般使用三套杯，即饮料杯、葡萄酒杯、白酒杯，先将葡萄酒杯摆放在

距翅碗与味碟边约0.5厘米的餐碟垂直线上，然后饮料杯置于其左，白酒杯居于其右，三杯直径横向成一条直线，杯距约0.5厘米，以不互相碰撞为宜。

茶碟、茶杯：茶碟放在餐碟右侧，与桌边保持1.5厘米距离；茶杯倒扣放在茶碟上面，杯耳朝右。

牙签：牙签多为袋装，摆在筷子与餐碟之间，印有图文的一面向上对正即可。

餐巾：将 45 厘米长的餐巾折叠整齐，可折成各种款式。一般以摆放在餐碟中为中高级，另一种是摆插在饮料杯中。

香巾、香巾托：上香巾时，将香巾放在香巾托内置于餐碟左边。

③其他物品摆放。

鲜花：单枝插花、花瓶插花通常摆放在小方台正中，多枝插花、盆栽插花通常摆放于转台中心。

烟灰盅：在大台摆放烟盅时呈"品"字形。

转盘：通常用在大圆台上，盘底宜压在台布"十"字折边的正中。

## 六、中餐宴会上菜服务礼仪

1. 上菜时机

中餐宴会上菜是在宴会开餐前就把第一道菜即各种冷盘摆放在餐桌上。摆放冷盘时要保持冷菜的拼摆造型，同时要注意荤素调开，颜色相似调开。客人入座开席后将冷盘菜肴吃了 2/3 左右时就可以开始上热菜和大菜；当上完最后一道菜时，服务员应低声告诉副主人菜已上齐。一方面上菜要及时，不能出现空盘空台现象，否则让宴会主人感觉尴尬，客人无菜下酒，餐厅形象也大打折扣；另一方面，上菜也不能过快，否则会造成菜肴堆积、易凉，同时也会影响客人品尝。总之，服务员应注意观察客人的进餐情况，控制好上菜的快慢和节奏。

2. 上菜顺序

中餐宴会上菜遵循的一般原则是先冷后热、先菜后点、先咸后甜、先炒后烧、先清淡后肥厚、先优质后一般，严格按照席面菜单顺序进行。

3. 上菜位置

中餐宴会上菜位置一般选择在陪同和翻译人员之间，也可在副主人的右边上菜，这样便于翻译和副主人向客人介绍菜肴的口味和名称。严禁服务员从主人与主宾之间上菜，否则会被视为不礼貌。

4. 上菜服务应注意的事项

（1）服务员应熟悉菜单，上菜时要仔细核对，并检查菜肴与客人所点菜肴是否一致。

（2）上菜时应说"对不起，打扰一下"，以提醒客人以免因为碰撞而发生意外。上菜时动作要轻、稳，避免从客人的肩上、头上越过而引起客人的不满。

（3）菜肴上桌后应主动报菜名，同时将菜肴转至主宾位置并介绍菜肴；如果菜肴有调料、配料，应先上调料、配料，再上菜肴。

（4）上菜时不要把鸡头、鸭掌、鱼背朝向主宾，应将鸡头、鸭掌、鱼背朝向内侧。

（5）在上每一道新菜时需将上一道菜移向副主人一边，将新上的菜肴放在主宾前面以示尊重。

（6）在上有图案的菜肴时，如孔雀、凤凰等拼盘，应将菜肴的正面朝向主宾，先让主宾欣赏、品味和食用。

5. 酒水服务

斟酒过程及注意事项：

（1）检查：餐厅员工在为客人提供斟酒服务之前，要将酒瓶瓶身、瓶口擦干净，检查一下酒是否过期、变质，是不是客人所需，酒瓶有没有破裂。

（2）开瓶：餐厅员工在开瓶时，要用手将酒瓶持稳，瓶口朝上，用手握遮，表示对客人的礼貌。开启过程中要避免酒从瓶口喷出溅到客人身上。开启酒瓶的声音要小，开启后的酒瓶盖不要乱扔，而要统一收起来。酒瓶开启后，餐厅员工应用干净布擦拭瓶口。

（3）示意：餐厅员工在为客人斟酒前，应先向客人示意一下酒的商标牌子，让客人确信这就是他所需要的那种酒。如果在斟酒之前，客人对此有不同的意见，餐厅员工应向客人征询，并礼貌地向客人提供服务。

（4）姿势：斟酒有两种姿势，一种是桌斟，另一种是捧斟。桌斟采用得较多。

桌斟：餐厅员工斟酒时，左手将盘托稳，右手从托盘中取下客人所需要的酒种，将手放在酒瓶中下端的位置，食指略指向瓶口，与拇指约成60°，中指、无名指、小指基本上排在一起。斟酒时站在客人右后侧，既不可紧贴客人，也不可离客人太远。给每一位客人斟酒时都应站在客人的右后侧，而不能图省事，站在同一个地方左右开弓给多个客人同时斟酒。给客人斟酒时，不能将酒瓶正对着客人，或将手臂横越客人。斟酒过程中，瓶口不能碰到客人的杯口，保持1厘米距离为宜，同时也不能拿起杯子给客人斟酒。每斟完一杯酒，将握有瓶子的手顺时针旋转一个角度，与此同时收回酒瓶，这样可以使酒滴留在瓶口，不至于落在桌上，也可显得姿势优雅。给下一位客人继续倒酒时，要用干净布在酒瓶口再擦拭一下，然后再倒。

捧斟：手握酒瓶的基本姿势与桌斟一样，所不同的是，捧斟是一手握酒瓶，一手将酒杯拿在手中，斟酒的动作应在台面以外的地方进行。

（5）顺序：一般的宴会斟酒顺序是从主人右边的第一位客人倒起，然后顺着逆时针方向逐个斟酒，主人的酒放在最后斟。

（6）分量：传统上中餐宴会要将酒斟满，表示全心全意。但随着西方文化的影响，传统的斟酒常识也在发生着变化。

西餐中斟白酒时，一般不超过酒杯的3/4，这样可以使客人在小呷一口之前能有机会端着酒杯鉴赏一下酒的醇香。

斟啤酒时，要顺着杯壁将酒缓缓倒下，避免一下子倒满，使白沫溢出酒杯，啤酒斟酒量宜80%酒、20%泡沫。

斟红酒时，倒至酒杯的1/3或一半为宜，因为红酒杯一般都比较大，不宜一次斟满。

斟香槟酒时，应分两次斟，第一次先斟上1/3杯，及至泡沫平息后，再将酒斟至2/3或3/4杯。调鸡尾酒时，使酒液入杯占3/4空间即可，以便于客人观赏或方便客人端拿。

斟白兰地酒时，一般只斟到酒杯的1/8处，即常说的"1P"。

如果客人要求啤酒与汽水混合饮用，应先斟啤酒，然后再加入汽水。

（7）斟酒之后：酒瓶一般留在客人的席位上，大型宴会则放在酒台或工作台上。餐厅员工应精神饱满地站在客人附近，随时注意客人饮酒情况，等到酒快喝完时，可上前给客人再次斟酒。

中餐宴席的重要主宾入席之后，通常主人就要举杯祝酒。与此相应，餐厅员工应在开席前5分钟将客人所需酒斟好。但在一般情况下，要结合餐席客人饮酒的习惯，征得客人同意后再在适当的时机给客人斟适当的酒水饮料种类。如客人不同意，要及时给客人予以调换。

中餐宴席斟酒的顺序一般是从主宾开始，主宾在先，主人在后，女士在前，男士在后。两名服务员一同为客人斟酒时，一个从主宾开始，另一个可以从副主宾倒起，然后依座次按逆时针为客人斟上酒水或饮料。

当主宾发表讲话时，餐厅员工的一切活动都应当停止，宜静静地站在离客人适当距离的位置上，以免对客人的正常活动造成不必要的干扰。当主人发言快要结束时，服务员应当将主人的酒杯递上，以供主人敬酒之用。当主人离席给来宾们敬酒时，服务员要用托盘带着低度酒和烈性酒跟随主人，见机给主宾续酒。

6. 茶水服务礼仪

（1）开餐前备好干净的茶具、茶叶。

（2）将一干净口布折成手掌大小放于垫盘上，将沏好的茶水放于垫盘上。

（3）右手拇指握住茶壶柄，其余四指托住垫盘，从主宾位置，在客人右侧斟倒茶水，并礼貌地说："先生，请用茶。"

（4）茶水一般以斟到八分满为宜。

（5）当客人杯中茶水剩余约1/3满时，应及时为客人续添茶水。

（6）要尽量保持客人茶水的颜色、温度始终如一。

7. 中餐甜食和水果服务礼仪

（1）征询客人、清理餐桌。

当客人吃完所有的菜品后，服务员应主动询问客人可否上甜品或水果，如果客人同意，服务员即再问客人可否清桌。如果客人同意清桌，服务员立即撤去桌面上所有的餐具，留下酒杯和水杯。

（2）上餐具。

清理桌面后，根据客人所点甜食，摆上相应的餐具。如点的是甜食则摆上甜品叉，如点的是水果则上水果刀叉。

（3）上甜食、水果。

摆完桌后，使用托盘将甜食或水果从客人右侧送上，摆在餐桌正中，礼貌地请客人用甜食或水果。如果客人点的是甜汤，则要垫上碟垫并配上汤匙，汤匙放在碟垫上。如果客人点的是大水果拼盘，则按"中餐派菜服务"服务程序操作。

## 任务2　西餐服务礼仪 Etiquette of Western Food Service

西餐这个词是由于它特定的地理位置所决定的。"西"是西方的意思，一般指欧洲各国。"餐"就是饮食菜肴。我们通常所说的西餐主要包括西欧国家的饮食菜肴，当然同时还包括东欧各国、地中海沿岸等国和一些拉丁美洲如墨西哥等国的菜肴。西餐一般以刀叉为餐具，以面包为主食，多以长形桌台为台形。西餐的主要特点是主料突出，形色美观，口味鲜美，营养丰富，供应方便等。西餐大致可分为法式、英式、意式、俄式、美式、地中海等多种不同风格的菜肴。

Western-style food refers to the food or dinner cooked according to the customs of western countries. Western-styles food is originated in Europe and the European cooking methods were conveyed by Marco Polo to China. Later, after the Opium War, it was transferred from "residential dish" to "western restaurant" and then "western-style food restaurant" run by Chinese people. It was only served for some officials and businessmen at that time. In recent years, the number of foreign guests increased rapidly. More and more hotels have western food service. At the same time, more and more Chinese people have accustomed to the hobby of eating western food.

## 一、西餐的座次

1．座次排列的规则

在绝大多数情况下，西餐的座次问题更多地表现为位次问题。排列西餐的位次，一般应依照一些约定俗成、人所共知的常规进行。了解了这些基本规则，就可以轻而易举地处理位次排列问题。

（1）女士优先。

在西餐礼仪里，女士处处受尊重。在排定用餐位次时，主位一般应请女主人就座，而男主人则须退居第二主位。

（2）恭敬主宾。

在西餐之中，主宾极受尊重。即使用餐的来宾之中有人在地位、身份、年纪方面高于主宾，但主宾仍是主人关注的中心。在排定位次时，应请男、女主宾分别紧靠着女主人和男主人就座，以便进一步受到照顾。

（3）以右为尊。

在排定位次时，以右为尊依旧是基本原则。就某一特定位置而言，其右侧之位理应高于其左侧之位。例如，应安排男主宾坐在女主人右侧，安排女主宾坐在男主人右侧。

（4）距离定位。

一般来说，西餐桌上位次的尊卑，往往与其距离主位的远近密切相关。在通常情况下，距主位近的座位高于距主位远的座位。

（5）面门为上。

面门为上，有时又叫迎门为上。它所指的是，面对餐厅正门的座位，通常在序列上要高于背对餐厅正门的座位。

(6) 交叉排列。

用中餐时，用餐者经常有可能与熟人，尤其是与其恋人、配偶在一起就座，但在用西餐时，这种情景便不复存在了。正式一些的西餐宴会，一向被视为交际场合。所以在排列位次时，要遵守交叉排列的原则。依照这一原则，男女应当交叉排列，生人与熟人也应当交叉排列。因此，一个用餐者的对面和两侧，往往是异性，而且还有可能与其不熟悉的人坐在一起。这样做，据说最大的好处是可以广交朋友。

不过，这也要求用餐者最好是双数，并且男女人数各半。

2. 具体的座次排列

在用西餐时，人们所用的餐桌有圆桌、方桌和长桌，有时还会以之拼成其他各种形状。不过，最常见、最正规的西餐桌当属长桌。

（1）长桌。

以长桌排位，一般有两个办法：

办法之一，是男女主人在长桌中央对面而坐，餐桌两端可以坐人，也可以不坐人。

办法之二，是男女主人分别就座于长桌两端。

某些时候，如用餐者人数较多之时，还可以参照以上办法，以长桌拼成其他形状，以便安排大家一道用餐。

（2）圆桌。

在西餐里，有圆桌排位的情况并不多见。在隆重而正式的宴会里，更尤为罕见。其具体排列，基本上是各项规则的综合运用。

（3）方桌。

以方桌排列位次时，就座于餐桌四面的人数应相等。在一般情况下，一桌共坐八人、每侧各坐两人的情况比较多见。在进行排列时，应使男、女主人与男、女主宾对面而坐，所有人均与自己的恋人或配偶坐成斜对角。

## 二、西餐的菜序

西餐菜单上有四或五大分类，其分别是开胃菜、汤、沙拉、海鲜、肉类、点心等。应先决定主菜。主菜如果是鱼，开胃菜就选择肉类，在口味上比较富有变化。除了食量特别大的之外，其实不必从菜单上的单品菜内配出全餐，只要开胃菜和主菜各一道，再加一份甜点就够了。可以不要汤，或者省去开胃菜，也是很理想的组合。正式的全套西餐上菜顺序是：

> The procedure of serving western food is:
> Starter/appetizer ( cold appetizer and hot appetizer)
> Soup
> Main course
> Salad
> Dessert

## 1. 开胃菜

第一道菜是开胃菜,也称为开胃品和"头盘"。开胃菜的内容一般有冷头盘和热头盘之分,常见的品种有鱼子酱、鹅肝酱、熏鲑鱼、奶油鸡酥盒、焗蜗牛等。因为是要开胃,所以开胃菜一般都有特色风味,味道以咸和酸为主,而且数量少,质量较高。

## 2. 汤

西餐的第二道菜就是汤,汤是西餐的"开路先锋",只有开始喝汤才算是正式吃西餐了。西餐的汤大致可分为清汤、奶油汤、蔬菜汤和冷汤等四类。品种有牛尾清汤、各式奶油汤、海鲜汤、美式蛤蜊汤、意式蔬菜汤、俄式罗宋汤、法式焗葱头汤。冷汤的品种较少,有德式冷汤、俄式冷汤等。

## 3. 副菜

鱼类菜肴一般作为西餐的第三道菜,也称为副菜。品种包括各种淡、海水鱼类,贝类及软体动物类。通常水产类菜肴与蛋类、面包类、酥盒菜肴都称为副菜。因为鱼类等菜肴的肉质鲜嫩,比较容易消化,所以放在肉类菜肴的前面,叫法上也和肉类菜肴等主菜有区别。西餐吃鱼讲究使用专用的调味汁,品种有鞑靼、荷兰汁、酒店汁、白奶油汁、大主教汁、美国汁和水手鱼汁等。如果第一道上过贝类食物,那么这道菜就可以省掉。面包一般为切片,可根据个人的嗜好涂抹各种果酱、黄油或奶酪。

## 4. 主菜

肉、禽类菜肴是西餐的第四道菜,也称为主菜。主菜有热有冷,但应以热菜为主。在比较正规的正餐中,大体要上一个冷菜、两个热菜。

冷菜是指蔬菜类菜肴。蔬菜类菜肴可以安排在肉类菜肴之后,也可以和肉类菜肴同时上桌,所以可以算为一道菜,或称为一种配菜。蔬菜类菜肴在西餐中称为沙拉。和主菜同时服务的沙拉,称为生蔬菜沙拉,一般用生菜、西红柿、黄瓜、芦笋等制作。沙拉的主要调味汁有醋油汁、法国汁、千岛汁、奶酪沙拉汁等。

两个热菜中一个是鱼菜,一个是肉菜,一般为烤肉或烤禽配备蔬菜。肉类菜肴原料取自牛、羊、猪等各个部位的肉,其中最有代表性的是牛肉或牛排。牛排按其部位又可分为沙朗牛排(也称西冷牛排)、菲利牛排、"T"骨形牛排、薄牛排等。其烹调方法常用烤、煎、铁扒等。肉类菜肴配用的调味汁主要有西班牙汁、浓烧汁精、蘑菇汁、白尼斯汁等。禽类菜肴的原料取自鸡、鸭、鹅,通常将兔肉和鹿肉等野味也归入禽类菜肴。禽类菜肴品种最多的是鸡,有山鸡、火鸡、竹鸡,可煮、炸、烤、焖,主要的调味汁有黄肉汁、咖喱汁、奶油汁等。

## 5. 点心

第五道菜是点心。吃过主菜之后一般要上一些诸如蛋糕、饼干、吐司、馅饼、三明治之类的小点心,给没有吃饱的人填饱肚子。吃饱的人可以不吃点心。

## 6. 甜品

第六道菜是甜品。最常见的是布丁、冰淇淋等。

## 7. 果品

第七道菜是果品。

**8. 热饮**

第八道菜是热饮。最正规的热饮是红茶或什么都不加的黑咖啡。二者选其一，可以在餐桌上喝，也可以到客厅或休息厅去喝。喝咖啡一般要加糖和淡奶油。茶一般要加香桃片和糖。

### 三、西餐的服务流程

1. 接受客人订席

开通预约电话，接受客人订席。订席时记录清楚人数、时间和联系电话。

2. 营业前的准备工作

服务员须在早餐开始前半小时全部到岗，开简短的碰头会，检查员工仪容仪表，布置当日工作，分配员工工作岗位，介绍厨房当日菜肴和推荐菜肴；领班和服务员按区域检查台子、台布、口布、餐具、玻璃器皿、不锈钢器皿、各种调味品、托盘、烟缸、火柴、花瓶等是否齐全、清洁、明亮，摆放是否规范，整个餐厅是否统一；准备好菜单、饮料单，其中菜单、饮料单须清洁，配合厨房摆放自助餐用具和食品，所有用具要保证一定的周转量，以备更换。

3. 引导客人及安排入座

西餐的服务要求引领客人入座，自己寻找座位是失礼的。可参考中餐的引领礼仪。

4. 递送菜单

客人就座后，服务员应表示欢迎，然后站在客人右侧，并从客人右边递上菜单和饮料单，礼貌地征询客人需要什么酒水和菜品。

5. 铺口布

有礼貌地为客人铺好口布。

6. 供应冰水

如客人不需饮料，就为客人倒上冰水。

7. 接受点叫及服务餐前饮料或餐前酒

客人点单后，应重复客人点单内容，然后开单。根据客人所点菜肴，调整桌面原有的餐具，除自助餐外，无论客人吃美式套餐、欧陆式套餐还是零点，都应在客人确定好饮料和菜肴后，尽快为客人提供饮料。上饮料时要用托盘，服务时左手托托盘，右手拿饮料。

8. 接受点菜

客人点菜时，服务员应等在客人斜后右方，上身微躬。如果客人不能确定菜肴，应主动向客人介绍菜肴，帮助客人选择菜肴。入厨单一式三联，饮料单一式两联，书写字迹要清楚，如有特殊要求，须加以说明。客人点完单后，应重复点单内容，以请客人确认，如客人所点菜肴出菜时间较长，就应及时提醒客人，并征求客人意见看是否需要更换。

9. 上菜

上菜时检查所上菜肴与客人所点是否相同，调味品和辅料是否齐全，西餐上菜顺序为：面包、黄油、开胃菜、汤、沙拉、主菜、甜品、咖啡或茶。

10. 服务菜肴

服务顺序是先宾后主，先女后男；从客人右侧上菜，从客人左侧撤碟；上菜时要报菜名，并做适当介绍，放菜要轻。除面包黄油外，其他菜肴、汤、甜品等上桌时，须将前一道用餐完毕的用具撤去。菜肴全部上完后，应向客人示意，并询问客人还需要什么，然后退至值台位置，咖啡或茶待客人结账离去后方可撤去。

11. 客人用餐期间服务

用餐客人多，周转快，须不断地与厨房联系，以确保供应，保证出品质量，控制出菜时间。每个服务员应对自己所分管的台面负责，要注意客人的表情，尽可能地解决和满足客人提出的要求，经常为客人添加咖啡或茶，在客人就餐过程中要避免出现送错菜、冷落客人或让客人久等现象。及时撤去餐后盘碟，勤换烟缸，做好台面清洁工作。

12. 征询意见

在不打扰客人的情况下，主动征求客人对服务和出品的意见。如客人满意，就应及时表示感谢；如客人提出意见和建议，则应认真记录，并表示将会充分考虑其意见。

13. 客人结账

只有在客人要求结账时，服务员方可结账。多位客人一起就餐时，应请问统一开账单还是分开账单。凡住店客人要求签房账时，服务员应请客人在账单上签上姓名和房号，并由收银员通过电脑查询核实后方能确认。结账要迅速准确，认真核实账单无误后，将账单夹在结账夹内交给客人。结账后，应向客人表示感谢。

14. 欢送客人

客人离开时应为其拉开座椅，递上衣帽，对客人的光顾表示感谢，并欢迎再次光临。检查是否有客人遗落的物品，如有发现应及时送还；如客人已离开，则应交送餐饮部办公室。

15. 重新布置、摆设餐桌及餐具

客人离去后及时检查是否有尚未熄灭的烟蒂，按先口布、毛巾，后酒杯、碗碟、筷子、刀叉的顺序收拾餐具及有关物品。按铺台要求重新铺台，准备迎接新的客人。

## ○ 任务3　茶艺与咖啡服务礼仪 Etiquette of Tea and Coffee Service

一、茶艺礼仪

（一）茶叶及茶具

1. 茶叶的种类和饮用特点

（1）绿茶。

绿茶是对新鲜茶叶进行炒制，利用高温破坏其中所含的酶，在制止其发酵后制作而成的。常喝绿茶的人都知道，当年的新茶，特别是"明前茶"（也就是清明节前采摘的茶叶）是首选。绿茶更适合在夏天饮用，可以消暑降温。

我国著名的绿茶有：产于杭州龙井的龙井茶，产于江苏太湖洞庭山的碧螺春，产于安徽黄山的黄山毛峰，产于湖南

洞庭湖君山的君山银针，产于安徽六安齐云山的六安瓜片，产于河南信阳大别山区的信阳毛尖，产于贵州黔南都匀山区的都匀毛尖等。

> Chinese tea may be classified into five types of tea according to the different methods by which it is processed.
>
> Green tea is the variety which keeps the original colour of the tea leaves without fermentation during processing. This category consists mainly of Longjing tea of Zhejiang Province, Maofeng of Huangshan Mountain in Anhui Province and Biluochun produced in Jiangsu.

（2）红茶。

红茶的加工制作方法和绿茶相反，它是以新鲜的茶叶经过烘制，等完全发酵后制作而成。它的色泽油润乌黑。冲泡后，具有独特的浓香和爽口的滋味，还能暖胃补气，提神益智。红茶性温热，适合在冬天里饮用。

我国生产的红茶最著名的是安徽祁门红茶。此外，还有产于云南西双版纳的滇红茶等。

> Black tea, known as *hong cha* in China, is the category which is fermented before baking; it is a later variety developed on the basis of the green tea. The best brands of black tea are Qihong of Anhui, Dianhong of Yunnan, Suhong of Jiangsu, Chuanhong of Sichuan and Huhong of Hunan.

（3）乌龙茶。

乌龙茶的制作加工方法介于绿茶和红茶之间，是一种半发酵的茶叶。外形肥大、松散，茶叶边缘发酵，中间不发酵，整体外观上呈黑褐色。沏水冲泡后的乌龙茶色泽凝重鲜亮，芳香宜人，不仅可以化解油腻，而且健胃提神。

我国乌龙茶多产于福建，其中最著名的是福建安溪县的铁观音、福建武夷山的武夷岩茶等。

> Wulong tea represents a variety half way between the green tea and the black tea, being made after partial fermentation. It is a specialty from the provinces on China's southeast coast: Fujian, Guangdong and Taiwan.

（4）花茶。

花茶，又名香片，是以绿茶加入各种香花熏制而成的茶叶。它的最大特点是冲泡后芳香扑鼻，口感浓郁，味道鲜嫩。一年四季都可以饮用。

花茶可以分为茉莉花茶、桂花花茶、玫瑰花茶、白兰花茶、珠兰花茶、米兰花茶等多个品种。其中茉莉花茶最受欢迎。

> Scented tea is made by mixing fragrant flowers in the tea leaves in the course of processing. The flowers commonly used for this purpose are jasmine and magnolia among others. Jasmine tea is a well-known favorite with the northerners of China and with a growing number of foreigners.

（5）砖茶。

砖茶，又叫茶砖，是将茶叶压紧后制作成的一种类似砖块形状的茶叶品种。它受到一些少数民族的喜爱，特别是添加奶、糖等之后煮着喝，味道更美。

> Compressed tea is the kind of tea which is compressed and hardened into a certain shape. It is good for transport and storage and is mainly supplied to the ethnic minorities living in the border areas of the country. As compressed tea is black in color in its commercial form, so it is also known in China as "black tea". Most of the compressed tea is in the form of bricks; it is, therefore, generally called "brick tea", though it is sometimes also in the form of cakes and bowls. It is mainly produced in Hubei, Hunan, Sichuan and Yunnan provinces.

（6）袋茶。

袋茶不是茶叶的某一个品种，而是为了饮用方便，将绿茶、红茶、乌龙茶或花茶甚至是加入补品、药品的茶分别装入纸袋内。饮用时将纸袋放进杯子，然后进行冲泡就行。袋茶是茶的一种方便饮品。

根据生活习惯，南方人爱喝绿茶，北方人爱喝花茶，东南沿海一带的人爱喝乌龙茶。欧美人爱喝红茶，特别是袋装红茶。

（7）普洱茶。

普洱茶是历史形成的云南特有的地方名茶，以云南原产地的大叶种晒青毛茶为原料，经加工而成两个系列：直接再加工为成品的生普和经过人工速成发酵后再加工而成的熟普。形制上又分散茶和紧压茶两类。成品后都还持续进行着自然陈化过程，具有越陈越香的独特品质。普洱茶是用优良品种云南大叶种的鲜叶制成，也叫作普洱散茶。其外形条索粗壮肥大，色泽乌润或褐红，俗称像猪肝色。滋味醇厚回甘，具有独特的陈香味，有"芙蓉茶"之声誉。

2. 茶具的选择

喝茶时，因所选茶叶不同，所选茶具的品种也不同。但一般情况下，喝茶用具都少不了储茶用具、泡茶用具和喝茶用具。

（1）储茶用具。

基本要求是：防潮、避光、隔热、无味。如果要存放好的茶叶，最好用特制的茶叶罐，如铝罐、竹罐，尽量不用玻璃罐，更不要长时间以纸张包装存放茶叶。

(2) 泡茶用具。

在较正规的情况下，泡茶用具和喝茶用具往往要区分开。正规的泡茶用具是茶壶，多是由紫砂陶或陶瓷制成。

(3) 喝茶用具。

主要是茶杯、茶碗。用茶杯喝茶最常见，也最正规。使用茶碗喝茶，多出现在古色古香的茶馆里。为帮助茶汤纯正味道的发挥，茶杯应该选用紫砂陶茶杯和陶瓷茶杯。如果是为了欣赏茶叶的形状和茶汤的清澈，也可以选用玻璃茶杯。最好别用搪瓷茶杯。如果喝茶同时使用茶壶，最好茶杯、茶壶相配套，以便美观而和谐，尽量不要东拼西凑。要是同时用多个茶杯，也应注意配套问题。不要选用破损、残缺、有裂纹、有茶锈或污垢的茶杯待客。

### (二) 敬茶与品茶

1. 照顾客人的喜好

可能的话，多准备几种茶叶，使客人可以有多种选择。上茶前，应先问一下客人是喝茶还是喝饮料，如果喝茶，习惯喝哪一种茶。例如有的人喜欢热茶，有的喜欢冷茶，有的喜欢奶茶，有的则喜欢糖茶。不要自以为是，强人所难。如果只有一种茶叶，应事先说清楚。

从医学角度来讲，喝茶不要太浓，如果客人有特别要求的例外。以茶待客讲究要上热茶，而且是七分满。上茶时还有"茶满欺人"的说法。

2. 上茶的规矩

一般合乎礼仪的奉茶顺序是先为主宾上茶，后为次宾上茶；先为女士上茶，后为男士上茶；先为长辈上茶，后为晚辈上茶；先为客人上茶，后为主人上茶。如果客人多，可以遵循先客后主、先主宾后次宾、先女后男、先长辈后晚辈的原则；可以以进入客厅为起点，按顺时针方向依次上茶；也可以按客人的先来后到的顺序；还有一种"偷懒"的方法，就是把所有的茶都泡好后，让客人自己拿。

3. 敬茶的方法

(1) 事先冲泡。

不要当着客人的面取茶冲泡，尽量事先将茶沏好。即使当着客人的面取茶，也不可用手抓茶叶，而要用茶匙取，或是直接以茶罐将茶叶倒进茶壶、茶杯。

(2) 双手递茶。

双手端着茶盘进入客厅。敬茶时一定要用双手，尤其不要单用左手，同时不要用手碰到杯口。首先将茶盘放在临近客人的茶几或桌子上，然后用右手拿着茶杯的杯托，左手附在杯托附近，从客人左后侧将茶杯递上去。茶杯放到位后，要注意杯耳朝向外侧。

4. 续水的时机

主人如果是真心诚意地以茶待客，最适当的做法就是要为客人勤斟茶，勤续水。这种做法的寓意是"慢慢喝，慢慢叙"。

以前，待客有"上茶不过三杯"一说。第一杯叫作敬客茶，第二杯叫作续水茶，第三杯叫作送客茶。如果一再劝人用茶而又不说话，往往意味着提醒来客"应该打道回府了"。所以，在用茶招待老年人或海外华人的时候，不要再三斟茶。

在为客人续水斟茶时，不要妨碍到对方。一手拿起水杯，使茶杯远离客人身体、座位、桌子，另一只手把水续入。最好不在客人面前续水。

5．品茶的方法

（1）慢品。

不论是主人还是客人，都不应大口吞咽茶水，或喝得"咕咚"直响，应当慢慢地小口仔细品尝。遇到漂浮在水面上的茶叶，可用茶杯盖拂去，或轻轻吹开。切不可用手从杯里捞出来扔在地上，更不要吃掉。和别人说话的时候，最好别喝茶，即使要喝，也要小口地品尝。不要连茶叶一并吞进嘴里，万一把茶叶喝进嘴里，也不要吐出来或是用手从嘴里拿出来，而是吃掉或是在其他地方吐掉。

（2）茶道。

日本人崇尚茶道，将茶道作为陶冶人的性情的一种艺术。以茶道招待客人，重在渲染一种气氛。至于喝茶则每人小小的一碗，或全体参加者轮流饮用一碗，不能喝了一碗又一碗。

（3）茶会。

西方常以茶会作为招待宾客的一种形式。茶会通常在下午 4 时左右开始，设在客厅之内，准备座椅和茶几就行了，不必安排座次。茶会上除饮茶之外，还可以上些点心或风味小吃。国内现在有时也以茶会招待外宾。

## 二、咖啡服务礼仪

（一）咖啡服务常识

1．客人喜欢香浓的咖啡

不管哪一种咖啡，淡而无味的咖啡肯定是不受欢迎的。绝大多数的人都爱喝香浓的咖啡，不喜欢偏淡的咖啡。大部分喜欢喝黑咖啡的人欣赏的即是像意大利浓咖啡那样高品位的香浓口感。太浓的咖啡是可以冲淡的，但太淡的咖啡却没有办法使它变得香浓。制作咖啡时水量决定了它的浓厚程度，水越少，咖啡就越浓。

Coffee is a brewed drink prepared from roasted seeds, commonly called coffee beans, of the coffee plant. They are seeds of coffee cherries that grow on trees in over 70 countries. Green unroasted coffee is one of the most traded agricultural commodities in the world. Due to its caffeine content, coffee can have a stimulating effect in humans. Today, coffee is one of the most popular beverages worldwide.

2．好咖啡的集成因素

好的咖啡通常是用蒸馏咖啡机制作的。不同的机器制作的咖啡可能不一样，但成功的要点是：新鲜的咖啡豆、烫热的杯子、优质的咖啡杯子、精湛的咖啡制作工艺。

3. 咖啡的种类

（1）根据配料区分。

①黑咖啡指既不加糖又不加牛奶的咖啡。在正统的西餐里，黑咖啡是最后上的，它用于化解油腻。蒸馏咖啡作为黑咖啡的代表，它的表面应有一层金黄色的泡沫，这只有好的咖啡机加上新鲜的高品质的咖啡豆才能制作出来。有两种黑咖啡，一种是法国咖啡，另一种是意大利咖啡。法国咖啡相对来说稍淡一些，它用小的咖啡杯盛装，加到一半还是加满，得看咖啡杯的大小而定。意大利咖啡则是极浓的咖啡，在小咖啡杯中盛装仅一半多些。

②牛奶咖啡和玉桂咖啡的不同就在于所加牛奶的比例不一样。牛奶咖啡牛奶多、咖啡少，它的做法就是在做蒸馏咖啡的程序中减少咖啡的含量，在杯中注入1/3杯咖啡后，加满热牛奶。牛奶咖啡通常是用玻璃杯而不用咖啡杯。

③玉桂咖啡同样需要牛奶与咖啡的准确比例。按照咖啡机上的指示，在咖啡杯中注入1/3咖啡后再加满带泡沫的牛奶。一杯好的玉桂咖啡不只在于它的泡沫，更在于咖啡与牛奶的比例，玉桂咖啡必须是带有丰富泡沫的香浓咖啡。还有一点需要记住的是，热牛奶本身是不带泡沫的，泡沫是在牛奶中加入蒸汽后产生的，要有丰富的泡沫加上足够的牛奶。玉桂咖啡通常用咖啡杯盛装，有时候也同牛奶咖啡那样用玻璃杯装，泡沫上的巧克力粉只是一种装饰而已，并不是好的玉桂咖啡的重点。

④甜酒咖啡。一种好的甜酒咖啡不仅是给客人留下一个好印象，而且更能让客人回味无穷。这种朴实的工艺、诱人的观感，使得甜酒咖啡更适合在客人面前表演制作，不管在分餐车上还是在吧台上制作。一杯美味的甜酒咖啡事实上制作起来也不难，新鲜的忌廉加在甜酒咖啡上，给人以白去黑的整体观感。但甜酒咖啡不只是让人欣赏其观感和香醇的口感，更重要的是其经过鲜冻后的忌廉入口的那种心旷神怡的感受。要使甜酒咖啡口感完美，应用鲜浆忌廉而不能用搅打的忌廉，用标花袋盖在咖啡上。虽然很多餐厅有其独特的制作配方，也冠以一些特别的名字，但制作甜酒咖啡的基本技巧是没有区别的。

（2）根据产地不同区分。

①蓝山咖啡。蓝山咖啡是咖啡中的极品，产于牙买加的蓝山。受加勒比海环抱的蓝山，每当太阳直射蔚蓝海水时，便反射到山上而发出璀璨的蓝色光芒，故而得名。此种咖啡拥有所有好咖啡的特点，不仅口味浓郁香醇，而且由于咖啡的甘、酸、苦三味搭配完美，所以完全不具苦味，仅有适度而完美的酸味。一般都单品饮用，但是因产量极少，价格昂贵无比，所以市面上一般都以味道近似的咖啡调制。

Jamaica Blue Mountain Coffee is a classification of coffee grown in the Blue Mountains of Jamaica. The best lots of Blue Mountain Coffee are noted for their mild flavour and lack of bitterness. Over the last several decades, this coffee has developed a reputation that has made it one of the most expensive and sought-after coffees in the world; over 80% of all Jamaican Blue Mountain Coffee is exported to Japan.

②哥伦比亚咖啡。产地为哥伦比亚，烘焙后的咖啡豆会释放出甘甜的香味，具有酸中带甘、苦味中平的良质特性，因为浓度合宜的缘故，常被应用于高级的混合咖啡之中。

Colombian Coffee is a Protected designation of origin granted by the European Union (September 2007) that applies to the coffee produced in Colombia. The Colombian coffee has been recognized worldwide as having high quality and distinctive taste. The main importers of Colombian coffee are United States, Germany, Japan, the Netherlands and Switzerland.

③圣多斯咖啡。主要产于巴西的圣保罗。此种咖啡酸、甘、苦三味属中性，浓度适中，带着适度的酸味，口味高雅而特殊，是最好的调配用豆，被誉为咖啡之中坚，单品饮用风味亦佳。

④摩卡咖啡。产于埃塞俄比亚。豆小而香浓，其酸醇味强，甘味适中，风味特殊。经水洗处理后的咖啡豆，是颇负盛名的优质咖啡，一般皆单品饮用，但若能调配混合咖啡，更是一种理想风味的综合咖啡。

Café mocha is a variant of a caffè latte. Like a latte, it is typically one third espresso and two thirds steamed milk, but a portion of chocolate is added, typically in the form of sweet cocoa powder, although many varieties use chocolate syrup. Mochas can contain dark or milk chocolate.

⑤曼特宁咖啡。产于印尼苏门答腊。酸味适度，带有极重的浓香味，口味较苦，但有种浓郁的醇度。一般的咖啡爱好者大都单品饮用，但也是调配混合咖啡时不可或缺的品种。

⑥爪哇咖啡。产于印尼的爪哇岛，属于阿拉比卡种咖啡。烘焙后苦味极强而香味极为清淡，但感觉不到任何酸味，这种口味深受荷兰人的喜爱。此种咖啡豆最常使用于混合咖啡与即溶式冲泡咖啡。

⑦危地马拉咖啡。产于危地马拉。此豆属于波旁种的咖啡豆，是酸味较强的品种之一，味道香醇而略具野性，最适合用来调配成混合咖啡。

⑧康娜咖啡。这是由夏威夷的康娜地区火山熔岩所培育出来的咖啡豆，味道香浓、甘醇，且略带一种葡萄酒香，风味极为特殊。上选的康娜咖啡有适度的酸味和温顺丰润

的口感，以及一股独特的香醇风味，令咖啡爱好者难以忘怀。目前由于产量日趋减少，且市场需求量颇大，使得康娜咖啡豆的价格直追蓝山咖啡。

**（二）咖啡服务程序**

1. 准备工作

（1）检查灯光、空调、电器等设备设施运转是否正常。

（2）备好各种饮用具，餐台摆上花瓶。

（3）整理台面、地面的卫生，确保环境洁净、舒适。

（4）服务员仪表整齐，精神饱满，在指定位置站位迎接客人。

2. 点单服务

（1）为客人写咖啡饮品单：在服务单上填写好人数、台号、日期及服务员的工号牌，认真填写客人的点单，要求字迹清晰。

（2）填写完之后，向客人复述，经客人同意后将咖啡服务单分送至吧台和厨房，及时为客人提供咖啡服务。

3. 咖啡服务前准备

（1）迅速摆上忌廉杯，将配料（牛奶、糖，如果有要求的话再加上忌廉和柠檬）放在餐桌上，可以用一个托盘托着这些配料，糖盅边应放一个干净的小勺。

（2）在客人右边放上一套咖啡用具，包括咖啡杯、底碟和茶匙。如果在上咖啡或茶时还有甜品，咖啡用具应放在客人的在边。

（3）手持咖啡壶，在客人右边倒咖啡，不要倒得太满，八成即可。

（4）如果咖啡或茶是在用餐最后才上的，咖啡用具应放在客人面前的中央位置。

（5）咖啡杯的柄应朝向右边，咖啡勺应放在杯柄下呈45°。

4. 提供咖啡服务

（1）咖啡应从客人右边斟倒。如果用的是一个短嘴咖啡壶，就应从餐桌上拿起咖啡杯倒完后再放回餐桌；如果用长嘴咖啡壶服务，就应直接将咖啡斟到餐桌上的咖啡杯里。

（2）在正规的英式服务中，咖啡壶和牛奶盅都放在一个托盘里，应在斟完咖啡后再为客人加上牛奶。

（3）热巧克力一般都在后厨预先盛在杯子里，很少会在餐桌上倒给客人。杯子应从客人的右边奉到餐桌上。

（4）客人的咖啡还剩1/3时，主动征求客人意见是否再添加，如同意应立即服务。

（5）客人吸烟时应主动点烟和上烟灰盅；烟灰盅有三个烟头的要及时撤换。

（6）咖啡一定要保持温度，严格按配方去煮。

5. 输出账单

输出账单时，须认真检查核对台号、人数、饮料数量，保证准确无误。

6. 结账

将账单放在结账夹内，从客人右侧双手呈上，请客人核对账单后签字确认，并表示感谢。

Service Etiquette for Tourism

### （三）咖啡制作规程

1. 普通咖啡

（1）准备一壶咖啡所需的咖啡粉。

（2）先将咖啡粉容器取下，在容器里垫一张咖啡过滤纸，然后将咖啡粉倒入容器，并放回到咖啡机上。

（3）从咖啡机的注水口注入一大壶冷水。

（4）把空咖啡壶放置到咖啡机下的出水口处。

（5）4分钟后，咖啡将自动煮好，流入咖啡壶中。

2. 意大利浓缩咖啡

（1）制作意大利浓缩咖啡的机器为全自动化机器。

（2）服务员需准备好相应的小咖啡杯、碟、勺，放置在咖啡机下面的出水口处。

（3）按动机器上的相应按钮。

（4）每一杯浓缩咖啡的全部制作过程为20秒。

3. 卡布其诺咖啡

（1）卡布其诺咖啡使用的咖啡杯为普通的咖啡杯，服务员准备好咖啡杯、碟、勺，放置在咖啡机下面的出水口处。

（2）按动机器上的相应按钮。

（3）在一瓷壶里倒入1/3牛奶，用热蒸汽管将牛奶加热直至起沫，将牛奶沫放入咖啡杯中。

（4）在咖啡杯中撒上少量巧克力粉。

4. 冰咖啡

（1）制作冰咖啡使用长饮杯。

（2）将咖啡倒至杯的2/3处。

（3）加3块冰块使咖啡冷却。

（4）需准备吸管、糖水、淡奶及垫有花纸的面包盘。

（5）把装有冰咖啡的长饮杯放在垫有花纸的面包盘上，糖水和淡奶放在长饮杯的右侧，面包盘右侧摆放吸管，摆放在餐具右上方。

5. 甜酒咖啡

（1）选择合适的杯子，最好用透明坚固带柄或有脚的杯子。

（2）倒入30毫升的烈酒或甜酒。

（3）为了增加观感的效果，烈酒或甜酒可以先用暖酒杯暖一下，点火燃烧后倒入杯中。

（4）如果客人要求加糖就应加入糖。

（5）倒入热咖啡满至离杯口1~5厘米处。

（6）搅拌。

（7）将忌廉放在密封冰冻容器中摇混约3秒钟。

（8）将忌廉轻轻放在咖啡水平面的勺心倒入杯中，继续倒至忌廉约有1厘米厚，拿走勺子。

# 项目实训

## 一、技能训练

（1）演示中餐服务礼仪。

（2）演示西餐服务礼仪。

（3）演示咖啡和茶的服务礼仪。

## 二、实战应用

### Taking Orders

[Two guests (G1, G2) waved to the waitress (W) and signaled her to take their order.]

W: May I take your order now, sir?

G1: Yes, please.

W: What would you like to have?

G1: I think I will have the spaghetti and a vegetable salad.

W: What about you, sir?

G2: I'd like to order roast beef with mashed potatoes.

W: How would you like your beef prepared?

G2: I don't like it rare. I like it well-done.

W: All right. May I know what you would like to drink?

G2: Red wine?

G1: Great! I like red wine. Do you have Burgundy wine?

W: Yes, we have.

G2: We will have that. Please ask your bar tender to choose a nice one for us.

W: No problem. Anything else you're going to order?

G1: No. That's all. And you?

G2: Nothing else.

W: Thank you. Let me repeat your order. You ordered one spaghetti and a vegetable salad with French dressing, one roast beef with mashed potatoes, one bottle of Burgundy red wine. Is that right?

G2: Right.

W: Would you like to have some dessert?

G1: Do you have strawberries?

W: Sorry, we don't have any left.

G1: How about apple tarts?

W: I'll ask in the kitchen. Would you like it with whipped cream?

G2: Yes, please.

W: So apple tarts with whipped cream. Your order will be ready soon. Thank you for your order. Enjoy your meal.

## 三、习题与实践

1. 课堂讨论题

西餐的菜序是什么？

2. 自测题

（1）为客人点菜时应按（　　）的顺序介绍。注意合理搭配，即：菜系、荤素、价格、数量等合理搭配。在为客人点菜的过程中，应注意宣传"绿色、健康、环保"的餐饮新概念，提醒客人限量消费。

（2）写菜是记录客人的具体饮食需求，使餐厅能够清楚地掌握客人的需要，从而准确地为客人展开服务的重要一环。在写菜时应注意按照客人的（　　）来写，将客人的需求准确地写在订菜单上，如有听不清楚或不明白的菜名，不要擅作主张，应当礼貌地向客人（　　）。

（3）摆台又称铺台、摆桌，是将餐具、酒具以及辅助用品按照一定的规格整齐美观地铺设在餐桌上的操作过程，包括（　　）等。摆台要求做到清洁卫生、整齐有序、各就各位、放置得当、方便就餐、配套齐全。

3. 复习思考题

斟酒时如何控制量？

4. 综合实训题

到市内几家星级饭店的中西餐厅，仔细观察各饭店的餐饮服务，观察其服务流程，并写出书面报告。

### 本模块小结

本模块介绍了酒店住宿和餐饮服务的程序和礼仪规范。住宿服务礼仪部分要求学生能够熟练运用门厅迎送服务礼仪、行李服务礼仪、问询服务礼仪、总台接待服务礼仪、大堂副理接待礼仪，餐饮服务礼仪部分要求学生掌握中西餐迎宾接待服务礼仪、餐前服务礼仪、餐间礼仪和结账送客礼仪。

### 知识拓展

1. 记住客人的姓名

一位常住的外国客人从酒店外面回来，当他走到服务台时，还没有等他开口，问讯员就主动微笑地把钥匙递上，并轻声称呼他的名字，这位客人大为吃惊。由于酒店服务人员对他留有印象，使他产生一种强烈的亲切感，如回家一样。

还有一位客人在服务台工作高峰时进店，问讯员小姐准确地叫出他的姓名："××先生，服务台有您一个电话。"这位客人又惊又喜，感到自己受到了重视，受到了特殊的待遇，不禁添了一份自豪感。

另外一位外国客人第一次前往酒店，前台接待员从登记卡上看到客人的名字，迅速准确地称呼他以示欢迎。客人先是一惊，然后作客他乡的陌生感顿时消失，他显出非常高兴的样子。简单的话语迅速缩短了彼此间的距离。

此外，一位贵宾随带陪同人员来到前台登记，服务人员通过接机人员的暗示得悉其身份和姓名，马上准确地称呼客人，并递上打印好的登记卡请他签字，使客人感到自己的地位不同，由于受到超凡的尊重而感到格外的开心。

【分析提示】学者马斯洛的需要层次理论认为，人们最高的需求是得到社会的尊重。当自己的名字为他人所知晓就是对这种需求的一种很好的满足。

在酒店及其他服务性行业中，主动热情地称呼客人的名字是一种服务的艺术，也是一种艺术的服务。通过酒店服务台人员尽力记住客人的房号、姓名和特征，借助敏锐的观察力和良好的记忆力，做出细心周到的服务，使客人留下深刻的印象。客人今后在不同的场合会提起该酒店如何如何，等于是酒店的义务宣传员。

目前国内著名的酒店规定：在为客人办理入住登记时至少要称呼客人名字三次。前台员工要熟记贵宾的名字，尽可能多地了解他们的资料，争取在他们来店报家门之前就称呼他们的名字。当再次见到他们时能直称其名，是作为一个合格服务员最基本的条件。同时，还可以使用计算机系统，为所有下榻的客人做出历史档案记录，对客人做出超水准、高档次的优质服务，把每一位客人都看成是VIP，使客人从心眼里感到酒店永远不会忘记他们。

2．活虾与死虾

晚上10：30，两位客人来到酒店餐厅吃夜宵。客人翻着菜谱，挑选菜肴。他们互相商量着，一位说："来一道白灼虾怎么样？"

"好的，我最爱吃虾了。"另一位回答道。

他们一共点了四道菜，便吩咐服务员上菜。

10：40，四道菜已整整齐齐地摆在客人的餐桌上，客人一边品尝菜肴，一边闲聊着，似乎兴致很好。

"这儿上菜速度真够快的，只要10分钟的工夫，四道菜都上齐了。"

"来来来，先尝尝这道白灼虾，如何？"

客人笑嘻嘻地吃虾。忽然，客人脸上笑嘻嘻的表情不见了。他们再仔细看看餐桌上的虾，显出很气愤的样子，责问在旁的服务员：

"小姐，这虾一点都不热，是不是早就烧好，等我们来吃啊？"

另一位也不甘示弱："是啊，你看这虾色泽深浅不匀，光泽偏暗，要么是剩虾活虾混在一起，要么是剩菜重烹，这样的虾我们不能接受。"

服务员心平气和地说："先生，我们酒店绝对不会卖死虾的，厨房也总是根据菜单配制烹调的，不可能有剩菜，请先生放心。"

客人就是不相信，固执地说："我们点四道菜，前后上齐只用了10分钟，这里肯定有问题，这样的虾你怎么解释？"

服务员耐心地劝说，客人仍然固执己见。这时，值班经理小顾闻讯走了过来，先安慰客人："先生，请息怒，能告诉我是怎么回事吗？我会尽快替你们解决的。"

在倾听客人投诉的同时，小顾一面叫服务员为客人换上热手巾，斟上热茶，以缓和

紧张气氛，一面观察席上的那盘虾。

很快，小顾就意识到问题的关键是客人对活虾烹制后的特征并不了解。要消除顾客的疑问，仅仅靠口头解释难以使客人信服。于是，小顾对客人说："先生，这盘虾是不是活虾烹制的，我先不下结论，请你们随我到餐厅操作台来看看，如何？"征得客人同意后，小顾带客人朝操作台走去，决定以现场操作来解释。

小顾叫服务员取来卡式炉，将鸡汤烧开，然后让厨师拿来一只活虾，在客人面前进行现场烹制，再将此虾与桌面的虾比较，结果，各方面都基本相似。

见状，客人的面色开始缓和，已经相信所食的虾并非死虾，但仍有疑惑。善于察言观色的小顾又热情地对客人说道："观虾秘诀在于颈尾，活虾色泽深浅不匀，原因在于生虾本身纹理之粗细。"一番内行话说得客人直点头："原来如此。"

小顾接着又说："我们工作中也有疏忽，虾体微温不够热，多谢你们提出宝贵意见，我们一定改正……"

听到小顾诚恳的话语，客人也谦恭地说："我们态度也不够好，你们的现场操作让我们开了眼界。"双方之间一片融合的气氛。

【分析提示】值班经理用现场操作的方法解释客人的疑问，取得了较好的效果。这个案例的成功之处在于：

（1）值班经理能够迅速找出客人投诉的焦点：是不是活虾？这样才能有针对性地找出解决问题的办法。

（2）遇到不内行又固执的客人，运用"眼见为实"的现场操作方法不失为一种有效的举措。

## 模块4　旅游交通服务礼仪
### (Etiquette of Tourism Transportation Service)

**任务目标**

了解与旅游相关的民航、铁路、公路客运以及航运交通部门的内容，学习各交通部门主要岗位的服务礼仪，包括民航部门的售票、机上服务礼仪，铁路客运部门的列车乘务员和候车大厅工作人员服务礼仪，以及公路客运中各类型司机服务礼仪和游轮上工作人员服务礼仪。

## 项目1　民航客运服务礼仪
### (Etiquette of Air Travel Service)

**案例引入**

某赴新马泰旅游的团队愉快地结束了旅行，将返程回国。在新加坡机场的礼品店里面看到了一种漂亮的狮身鱼尾水果叉，非常具有新加坡的特色。很多游客都选择了一些。办妥机场托运手续后，经过最后一道安检门时，安检人员发现一位游客放在双肩背包里的水果叉，于是让这位游客打开双肩包检查。安检人员礼貌地解释说："对不起，按照规定，手提行李中不能携带有水果刀、水果叉、剪刀等物品，您的水果叉属于受管制物品，禁止携带，希望您能谅解。"看到游客不情愿的表情，安检人员接着说："不过，现在登机时间尚早，如果您不嫌麻烦的话，可以将水果叉进行托运。"闻听此言，游客们顿时喜笑颜开，购买了水果叉的游客纷纷从随身携带的行李中取出，集中在一个旅行包内，委托导游再次办理了托运手续，从而顺利登机。

**提出问题**

本案例中，机场安检人员的做法是否恰当？为什么？如果安检人员将游客的水果叉没收，将会怎样？

我们小组的回答是：＿＿＿＿＿＿＿＿＿＿＿＿＿＿＿＿＿＿＿＿＿＿＿＿＿＿＿＿＿＿＿

＿＿＿＿＿＿＿＿＿＿＿＿＿＿＿＿＿＿＿＿＿＿＿＿＿＿＿＿＿＿＿＿＿＿＿＿＿＿＿＿＿＿＿＿＿

＿＿＿＿＿＿＿＿＿＿＿＿＿＿＿＿＿＿＿＿＿＿＿＿＿＿＿＿＿＿＿＿＿＿＿＿＿＿＿＿＿＿＿＿＿

### 相关知识

飞机是旅行过程中主要的交通工具之一，用于较为长途的旅行或者有特殊服务要求的旅行。随着旅游者对旅游交通需求的不断提高，民航以其安全、快捷、舒适和优质的服务越来越受到旅游者的青睐。作为整个旅游产品的一部分，航空客运服务的质量影响着旅游者对整个旅游产品的印象和评价，而航空客运服务质量在很大程度上都是由工作人员的服务礼仪所决定的。

> Airplanes are one of the transportation means for traveling. With tourists' higher requirements for transportation, airlines are more and more popular with tourists for their safety, rapidness, convenience, comfort and quality service. As one segment of the travel product, the quality of airline service will affect tourists' impression and appraisal on travel product. However, the service etiquette of airline staff is the main decisive factor for its service quality.

## 任务1　售票服务礼仪 Etiquette of Selling Tickets

### 一、保持个人形象

着统一制服，并按标准坐姿要求端坐于工作台内。

### 二、礼貌耐心待客

面带微笑，热情耐心地回答客人问讯；若客人决定购票，则礼貌地请客人出示有效身份证件；认真核实证件并填写好相关资料后，双手将证件及机票递还给客人，并诚恳表示谢意。

### 三、电话订票礼仪

若遇电话订票，则在电话铃响起三声之内提接电话，首先向客人问好并自报家门，然后耐心询问客人相关信息，及时为客人办理相关手续。

## 任务2　空乘服务礼仪 Etiquette of Air Travel Service

除了乘务员的仪容、仪表、仪态礼仪外，空乘服务礼仪主要包括候机礼仪、迎送乘客礼仪、机上服务礼仪等几个方面。

> Besides the appearance and manner of steward or stewardess, the etiquette of airline service mainly include etiquette in airport lounge, greeting, seeing-off passengers and on the plane.

## 一、候机礼仪

乘务员在候机时的言谈举止、动作礼仪应该和直接与乘客接触时一样的严谨、规范。因为虽然此时尚未面对乘客进入服务程序，但却能进入乘客的视线。

（1）着装规范统一，化妆、发型、行李箱等符合公司统一要求，自然排列成纵队行走，并保持动作基本一致。不咀嚼食物，不使用手机。

（2）言语文明，语音、语调柔和，说话音量适中。乘务员之间讲话声音要小，以只在相互间可以听到为宜，切记不可扎堆聊天、玩笑打闹、大声喧哗。

（3）举止优雅，动作规范。手势要少而轻，站姿、坐姿等仪态符合空乘礼仪标准，保持良好形象。女性乘务员不得当众补妆或修饰面容，若有需要应在卫生间进行。

（4）不应吸烟。乘务员在身穿制服时不要吸烟（面对乘客服务时严禁吸烟）。休息时可吸烟，但要注意把烟灰、烟头置于烟灰缸或垃圾桶内，禁止乱丢烟灰、烟头。

（5）认真检查。乘客登机前应检查紧急设备的数量和完好情况；检查客舱及洗手间卫生；检查机上娱乐用品、报纸、杂志等。

## 二、迎送乘客礼仪

在欢迎乘客登机或欢送乘客下飞机时，乘务员应做到以下几点：

（1）乘客登机时，乘务员应面带微笑，身体与舱门成45°角以标准站姿立于机舱门口迎接宾客。乘客走近时，行15°鞠躬礼并热情问候："您好，欢迎登机！"并指引乘客进入机舱。

（2）若遇乘客携带行李箱，则应主动热情地询问，如"您好，需要帮忙吗？"视其需要，着手相助。若遇老人、小孩、残疾人士则应询问是否需要帮助，若需要则热情扶助，并主动将其送到座位处。

（3）乘客离机时，提醒客人携带好随身物品，并热心协助需要帮助的乘客。面带微笑站立于机舱门口，逐一向乘客行鞠躬礼并诚恳道别。

## 三、机上服务礼仪

当乘客全部登机以后，直至飞机抵达目的地，全体乘务员在提供服务时应注意以下几点：

（1）主动、热情、迅速地引导乘客就座，核对乘客人数。待乘客坐稳后，向坐在紧急出口位置的乘客介绍紧急出口的使用方法及紧急情况下的职责，并确认在紧急情况发生时其能否履行职责。

（2）规范演示应急设备的使用方法。耐心细致地向客人介绍乘机的注意事项及机上应急设备的使用方法并配合广播进行安全演示，示范动作要规范、标准。

（3）细心进行安全检查。飞机起飞前，提醒客人关闭手机、手提电脑，系牢安全带，收起小桌板，调直座椅靠背，并进行仔细检查，必要时帮助客人进行调整。飞机下降和颠簸前，也要进行安全检查。

（4）礼貌派送读物。飞机飞行平稳后，派送报纸杂志。走到乘客座位旁，上身微倾，用适当的音量和柔和的语调询问乘客要不要阅读机上报刊和要哪一种报刊；对闭目休息的乘客则遵循"不打扰"原则。当旅客所要的报纸没有时，应表示歉意，并介绍其他报纸。

Service Etiquette for Tourism

（5）细心准备饮品。给客人送饮品（点心或餐食），首先应将手洗干净，认真检查餐饮器皿是否干净，并按人数准备杯子（点心或正餐）。往茶杯中注入八分水，留意茶的浓度。

（6）规范发送饮品。将饮料整齐、合理地摆放在推车中。推车时手扶在车上方两侧，向前走，动作应轻而稳，表情亲切自然。将推车推至乘客座位旁。倒饮料前，彬彬有礼、面带微笑向乘客询问："今天为您准备的饮料有咖啡、可乐……请问您喜欢哪一种？"根据乘客的选择，提供饮品。倒饮料时杯子倾斜45°，为成年人倒软饮料至杯子的七成满，为小乘客倒饮料时倒至杯子的五成满。按从前至后，先里后外，先左后右，先女后男的顺序发放，左边的客人用右手送，右边的客人用左手送（送物品均按此原则）。

（7）妥善处理失误。若因自己不小心或突遇颠簸等原因而把饮料滴洒在乘客身上，不要惊慌，而要马上诚恳地道歉，如"非常对不起""太失礼了"等。若对方与自己为同性则用干净毛巾或手巾纸为客人擦拭；若为异性则将干净毛巾或手巾纸双手递与，并重新提供服务。

（8）及时回收餐具。为保持客舱环境的整洁、舒适，要及时回收餐饮用具，做好卫生清理工作。当需要乘客协助递回餐盘等物品时，用语要恳切，并诚挚地表示谢意。收餐盘时，按先外后里的顺序，左边的乘客用右手收，右边的乘客用左手收。

（9）用心巡视客舱。巡视客舱时，细心观察乘客的需求，主动与乘客沟通，及时为乘客提供服务（盖上毛毯、开关阅读灯等）。还要注意说话轻、走路轻、动作轻。走动时步幅要小，目视前方，脚内侧在同一直线上，双臂自然摆动，目光自然巡视两旁3～5排乘客，不得跑动。注意观察客舱里乘客的动态，发现可疑现象要及时报告飞行乘务长。

（10）及时做好清洁工作。全程随时清洁盥洗室卫生，添加卫生用品。过站期间，整理报纸杂志，增补卫生用品等，检查落实客舱及卫生间的卫生状况，并向飞行乘务长汇报。

（11）乘务员值班期间不能看书报杂志或做与工作无关的事情。乘务员休息期间，不得当着乘客面看报纸，进餐时尽量避开乘客。

（12）乘客下机后，应认真仔细地检查客舱，如发现有遗留物品，要尽快设法归还失主。如有无人认领的物品，要及时交给地面工作人员处理。

## 项目实训

一、技能训练

（1）模拟民航售票人员进行机票预订。
（2）模拟乘务人员迎送乘客过程。
（3）模拟机上送餐服务。

二、实战应用

### Check-in at the Airport

J = Juliette, P = Passenger

J: Good morning. Do you have any luggage to check in?

P: No, just one piece of hand baggage.

J: May I see it, please?

P: Sure.

J: I'll just check the weight. I'm very sorry, it's 18 kilos, so I'll have to check it through. You won't be able to take it on board as hand baggage.

P: But there's paperwork in there I need on the plane.

J: OK, if you'd like to take some things out.

P: I don't understand. This case was sold to me as cabin size.

J: I'm sorry but you're only allowed 12 kilos on board and it's far too heavy. May I see your passport? I'm afraid you're on standby for the moment.

P: What do you mean? I made this reservation three months ago. I have my ticket. I must leave on this flight.

J: I understand but the flight has been oversold and as you're one of the last people to check in—I don't mean you're late—but unfortunately the airline has sold more tickets than there are seats on this flight.

P: But that's illegal! It's your job to put me on this flight—I have an important meeting in Berlin and I can't miss it.

J: I really understand how you feel but all airlines follow this policy. The only thing you can do is wait until the end of check-in at 8:30. If you come back and see my colleague, the blonde-haired woman over there, then she'll call those who can leave by their names and give them their boarding passes. If no one calls you, just stay in front of the desk. That means you won't leave on that flight, unfortunately, but the supervisor will put you on the next flight and arrange compensation.

P: So the blonde girl is the supervisor?

J: No, not exactly. She's responsible for this flight and she's the one who'll call the supervisor who'll look after you.

P: OK, but I'm not happy about this. And what about my case?

J: I've put a security sticker on it and I'm giving it back to you. If we can put you on the flight I'll take it back. If not, you'll have to check it in again for the next one.

P: OK, I'll hang around.

## 三、习题与实践

1. 课堂讨论题

(1) 飞机飞行过程中，气流造成飞机颠簸，乘客一片恐慌，乘务员应如何做？

(2) 面对特殊群体，如老人、儿童、残疾人，如何提供个性化服务？

2. 按括号内的汉语完成下面的英语对话

(1) A = Airline Clerk, P = Passenger

A: Pan Am Reservations. Debbie speaking.

P: ①_____(我想确认我到上海的班机，麻烦你了).

## Service Etiquette for Tourism

A: Yes. Flight number and date, please.

P: Flight 1, departing on April 2 from Los Angeles.

A: April 2, Flight 1. And your name?

P: Xue-wen Chen. I'll spell out the last name for you. C-H-E-N.

A: Thank you. Yes, Mr. Chen, ②_____ (您的班机已经确认). You'll be flying from Los Angeles to Shanghai on Pan Am Flight 1, departing at 12 noon on April 2.

P: Good.

A: And ③_____ (我们可以在哪里和您联络上)?

P: I'm staying at the Bonaventure Hotel. Room 2 844. The phone number is 624 – 1000.

A: Thank you. Mr. Chen, and ④_____ (请在出发前两小时到机场).

P: I will. Thank you. May I have your name again, please?

A: Debbie.

P: Thank you, Debbie. Goodbye.

A: Bye.

(2) A = Airline Clerk, P = Passenger

P: Here are our tickets and passports. We're flying to London today.

A: Welcome to British Airways. Let's see. Yes, ①_____ (你们的护照仍然有效，机票也没问题). ②_____ (有多少件行李要登记托运呢)?

P: Just these two.

A: Please put them on the scales. ③_____ (有随身行李吗)?

P: Yes, two pieces. Oh, and this camera.

A: ④_____ (最好是把这些标签挂在行李上), ⑤_____ (你们要吸烟区还是无烟区的座位)?

P: Non-smoking, please. And could we have one window seat, please?

A: Let's see. Oh, here are two left. All right, Mr. Malone. You're all set. ⑥_____ (我已经把两张行李提领存根订在你们两人的回程机票上了).

P: These two?

A: That's right. And ⑦_____ (这是你们的登机牌). You have seats 25A and 25B. Your flight is on time, and it's leaving from Gate 8. Don't forget to pay the airport tax before you board. Have a pleasant flight.

P: Thanks.

3. 综合实训项目

模拟一个完整的空乘服务，包括迎送乘客、机上送水送餐等其他服务。

# 项目2　铁路客运服务礼仪
（*Etiquette of Rail Travel Service*）

## 📢 案例引入

某旅游团在结束兰州的行程之后，准备坐火车去敦煌。由于地陪时间安排不当，当旅游团到达火车站时，开往敦煌的列车已经开始检票了。火车站候车厅门口排着长长的候车队伍，导游想请前面不急于检票的乘客让一让，但是前面的乘客一看后面长长的旅游团队伍，说什么也不肯，而且即使这一个乘客让了，前面还有几十个乘客准备进入候车厅。等导游一个个地说服过去，火车早就开走了。整个旅游团都焦急万分。

## 🔍 提出问题

本案例中，导游应该找谁帮助旅游团尽快赶上火车？这个人应该如何做，才能让该旅游团尽快登上即将出发的火车？

我们小组的回答是：_____
_____
_____

## 👆 相关知识

铁路运输具有舒适、安全、快速、经济等特点，铁路列车员和站内工作人员的职责就是让旅客在一个舒适、安全的旅行环境中顺利到达目的地。作为整个旅游产品的一部分，交通服务的质量直接影响着游客对整体旅游产品的评价，而铁路运输工作人员的服务礼仪在很大程度上决定着交通服务质量的好坏。

> Railway transportation has the following features: comfortable, safe, rapid and economical, which makes it distinguish from other transportation means. As a part of travel product, the etiquette of trainmen or trainwomen will play a very important role in making tourists have a pleasant journey.

### ○ 任务1　列车乘务员服务礼仪 Etiquette of Trainman

#### 一、上岗前的准备工作

列车乘务员在上岗前要做好仪容仪表的自我检查工作，着统一服装，佩戴服务标志，做到仪表整洁、仪容端庄。女乘务员应淡妆上岗。

## 二、始发作业服务礼仪

### 1. 迎客礼仪

（1）列车广播通知放行旅客后，值班列车员应锁好厕所，打开车门，悬挂好车厢活动顺序号牌，擦净车门扶手，在车厢门外面向旅客放行方向以立正站姿迎客。乘务员在站立时应挺胸、抬头、收腹、沉肩，手臂自然下垂，中指贴裤缝，两脚脚跟略分开，两眼平视或注视服务对象。品牌列车乘务员迎宾或立岗时，两手在体前交叉，交叉时四指并拢，右手拇指插放在左手掌内，右手压左手。

（2）当旅客前来登车时，要热情问候和提示，相应用语有："您好""欢迎乘车，请出示车票""请勿带危险品上车，谢谢"。经查验车票后，引导旅客上车。对老弱病残幼旅客进行搀扶帮助。

### 2. 相应服务礼仪规范

（1）发车铃响站线，铃停登车，取下车厢顺序号牌，翻起脚踏板，站立车门，观察站台动态。

（2）车动锁门，面向站台致注目礼至出站。

（3）开启厕所，自我介绍并致迎宾词。常用迎宾词为："各位旅客大家好，欢迎大家乘坐本次列车，本次列车是由××开往××的列车，我是本车厢乘务员，胸章号码是××，在旅途中我将服务在大家周围，旅客们有什么困难和要求，请向我提出，我会尽力帮助大家解决。最后祝大家旅途愉快，一路平安！"

（4）整理车厢内行李架上的物品摆放秩序，提醒衣帽钩不要挂衣帽以外的物品。相应用语为："旅客们，为了大家旅途安全和车厢的美观，下面我将进行行李架和衣帽钩整理，请大家予以配合，谢谢！"

（5）宣传禁烟规定。常用语是："本车厢为无烟车厢，需要吸烟的旅客请到车厢两头的连接处。旅客们对我们的服务工作有什么意见和要求，请您写在意见簿上以便我们改进，更好地为大家服务。"

（6）进行重点旅客登记。

（7）为旅客送开水。送水用语为："旅客们，现在为大家供应茶水，需要开水的旅客请您把水杯准备好。"

## 三、途中作业服务礼仪

### 1. 列车行进途中

（1）向旅客提供应需服务，做好重点旅客的服务，及时送开水，做好车厢内的清洁工作。清扫卫生宣传用语为："旅客们，为了给您创造一个舒适、整洁的旅行环境，我们将进行卫生清扫工作，请大家给予协助，谢谢！"

（2）根据气温变化，调节空调车车厢内温度，确保车厢内温度适宜，创造舒适的乘车环境。

（3）及时掌握车厢内的旅客情况，耐心解答旅客提出的问题。

（4）协助查验车票。查验车票时的常用语是："旅客们，为了了解大家的去向，更好地为大家服务，下面我们将进行去向登记和查验车票工作，请大家把车票准备好，谢谢合作!"

2. 列车到站前

(1) 及时向旅客通告站名、到达及开车的时间，提醒旅客不要忘记随身携带的物品，组织好旅客提前到车门口等候下车。到站通报用语为："旅客们，列车前方就要停靠××站了，到站时间为××点××分，到××站的旅客，请提前做好下车准备，谢谢！""旅客们，××站就要到了，请您整理好行李物品，在车门口等候下车。"

(2) 提前3分钟冲洗厕所和锁闭厕所。

(3) 列车进站提前到达车厢门口，打开安全锁，面向站台致注目礼。

3. 列车到站停车

(1) 列车进站停稳后打开车门，悬挂好车厢活动顺序号牌，打开脚踏板，擦净扶手，车门立岗。

(2) 照顾旅客下车，礼貌地向旅客道别。

(3) 对上车旅客进行验票，引导旅客登车。

(4) 发车铃响站线，铃停登车，取下车厢顺序号牌，翻起脚踏板，站立车门，观察站台动态。

4. 列车启动后

车动关锁车门，面向站台致注目礼至出站台，放好顺序号牌，检查车门锁闭情况。重新开启厕所，整理车容。

5. 到达终点站

(1) 提前进行车厢的全面清扫整理，并向旅客通告。终点站到达宣传用语为："各位旅客，列车前方站是本次的终点站车站，请大家将行李物品准备好，不要把东西遗忘在列车上。一路上大家对我们的工作给予了大力支持，我向大家表示感谢。欢迎下次再次乘坐我们的列车，最后请大家带着美好的祝福下车，把宝贵的意见留给我们，谢谢！"

(2) 按规定时间提前锁闭厕所。列车进站，提前到车厢门前等候，面向站台致注目礼。

(3) 列车进站停稳后打开车门，悬挂好车厢顺序号牌，打开脚踏板，擦净扶手，车门立岗。

(4) 照顾旅客下车，礼貌地向旅客道别。

(5) 旅客都离开后，再次进行车厢内务整理。

## 任务2　候车大厅服务礼仪 Etiquette of Waiting Hall Service

候车大厅是车站的门面和窗口，是旅客对车站服务产生深刻印象、做出评价的重要部门。良好规范的服务礼仪会让旅客愉悦和信赖，因此，候车大厅的服务礼仪非常重要。候车大厅服务礼仪包括安全检查礼仪、问讯引导礼仪、客运值班室服务礼仪、验票礼仪等。

### 一、安全检查员服务礼仪

安全检查员应注意以下服务礼仪：

1. 着装统一

穿着规定制服，帽徽和服务标志佩戴一致，服装干净，衣扣、领带、领结整齐。

2. 协助检查

检查前，应主动说声"谢谢您的合作"。如果旅客比较多，应协助旅客进行检查，主动帮旅客把包放到检测仪或抬到桌子上，委婉地提示旅客加快速度，并提醒下一位做好准备，避免出现拥挤忙乱的现象。

3. 人性化处理

如安检时发现违禁品，应向旅客详细指出哪些物品属于违禁品，严禁带进站、带上车，最好不要当着其他旅客的面检查包中的违禁品，应把包拿到一旁，以免使旅客感到难堪。

4. 礼貌宣传

与旅客面对面宣传时，声音应温柔平和，态度和蔼亲切，并且多使用"请""对不起""谢谢"等礼貌用语，赢得旅客的信任，使检查工作顺利进行。不能蛮横粗野，不能大喊大叫。

5. 查后致谢

检测过后应向旅客表示感谢："给您添麻烦了，祝您旅行愉快，再见。"

## 二、问讯处客运员服务礼仪

1. 基本礼仪要求

（1）上岗前，应做好仪容仪表的自我检查，做到仪表整洁、仪容端庄。

（2）工作中保持站立服务，站姿端正，精神饱满，面带笑容，思想集中。

（3）接待前来问讯的旅客时，目光应柔和地望着对方的眼睛，不要东张西望。如果对方是异性，目光不要长久地停留或盯住对方不动，以免使对方尴尬。

（4）动作要彬彬有礼，使对方有一种被尊重的感觉，用语也应使人感到亲切。

（5）进行引导的手势应为：手掌伸平，五指自然收拢，掌心向上，小臂微曲，指向旅客要去的方向。不要伸出一个手指，指指点点。

（6）学会察言观色，善于利用肢体语言表达情感，以便更好地与服务对象交流。应尽量使用普通话，并尽可能多地掌握一些地区的常用方言、哑语手势和外语会话，以便在适当的时候为特定的旅客群体服务，让旅客有一种宾至如归的美好感受。

2. 热情礼貌待客

对于前来问询的旅客，要先礼貌地问候，并热情接待，做到有问必答，用词准确、简洁明了。对列车的时刻、候车大厅的布局等应有详细的了解，能准确熟练地回答旅客的基本问询。不能说"也许""大概"之类没有把握或含糊不清的话。自己能答复的问题，不推给别人来回答。

3. 相关要求

（1）在任何情况下都不得讥笑、讽刺旅客，不得与旅客争辩。决不允许有言语粗俗、举止鲁莽的言行发生。

（2）在旅客因误解、不满而投诉时，要以诚恳的态度耐心听取旅客的意见，不得中途打断，更不能回避、置之不理。

(3) 要做到"急旅客所急",尽心尽力地为旅客服务。在无法满足旅客的要求时,不要随便编造理由;致歉态度要诚恳,以求得对方的谅解。

### 三、候车厅客运员服务礼仪

候车厅客运员在提供服务时应注意下列礼仪:

1. 岗前整理仪容

上岗前,做好仪容仪表的自我检查,着统一服装,做到仪表整洁、仪容端庄。

2. 热情周到接待旅客问询

在大厅遇到有人问询时,应停下脚步主动关切地问:"先生/女士,您有什么事需要我帮忙吗?"显示出诚恳和亲切。若有旅客问路时,应详细地告诉对方怎么走,必要时可以画一张路线图。如果不知道,不要不懂装懂,也不要信口开河或敷衍应付,应该向对方致歉:"对不起,先生/女士。您说的这个地方我也不太清楚,不过您可以到车站问讯处,让那儿的工作人员帮助您查一下地图,您看好吗?"同时可以将旅客带到问讯处或清楚地指示问讯处的走向。

3. 主动访查

随时解决候车大厅中旅客遇到的困难,做到勤巡视、勤访问,耐心细致,全面服务,重点照顾。

4. 维护秩序

组织旅客有秩序地排队验票,及时提醒旅客不要拥挤,注意安全。

### 四、客运值班员服务礼仪

客运值班员在服务中应注意下列礼仪:

1. 基本礼仪要求

上岗前,做好仪容仪表的自我检查,着统一的服装,做到仪表整洁、仪容端庄。接待旅客时,保持精神饱满,面带微笑,思想集中,站、立、坐、行姿态都要自然得体,而且要出言谨慎,语气委婉,态度诚恳,谦逊有礼。

2. 旅客问讯的接待礼仪要求

对前来问讯的旅客,应主动上前或起立,彬彬有礼地亲切问候,或请旅客就座慢慢细说。对内宾要用普通话,不能用方言;对外宾能用英语或其他外语进行交谈。而且对待旅客的问询,要尽力给予全面详细准确的答复,使对方感到可信、放心、满意。对自己能答复的问题,决不借口推托给其他部门解答。

3. 旅客投诉的接待礼仪要求

在接待旅客投诉时,要做到热情接待、耐心听取、冷静分析,即使对方怒气冲冲、情绪激动,甚至蛮不讲理,也不能受其影响而冲动。相反,要心平气和、善解人意、逐步引导,充分尊重投诉者的心情,尽力帮助旅客处理好事务。

在听取旅客投诉时,应同时做好必要的书面记录,表明对事情的重视态度,避免被旅客误认为敷衍了事、办事草率。

对旅客的投诉,除表示理解、同情、重视外,要迅速根据实际情况做出必要的查核,拿出妥善解决的方法。

#### 4. 突发事件的处理要求

在处理突发事件时，要沉着、冷静、果断，及时与有关方面通报信息，尽快求得指示和协助，在礼貌服务中体现出优质、高效。

### 五、验票员服务礼仪

验票员在服务时应注意以下礼仪：

#### 1. 岗前整理仪容

上岗前，做好仪容仪表的自我检查，着统一的服装，做到仪表整洁、仪容端庄。

#### 2. 验票过程礼仪规范

掌握好验票时间。一般情况下，始发列车在列车开车前40分钟开始验票，过路车在列车到站前20分钟开始验票。停止验票的时间可以根据检票口到列车停靠站台的距离远近来确定。

随时掌握列车的到站时间、停靠站台、候车地点和检票地点等运行情况并及时、准确、清楚地通告给旅客。

做好验票的前期组织工作，维持好候车室的验票秩序，做好验票准备。

验票方法得体。一手拿票剪，一手接票，看清票面显示的时间、车次、到站，然后说明所到站站名和人数，并同时剪口，即"一看、二唱、三下剪"。

验票过程中，做到干净利落、有条不紊，应微笑面对旅客，说话的语气要平和，吐字要清楚，态度要和蔼。

验票后，应主动把车票递到旅客的手中。交还车票时可以说："祝您旅途愉快！"或者说："请您走好，再见！"等等。

#### 3. 不同情况的应对方法

如果等待验票的旅客人数比较多，要尽量加快速度，不必对每一位旅客都点头致意。

如果发现有个别旅客扰乱秩序，应用和蔼的语气劝阻："对不起，这位先生/女士，请您按先后顺序检票。"不要大声呼喊训斥或推搡旅客，以免引起周围旅客的反感。

如果几位旅客的车票全由一个人拿着，而这个人又走在最后面，这时候你可以委婉地说："请问你们几位的车票在谁那儿？别着急，让我先核对一下车票再走，好吗？"

当看到不是本次列车的旅客来验票时，可以对旅客说："对不起，先生/女士，您的车票不是这趟车的。"或者说："对不起，先生/女士，现在检票的是××次，而您的车票却是××次，请您到××候车室去验票。"

如果因车站工作的失误给旅客造成麻烦，或者是旅客对车站某些工作不满意时，要主动向旅客道歉，并想方设法为旅客解决困难。

在处理问题时，可以把旅客请到值班室，亲切而友好地与旅客交谈。

## 项目实训

### 一、技能训练

（1）模拟乘务员在火车上的对客服务。

（2）模拟检票员检票。

(3) 模拟安检员进行安全检查。

## 二、实战应用

### Buying Train Tickets

C = Clerk, T = Tourist

T: I need one ticket to Seattle.

C: That's a three-day trip. Do you want a sleeper?

T: How much does it cost?

C: $225 one way.

T: What time does the train depart to Seattle?

C: It will depart in fifteen minutes. It arrives at 5:43 in the afternoon three days later.

T: Is there a dining car?

C: Yes, there is, and all meals are included if you have a sleeper.

T: Really?

C: Including extra drinks.

T: OK, I'll take one.

## 三、习题与实践

1. 课堂讨论题

(1) 列车行进途中，有乘客突发疾病，应如何处理？

(2) 安全检查过程中，发现乘客行李内有违禁物品，应如何处理？

2. 按括号内的汉语完成下面的对话

(1) C = Clerk, S = Thad Soff

C: Happy Journey Agency. Can I help you?

S: Yes. I'd like to book a one-way ticket to Shanghai.

C: By train or by plane?

S: By train. By the way, ①_____（乘高铁到上海需要多长时间）?

C: About 5 hours.

S: ②_____（中途要停多少站）?

C: The express will go straight from Beijing to Shanghai without a stop.

S: Oh. Is there a train that leaves in the afternoon?

C: Yes, sir. Do you need a ticket?

S: ③_____（我想订两张明天到上海的软卧票）.

C: OK. It comes to 476.5 *yuan* including the service fee.

S: May I have two lower berths?

C: Sorry. ④_____（明天下午的下铺票卖完了）. But the middle and upper berths are still available. Do you want them?

S: Yes. When and where can I get the tickets, please?

C: Happy Journey is at 25 Fuxing Road. You can come and get the ticket in the afternoon. Or ⑤_____（我们也可以送票上门，只是您得另付 5 元钱）.

S: That sounds more convenient. I'll be expecting the tickets. I live at 202 Anding Road with a Chinese friend. My name is Thad Soff.

C: OK, Mr. Soff, ⑥_____（我派人把票送到安定路202号）.

S: Thank you.

C: Have a nice trip.

(2) A = Travel Agent, T = Tourist

A: How would you like to go to Amsterdam?

T: ①_____（我想乘火车去）.

A: By train? It'll take you a much longer time than by air.

T: ②_____（我在欧洲还从未乘火车长途旅行过）. Each time I take a plane, so I want a change. I believe that'll be more exciting. I want to see more of the continental landscape.

A: Yes, it's nice indeed. ③_____（火车驶过农田、穿过山区、树林，跨过河流，沿途的景色变化无穷，真是太美了）.

T: I feel very excited already. But I'm a little bit worried about the luggage.

A: Don't worry. ④_____（欧洲大陆的铁路行李托运是非常完美的）. ⑤_____（您只需要在目的地取行李就是了）.

T: Oh, is it? When shall I leave? I think I'll be ready in an hour or so.

A: Take your time. I'll have to book a ticket for you.

# 项目3  公路客运及航运服务礼仪
## (*Etiquette of Highway and Shipping Travel Service*)

### 📢 案例引入

在一艘豪华游轮的小宴会厅里,一位服务员正在为一批客人服务。酒至半酣,宴会主人见餐桌上的银器餐具非常精美,顺手就拿起一把汤匙塞进自己西装内侧衣兜里。这一情形正好让服务员看到了,她一边工作,一边寻思:这可怎么办啊?照理说,客人擅自拿走餐具,那就是盗窃,罚款是肯定的。但这位客人,西装笔挺,风度翩翩,兴致勃勃,又是宴会的主人,大约是出于对餐具的欣赏,才顺手牵羊。这位服务员知道客人是个生意人,也不是第一次在这里宴请客人。以各自的身份而言,服务员觉得在这样的场合下,没必要与客人争个是非曲直,更没必要当众揭露客人的所作所为,因为这样就会弄得难以收场。但也不能当没看见,毕竟那是游轮的财产啊。

### 📢 提出问题

本案例中,如果你是这位游轮服务人员,应该怎样做才能既顾全客人的面子,使其不尴尬,又能保护游轮的财产呢?

我们小组的回答是:_____

_____

### 📢 相关知识

汽车是中、短距离旅游比较受欢迎的交通工具。在我国,大中型旅游客车是团队旅游经常采用的旅游工具;小型客车、轿车则是小型团队和散客旅游者经常选用的交通工具。在旅游活动中,司机服务是旅游服务中重要的一环,其任务是安全、准时、舒适地把客人送到目的地。旅游司机在服务中必须与导游密切配合,与客人接触时注重礼貌礼节,才能赢得客人对旅行社整个接待工作的赞赏和满意。有些司机还承担了导游的讲解服务和生活服务工作,成为身兼多职的角色。

在旅游交通工具中,游轮是最受游客推崇的。其中,豪华游轮就犹如一座能在水上移动的四星或五星级酒店,使游客在享受酒店式服务的同时,还能随时观赏到变幻万千的景色。它可以使人省却车马劳顿、提箱辗转的辛苦,让人可以从容、闲适、温馨、浪漫地饱览美景。舒适的住所、精美的佳肴、精心设计的日程安排,特别是周到细致的上乘服务,令众多游客向往。优质的服务是游轮的立足之本。

Automobiles are popular transportation means for short distance travel. During the travel, driver service is very important. Drivers have to cooperate with tour guides attentively, and be courteous with tourists.

Among all the transportation means, cruise is tourists' favorite. A deluxe cruise is just like a four-star or five-star hotel floating on the water, which can make tourists not only enjoy hotel-like service, but also appreciate magnificent landscapes. Quality service is the basis for a cruise.

## 任务1　汽车司机服务礼仪 Etiquette of Drivers

### 一、大、中型客车司机服务礼仪

1. 前期准备

旅游汽车司机在接到任务后，要做好接待准备，包括车辆的准备、个人仪容仪表的准备以及与导游确认行程的准备等。司机要精神饱满，服饰整洁，保持良好的个人卫生状况，保证汽车的清洁。

2. 热情迎客

提前到达接待地点等待游客。当游客到来后，及时打开车门，并且要面带微笑，站在车门一侧，迎候游客上车。协助导游员照顾老弱病残幼，主动帮助提拿行李。游客上车后注意协助导游员清点游客人数，检查车门是否关牢，需要使用空调的话则提前打开车内空调。

3. 回应介绍

当导游员向游客介绍司机时，司机要微笑着点头示意，表示自己愿意为大家做好服务。如果是在车辆行进过程中，则可用手势示意。

4. 行车过程安全周到

（1）在行车服务过程中，司机应热情大方、周到细致地为游客服务，尽可能满足游客的需求。可根据游客的意见，决定是否播放录像、音乐等；根据天气冷热状况并征求游客意见调节车内的暖气或冷气。

（2）对游客所游览景点要做到"四知"，即"知地理位置、知游览线路、知停车地点、知游览时间"。主动为游客介绍饮食、购物地点。

（3）熟悉游客的基本习俗禁忌，尊重他们的习惯，不得讽刺、讥笑、评头论足。在游客面前不要有不文明举止。

（4）行车过程要保证平稳、安全、快速，遵守交通规则，尊重交通警察。

（5）途中发生紧急情况和意外情况时，要有礼貌地向游客解释，并表示歉意，求得游客谅解。

（6）与翻译和导游人员主动配合，讲究工作中的礼貌礼节。返回时，需核实人数，避免游客丢失，使游客有安全、放心之感。

(7) 游客游览时，应耐心等候，停车位置如无特殊情况不应轻易改动；不翻阅游客放在车内的文件、书报杂志和其他物品；有事需要离开车辆时，应锁好车门、车窗。

5. 礼貌送客

载客到达预订地点后，提醒游客带好自己的东西并站在车门一侧向游客表示谢意。到达目的地时，帮助游客卸下行李物品，提醒游客带好随身物品，礼貌地向游客道别。

6. 清理车厢

游客下车后应清理车厢，如发现有遗失物品，应立即交还游客。

7. 不索要小费

司机不应以任何形式向游客索要小费。

## 二、小汽车司机服务礼仪

1. 基本礼仪要求

(1) 着装整洁大方，注重仪容仪表，做好服务准备工作。
(2) 要热情大方，尊老爱幼，尊重游客的风俗习惯和宗教信仰。
(3) 司机不应以任何形式向游客索要小费。

2. 热情迎客

当游客前来乘车时，司机应下车，问候游客，如"您好""欢迎您"等，主动帮助游客提放行李，并为游客打开车门，请游客上车（或协助导游照顾游客上车）。

3. 礼貌问询

当游客坐稳后，礼貌地询问游客所要到达的地方，并将游客要到达的地方重复一遍予以确认。

4. 文明驾驶

行驶过程应做到平稳、安全、快速，遵守交通规则，尊重交通警察。保持车辆平稳舒适，如遇复杂路况应提醒游客注意安全。长途行驶时，行驶一段距离应选择适当地点停歇，请游客稍事休息。

5. 得体交谈

游客讲话时，司机不要随意插话。当游客有事询问时，应热情地告知，但要注意行车安全。在与游客交谈时，要精神饱满，表情自然大方，和颜悦色，面带微笑，目光温和，音量适中。

6. 礼貌送客

到达目的地后，司机应先下车，为游客打开车门，帮游客取出行李。如另有服务人员帮游客开车门、取行李，司机可协助；没有服务人员接待时，司机可帮游客把行李送至门口。游客离开时，司机应礼貌地与游客道别。

## ○ 任务2　航运服务礼仪 Etiquette of Shipping Travel Service

### 一、航运服务特点

1. 服务设施齐全

豪华游轮的大堂富丽堂皇、装潢精美、气派非凡。船内活动空间宽敞明亮、环境舒

适、格调高雅。船上各种房型齐全，通常都设有总统套间、豪华标准房、标准房。船上还设有餐厅、宴会厅、多种酒吧、内外观景厅、多功能会议厅、歌舞厅、健身房、麻将室、桑拿健身中心、美容医务按摩室、购物中心、商务中心及高档的娱乐设施、先进的空调、卫星通信、卫星电视等，一应俱全。

2. 服务人员素质高，游客可以享受"一劳永逸"的待遇

服务员数量多，而且都训练有素，可随时为游客提供专业、规范的服务，热情周到、无微不至应该是他们给予游客的基本服务保证。

游客在支付船票费用之后，在游轮上，就可以享受到"一劳永逸"的待遇。常规、大众化的吃住游玩，就可以不用再有额外的花销。但对于个人消费行为如酒吧的酒水消费、购物等方面的消费需要另外结算。船上还为游客提供中西兼备的自助餐和风味特色佳肴。

3. 丰富的娱乐活动

游轮为游客精心安排行程。除登岸观光以外，船上还会为游客提供丰富多彩的休闲娱乐活动。不同的游轮活动内容会有所不同。通常有歌舞表演晚会、游船说明会、中国书法讲座、中国饮食文化讲座、太极拳讲座等，游客可根据个人的喜好选择参加。

除特别安排的活动内容外，游船上还为游客提供许多可随时娱乐的场所和设施，如在酒吧，游客可以伴着轻柔的音乐，尽兴地畅饮聊天；在歌舞厅，游客可以尽情地舞动身姿，一展歌喉，释放激情；在健身房，游客可以自由地操纵器械、活动筋骨……有很多宜动宜静的地方、许多可玩可乐的设施，只要游客愿意，就可以一直玩下去直至尽兴。

## 二、迎客礼仪

1. 迎接游客

游客到来之前，船上的多位工作人员就会等候在码头，迎候随时到来的游客。通常，游轮为游客提供的登船时间都较长，如长江三峡的游轮，一般都有三四个小时。所以负责迎候的工作人员要不断地调整自己的情绪，保持饱满的精神状态，站姿要端正规范，仪容要端庄。

2. 行李员的礼仪

对携带较大行李的游客，服务员应主动迎上前去，待游客应允后，帮游客提拿行李。具体礼仪规范同酒店行李员服务礼仪。

## 三、总台服务礼仪

游轮的总服务台24小时值班，处理游客入住问询、投诉、调换客房、外币兑换、结账、信用卡、保险箱等事务。总之，游客关心和需要解决的任何问题都可以在总台当面或通过电话进行咨询。所以要求身为总服务台的接待人员要做到：

1. 业务精通

总台服务员要做到通晓船上所提供的一切服务事宜，以便熟练准确地答复游客的问询。服务时要使用普通话，外语要熟练，对中国各地的方言也应尽可能多地熟悉，以便能为中外游客提供顺畅的服务。

2. 礼貌待客

（1）服务形象。总台服务员要站立待客。站立时，上身要挺直，双臂自然下垂，双手

可叠放于腹前,或端放于身前,右手放于左手之上。要精神饱满,态度和蔼,面带微笑。

(2) 入住服务。当游客来到总台时,应面带微笑,热情问候招呼:"您好,欢迎光临""请出示您的船票、证件"。返还证件时,要对游客说:"谢谢,请您收好。"在为游客确定房间后,应双手将房卡交给游客,并为游客指明房间的方位。待游客离开之时,应对游客说:"您慢走,再见"或"祝您旅途愉快"。

(3) 结账服务。进行结账服务时,一定要跟游客交代清楚其消费的项目及数额,并请游客核对确认,钱款要当面点清。收款结束时要向游客表示感谢,并祝游客旅途愉快。

(4) 问询服务。对进行问询的游客,一定要热情地为其解答,对游客提出的问题要尽可能地予以解决。对于超出服务范围或船上无法解决的问题,一定要耐心解释清楚,取得游客的谅解。

### 四、客房服务礼仪

游轮客房的星级可以说不完全是体现在客房内部设施的豪华、房间的宽敞、装潢的气派上,而更多地体现在所提供的规范化和人性化有机结合的服务上。

1. 客房整理服务礼仪

客房每天早、晚各整理一次,服务员要尽量选择游客不在房间的时候进行。通常是在游客用早餐和晚餐时间进行。具体操作程序及相关礼仪同酒店客房整理服务礼仪。

对于游客而言,如果需要,可随时提出打扫清理的要求,服务员也应随叫随到。当游客纷纷回到房间,服务员应不远离服务区域,随时听候召唤,提供服务。

服务员在走廊里行走时,要尽量靠边行走;与游客相遇时,要停住脚步主动向游客问候,如"您好""早上好"或"晚上好"等;如果需要应主动让路;走路动作要轻,说话声音要低,以便不打扰游客休息。

2. 洗衣服务礼仪

通常客房服务员会在每天早晨向游客询问有无清洗或熨烫衣服的服务要求。如果有,服务员要与游客沟通好完成时间并说明所需费用标准,请游客填好洗衣单并将衣物放入房中备有的专用洗衣袋中。客房服务员会择时将待洗衣物取走并清点数目,送往洗衣房。

游客也可根据需要,随时提出洗衣要求,服务员应尽可能满足相应要求。如果不能做到,如行程的最后一天,清洗衣物时间不够时,要跟游客解释清楚,并向游客道歉。

### 五、餐厅服务礼仪

游轮餐厅服务特点有:第一,因为费用已包含在船票之中,所以游客在船上的餐厅就餐时,通常是除了特殊的酒水外,餐饮都是无须再花钱的。第二,一日三餐均由船上统一安排,游客基本上都是统一用餐。第三,为便于服务和有序化,通常有两个固定的安排:一是对游客就餐桌次事先做好安排和指定;二是落实每个餐桌的服务员。

1. 迎宾员礼仪

开餐前,女迎宾员要化好淡妆,穿好迎宾礼服,通常是旗袍,恭候在餐厅入口处。当游客陆续前来就餐时,迎宾员要微笑着对游客行15°鞠躬礼,同时热情问候游客:"您好,欢迎光临!"而后请游客按序入座就餐。

2. 值台员礼仪

当游客来到自己所属的餐桌旁,负责接待的服务员要为游客拉开椅子请游客就座,

而后询问游客所需饮品的种类，随即为游客提供。上菜时，要为游客报出菜名，菜上齐后，应告诉游客："菜已上齐，请慢用。"

及时做好餐桌的清理工作。具体操作要求同第十章第一节撤盘礼仪。

服务员要侍立于游客的身后一定位置，不要离得太近，以免给游客带来不安之感，随时听候游客的召唤。服务员要尽可能地满足游客的要求，如主动为游客添加菜肴、饮品，让游客充分享受美食，保证游客吃得饱、吃得满意、吃得尽兴。

### 六、酒吧服务礼仪

1. 迎客服务

当游客走进酒吧，恭候在旁的服务员就应送上热情的问候："欢迎光临！"当游客就座后，服务员应面带微笑地询问游客所需的酒水，并可根据游客的需要，进行酒水的介绍和推荐。

2. 取送酒水服务

在为游客取酒水时，要注意使用托盘，拿杯具时手指不能触及杯口，应握在杯具2/3以下或杯脚部分。为游客送酒水时，应报出酒水名称，并提供杯垫、餐巾或口布；为游客斟倒酒水时，游客中如果有女士，应遵循女士优先原则；当游客杯中的酒水还剩1/3时，可询问游客是否需要添加。最后，做好记账、签单。

3. 礼貌送客

当游客即将离开时，服务员应规范站立，向游客道别："谢谢光临，再见"，"欢迎再次光临"等。

### 七、康乐服务礼仪

1. 迎接游客

为提高游客的兴致，给游客轻松愉悦的感受，康乐服务人员一定要做到精神饱满，健康有活力。当游客到来时，要为游客致以阳光般的笑容和亲切的问候，以示欢迎。

2. 服务专业

康乐服务人员要经过严格的训练，掌握一定的专业知识和专业技能，熟悉场地内的各项设施器材的性能和操作方法，主动热情地为游客服务。对于不熟悉器材使用的游客，服务员应耐心地向其介绍器材的使用方法并给予示范与指导，留意观察游客的情况，保证游客的安全。要热情解答游客提出的相关问题。

3. 礼貌送客

当游客要离开时，服务员要礼貌地与游客告别，感谢游客的到来，欢迎游客再次光临。

### 八、迎送游客上岸观光服务礼仪

不时地停靠码头，游客登岸游览观光，是游轮区别于其他种类船只的最显著之处。

1. 送客礼仪

当游客即将离船登岸观光时，船上的播音员要提前反复提醒游客登岸的时间、注意事项以及相关事宜；总服务台要做好接收游客房门卡以及登记工作；船上负责组织出行的人员要做好游客的分组编队、导游的分配安排。由导游带领，各队依次出发。在游客离船过程中，船上的服务人员要为每位游客发放一张登船卡（可视为身份标志、回船凭证），应双手奉送。在船舱接待大厅与码头之间的沿途上应有数名服务人员依次站立恭候，为每一位游客送去祝福："祝您玩得愉快"，"祝您玩得开心"，"祝您旅途愉快"。特别是在上下阶梯和略有安全隐患之处，更要有服务员的细心帮扶和热情提醒，使游客伴着一声声真挚祝福之声安全登岸，开始游览。

2．迎客礼仪

游客结束岸上观光返船时，一登上码头，就应该同样感受到来自船上服务人员的真挚问候："欢迎您回来。"同样应有服务员的细心帮扶和热情提醒，使有些劳累的顾客，一回到船上，就能感受到家的温馨。负责回收登船卡的服务人员在给予每位游客热情问候的同时，还要将卡双手接收。分别负责为顾客提供擦手湿巾和回收湿巾的服务员，均应双手托盘，奉送到游客身边，同时给予游客问候。总服务台的服务员为游客准备好房卡，使游客可以尽快回房休息。

## 九、观景台服务礼仪

游轮一般都会为游客设置多个位于不同楼层的观景厅，为游客提供在游轮行进过程中观看沿途风景的地方，而且在每一个观光地点都会设有提供饮品酒水的小型酒吧。

当有游客前来观光时，位于观景厅的服务员要不时地进行巡视，及时为有酒水需求的游客提供相应服务，并按船上要求为游客做好消费账目登记、签单。除进行酒水服务外，这里的服务员还应当注意观察游客的各种需求情况，随时提供服务，并注意热情回答游客的问询。

## 十、送客服务礼仪

在游轮即将结束全部行程前，船上的广播要提前反复多次地做好通告，提醒游客整理好个人携带物品，不要出现遗漏，并注意提前到总服务台做好消费账目结算。服务员可帮助有需要的游客，将行李送至前厅。服务员要做好查房工作，认真清点物品，确认有无缺失破损情况，以便总服务台及时与游客沟通赔偿事宜，还要恳请游客留下宝贵意见。

小费是游轮员工收入的重要部分。游轮允许员工收小费，但不允许强行索要，要在游客自愿的情况下进行。游客可以直接为某位令其满意的服务员付小费，也可以为服务群体提供小费。

当游轮停靠码头后，服务员列队欢送游客，直到将最后一位游客送离。道别用语有："祝您旅途愉快"，"欢迎再次光临""谢谢您的光临，再见"，"感谢您对我们工作的支持与配合，欢迎再次光临"等。

## 📎 项目实训

### 一、技能训练

（1）模拟旅游大巴司机待客。

（2）模拟游轮总台服务员进行游客入住、结账服务。

（3）模拟游轮服务员迎送游客上岸游览参观。

## 二、实战应用

### Rent a Car

C = Clerk, A = Annette

C: Good morning, Kiwi Motorhomes. How can I help you?

A: Good morning, I'd like to rent a car, please.

C: Sure. Is it just for yourself?

A: No, my husband and two children.

C: And how long would you like to hire the vehicle for?

A: Just four days from tomorrow morning. We want to go up to the Blue Mountains.

C: OK, we've got either a Toyota Camry or a Nissan available but nothing else I'm afraid at such short notice.

A: That's OK. Which is cheaper?

C: The Nissan. That's just $44 a day plus $40 deposit.

A: OK, we'll take that one.

C: And do you want Collision Damage Waiver?

A: What does that mean?

C: It means that if you have an accident then you're insured whether or not it was you who caused the accident.

A: OK, that sounds like a good idea.

C: And do you want the unlimited distance option at $15 a day? Otherwise there's an extra charge of 18 cents per kilometer.

A: Well, we're going quite a long way so it's best if we don't have to pay for each kilometer.

C: OK, that's fine. So we can fill in the booking form. Your name is...?

A: Mrs. Dumas, D-U-M-A-S. Annette.

C: And you're over 23?

A: Oh, yes.

C: And what kind of driver's licence do you have?

A: I've got an international driver's permit. The number is 112101SAMP.

C: OK. And how many passengers will there be? Oh, yes, four including the children. Do you need a child seat?

A: Yes, for the two-year-old.

C: Right, and you'll pick the car up from here, I take it.

A: Yes. As early as possible.

C: We open at nine. Right, tomorrow is the 21 March. And do you know where you'll be dropping it off?

A: We'll bring it back here, end of the afternoon if that's all right. Four days you said?

C: Fine, and you'll need to top up the tank with petrol. We give you a full tank when you pick up the car. And how will you be paying, Mrs. Dumas?

A: Master card.

C: Great, so the total price will be...

### 三、习题与实践

1. 课堂讨论题

（1）当游客结束参观游览回到旅游大巴上，对司机抱怨景区不好玩等等时，司机应该如何做？

（2）在游轮的自助餐厅内，服务员发现游客多取食物，打包带走时，应如何处理？

2. 按括号内的汉语完成下面的英语对话

（1） C = Conductor，T = Tourist

C：Welcome to the number 2 bus.

T：How much is the fare，sir?

C：A quarter.

T：Here you are.

C：Thank you. Just put it in the box.

T：I see. Could you tell me how to get to the Lincoln Park? ①_____ （这张地图并没有公共汽车路线）.

C：②_____ （您乘这路车是走对了，但您得在狮子站换车）. I'll put you off when we get there. Then you can catch the number 32 bus. Its terminal is near the Lincoln Park.

T：Thank you so much.

C：Is this your first trip to this city?

T：Yes. As the map indicates, the Lincoln Park is one of the scenic spots.

C：③_____ （那里的红叶和动物都很有名。10月是那里最美的季节）.

T：Unfortunately，I am always busy in October and November. I can come only at this time of the year.

C：④_____ （这个季节的树和草也很美，动物也很活跃。您不会失望的）.

T：I hope so.

C：Near the park there are many well-equipped hotels. ⑤_____ （您可以品尝各种美味佳肴）. Have you made some reservations?

T：Yes. I've booked a room with the Waykey Hotel.

C：That's a terrific hotel. I know that owner；he is very kind...Here is the Lion Stop，sir. Please get off. Remember to take the number 32 bus.

T：Thank you.

（2） D = Driver，T = Tourist

T：Hi，taxi!

D：Hello. Where do you want to go，sir?

T: Sheraton Xi'an Hotel, please.
D: OK. Is that luggage yours?
T: Yes, that's my suitcase.
D: ①_____ (让我把它放到尾箱里).
T: Thank you. Do I need to put the bag in the trunk, too?
D: You can keep it with you if you like...That's OK. Let's get in.
T: Please.
D: ②_____ (先生，请系好安全带).
T: Sure.
D: Here we go. Is this your first trip to Xi'an?
T: Yes.
D: ③_____ (是来办事还是旅游)?
T: Pleasure. When I was a small boy, I heard my grandfather mention Xi'an hundreds of times. Grandpa was of Chinese nationality, so I'm a quarter Chinese. I am quite proud of that. I feel very comfortable to be here in China.
D: Welcome to China. ④_____ (有许多海外华人到西安来寻根).
T: Yes. I can see some great wonders here. Can you give me some suggestions?
D: ⑤_____ (一说到西安，首先想到的往往是兵马俑). Besides, the Banpo Museum, the Qianling Tomb, the Huaqing Spring, and the Forest of Stele are all worth visiting.
T: I'll visit them all. Is a week's time enough?
D: It just depends. If you just want to have a rough look, a week is OK. But to truly understand them, you'll have to stay months or years...Here we are, Sheraton Xi'an Hotel.
T: How much do I owe you?
D: ⑥_____ (计程表显示的是25元).
T: Here is 30 *yuan*. Keep the change.
D: Thank you. ⑦_____ (我给您拿行李).

## 本模块小结

旅游交通主要涉及民航、铁路、公路、水路航运等，是旅游者到达旅游目的地的重要方式，也构成了旅游产品的重要一部分。因此，这几个相关交通部门的服务礼仪也直接影响着游客对整体旅游产品的印象和评价。本模块主要介绍了这四个交通部门主要工作过程中应注意的服务礼仪和规范。通过本模块三个项目六个任务的实训，学生可以切实掌握旅游交通方面的服务礼仪。

知识拓展

1. 服务用语表达的差异

在一个航班上,空姐为旅客提供正餐服务时,由于机上的正餐有两种热食供旅客选择,但供应到某位旅客时他所要的餐食品种刚好没有了。我们的空姐非常热心地到头等舱找了一份餐送到这位旅客面前,说:"真对不起,刚好头等舱多余了一份餐,我就给您送来了。"

旅客一听,非常不高兴地说:"头等舱吃不了的给我吃?我也不吃。"由于不会说话,空姐的好心没有得到旅客的感谢,反而惹得旅客不高兴。

【分析提示】从这个案例可以看出,空乘人员的职业素养在服务乘客时的重要性。就如这个案例,同样的意思用不同的语言表达出来,带给人的感觉是完全不同的。空姐要加强综合素质的提升,在服务乘客的每一个细节上都能够体现出航空服务的专业态度。如果我们的空姐这样说:"真对不起,您要的餐食刚好没有了,但请您放心我会尽量帮助您解决。"这时,你可到头等舱看看是否有多余的餐食能供旅客选用。

拿到餐食后,再送到旅客面前时,你可这样说:"您看我将头等舱的餐食提供给您,希望您能喜欢。欢迎您下次再次乘坐我们航空公司的飞机,我一定首先请您选择我们的餐食品种,我将非常愿意为您服务。"

2. 女士优先

一次,英国一访华观光旅游团下榻北京国际会议中心大厦。一天,翻译小姐陪同客人外出参观,在上电梯的时候,一位英国客人请这位翻译小姐先上,可是这位小姐谦让了半天,执意要让客人先行。事后这些英国客人抱怨说他们在中国显示不出绅士风度来,原因是接待他们的女士们都坚持不让他们显示。比如,上下车或进餐厅时,接待他们的女士们坚持让他们先走,弄得他们很不习惯,甚至觉得受了委屈。虽然我方人员解释,中国是"礼仪之邦",遵循"客人第一"的原则,对此解释他们也表示赞赏,但对自己不能显示绅士风度仍表示遗憾。

【分析提示】每个民族都有自己特有的精神特征,而每一种精神特征都必然蕴藏着特定的文化内涵以及形成这种精神特征的历史根源。说到英国,首先会想到的就是他们的绅士风度。绅士风度的最大特征就是:conservation(保守),politeness(礼貌),showing respect to females(尊重女士)。绅士风度典型表现在男人对女人的尊重上,女士优先是绅士们行事的最高准则。下车时为女士打开车门,扶其下车;乘电梯时女士先行;就座时替女士拉出椅子等。而在"礼仪之邦"的中国,把客人放在第一位是中华民族交往礼仪的优良传统。在本案例中,双方都遵循了自己的礼仪规范,造成客人遗憾的原因是中西文化的差异。实际交往中这种情况可以依当时情景适当调整,以双方都感到适宜为好。

# 参 考 文 献

[1] 金正昆. 涉外礼仪教程［M］. 北京：中国人民大学出版社，2000.

[2] 舒伯阳，刘名俭. 旅游实用礼貌礼仪［M］. 天津：南开大学出版社，2000.

[3] 周裕新. 现代旅游礼仪［M］. 上海：同济大学出版社，2006.

[4] 王晞，牟红. 旅游实用礼宾礼仪［M］. 重庆：重庆大学出版社，2002.

[5] 鄢向荣. 旅游服务礼仪［M］. 北京：清华大学出版社，北京交通大学出版社，2006.

[6] 李欣. 旅游礼仪教程［M］. 上海：上海交通大学出版社，2004.

[7] 李嘉珊，刘俊伟. 旅游接待礼仪［M］. 北京：中国人民大学出版社，2006.

[8] 孙艳红. 旅游礼宾原理与实务［M］. 郑州：郑州大学出版社，2004.

[9] 张利民. 旅游礼仪［M］. 北京：机械工业出版社，2005.

[10] 王丽华，吕欣. 旅游服务礼仪［M］. 北京：中国旅游出版社，2009.

[11] 黄海燕，王培英. 旅游服务礼仪［M］. 天津：南开大学出版社，2006.

[12] 孙乐中. 导游实用礼仪［M］. 北京：中国旅游出版社，2005.

[13] 李光，达明. 酒店礼仪［M］. 伊犁：伊犁人民出版社，2000.

[14] 王春林. 旅游接待礼仪［M］. 上海：上海人民出版社，2002.